ちくま新書

全国水平社1922-1942
——差別と解放の苦

朝治 武
Asaji Takeshi

3 1

全国水平社 1922-1942 ——差別と解放の苦悩

【目次】

第2章　社会・無産勢力・権力

第5章　思想的潮流と路線対立

はじめに――全国水平社創立一〇〇周年

†全国水平社創立大会

今から一〇〇年前の一九二二年三月三日、京都市公会堂（岡崎公会堂）で全国水平社創立大会が開かれた。まずは全国水平社創立大会の状況について、福島の出身で東京に在住していた平野小剣《しょうけん》（本名は平野重吉、一八九一～一九四〇）が執筆したと思われる、『水平』第一号（一九二二年七月）の「全国水平社創立大会記」という報告記、岡山の出身で内務省社会局嘱託であった三好伊《い》平次《へいじ》（一八七三～一九六九）が、一九二二年三月七日に内務大臣に対して提出した「復命書」の草稿、そして新聞報道などに基づいて忠実に再現することから始めよう。

午前九時ごろに雨がやんで晴れ渡った空のもと、京都市公会堂の正面には「三百万人の絶対解放、特殊部落民の大同団結、全国水平社創立大会、午後一時より」と大書された垂れ幕が下げられ、会場内の四方には幔幕が張られて「解放、団結、自由」と記された幟も翻っていた。午前中から参加者が会場内に入り、京都を中心に約一〇〇〇人が集まって午後一時から全国水平社創立大会が始まった。京都の南梅吉（一八七七〜一九四七）が開会の辞を述べて座長席につき、奈良の阪本清一郎（一八九二〜一九八七）が経過を報告して拍手を浴びた。

京都の桜田規矩三《きくぞう》（旧姓は藤岡、一八九六〜一九六三）が登壇して綱領を朗読したところ、しばらくは怒濤《どとう》のような歓声と拍手が止まなかった。奈良の駒井喜作《きさく》（一八九七〜一九四五）が一語ずつ力を込めて宣言を朗読する間、参加者は頭《こうべ》を垂れて静かに聞いていたが、朗読が終わると歓喜《かんき》の声が響きわたり、駒井は降壇するのさえ忘れ、やがて会場は天地も振動せんばかりの大拍手と歓喜につつまれた。

奈良の米田富《とみ》（本名は千崎富一郎、一九〇一〜一九八八）が決議を朗読し、参加者が総立ちになって綱領、宣言、決議が可決され、またもや拍手と喝采が会場に満ちた。大阪の泉野利喜蔵《いずのりきぞう》（一九〇二〜一九四四）は各地からの祝詞、祝電、激励文を読み上げ、参加者は喝采で応えた。そして参加者全員が「エタ万歳」「水平社万歳」を高唱した。

次に、各地の代表者演説会に移った。演壇に立ったのは、広島の谷鉄之助、兵庫の角野末元、四国の江成《えなり》久策、滋賀の田口久五郎、三重の北村庄太郎（一八八九〜一九四五）、大阪の泉野利喜蔵、福島の林政太郎、京都の佐野延夫、奈良の西光《さいこう》万吉（本名は清原一隆、一八九五〜一九七〇）、京都に在住していた埼玉の近藤光（本名は近藤惣右衛門、一八八七〜一九六一）、東京の平野小剣、少年代表として奈良の山田孝野次郎《このじろう》（一九〇六〜一九三一）、婦人代表として大阪の岡部よし子（一八九六？〜一九四八？）であった。休憩後には自由演説もあり、またもや参加者が「エタ民族万歳」を連呼して、午後六時に閉会した。

すぐさま別館大広間に移動して、代表者協議会が開かれた。これは厳しい資格審査によって、約二〇〇人の部落民だけが参加した。実質的な議論をするため、議長に南梅吉、議事進行係に駒井喜作が就いた。綱領の「特殊部落」という名称について、岡山の岡崎熊吉（一八五六〜一九三三）からは差別的意味を含むとして抹消すべきとの意見が出されて賛否両論の激しい議論になったが、『水平』第一号によると、結果的には「『特殊部落』の名称を、反対に尊称たらしむるまでに、不断の努力をすること」で喝采のうちに存続されることになった。

この代表者協議会では「則」と呼ばれた規約が可決され、地域水平社は全国水平社の綱領を尊重して運動することが可決された。中央執行委員長には全員の推挙によって南梅吉が選ばれ、中央執行委員には南の指名によって全国水平社発起人でもあった阪本清一郎、西光万吉、駒井喜作、米田富、桜田規矩三、近藤光、平野小剣、泉野利喜蔵の八人が就いた。そして全国水平社の連盟本部を、京都市内の南梅吉宅に置くことも決められた。

また決議に示された『水平』の発刊、東西両本願寺への訪問が決定され、宣伝隊の組織と地方演説会の開催によって、三重、奈良、岡山、和歌山、兵庫、滋賀、関東などで近く水平社大会を開催し、あわせて一九二二年二月一三日の京都市議会での、市会議員である上田壮吉の発言に対して差別として抗議することも確認された。そして各地代表者らの労をねぎらい、最後に全員で「穢多《（ママ）》民族万歳」「水平社万歳」を三唱して、午後一〇時に代表者協議会を終えることになった。この一連の流れが、近代日本史において画期的な歴史的意義を有する、全国水平社創立大会であった。

全国水平社創立大会に参加した部落民によって、その感想が残されることは稀《まれ》であった。しかし奈良で一九二〇年九月に三協社を結成して部落解放を模索した山本平信《へいしん》（一八九九～一九五〇）の手紙が、『水平』第一号の「自発集団運動／反響」に掲載された。ここで山本は、「大会に於ける同士《（志）》諸君の熱烈なる御意見を拝聴いたしまして、非常に心強く想います」と述べたうえで、「当村に於ても近々に水平社創立大会報告を兼ね、水平社大福村支部発会式挙行致したく」との決意を示し、「付いては大会に於ての、宣言決議並に水平社綱領の印刷物、本書面着次第、多数御送付をぜひとも御願い致します」と強く希望するほどであった。

†綱領・宣言・則・決議

全国水平社創立大会には、謄写版印刷の「会順序」と題された簡単な進行プログラム、京都の同朋舎で活版印刷された一枚のビラが配られた。一枚のビラは表面と裏面があり、縦一八・三cm、横三九・〇cmという大きさであり、現在ではわずかしか残存が確認できない貴重な歴史的史料である。

この一枚のビラの表に印刷された綱領と宣言、裏に印刷された則と決議は、それぞれ全国水平社創立の原則、理念、組織、行動を如実に表現したもので、一九二二年二月二八日に全国水平社創立発起人によって検討され、全国水平社創立大会で配布された組織文書である。これら四つは互いに密接な関係をもっているので、全体として統一的に理解することが重要であろう。

綱領

一、特殊部落民は部落民自身の行動によつて絶対の解放を期す
一、吾々特殊部落民は絶対に経済の自由と職業の自由を社会に要求し以て獲得を期す
一、吾等は人間性の原理に覚醒し人類最高の完成に向つて突進す

原則を示した綱領は社会運動団体にとって最も重要な組織文書であり、全国水平社にとってても例外ではなかった。第一項「特殊部落民は部落民自身の行動によつて絶対の解放を期す」は、部落民自身による自主解放、第二項「吾々特殊部落民は絶対に経済の自由と職業の自由を社会に要求し以て獲得を期す」は経済と職業を軸とした生活権の獲得、第三項「吾等は人間性の原理に覚醒し人類最高の完成に向つて突進す」は人間性に基づく人類の重視を表現している。こ

の綱領は、すぐ後に紹介する宣言と同じく、年月は「大正十一年三月」、主体は「水平社」であった。

とくに第三項の主語が「吾等」になっていることは、部落民だけでなく部落民でない者、すなわち非部落民にも呼びかけられたものとして、部落解放のみならず人間解放をも視野に入れていたことが理解される。平野小剣が『同愛』第三五号（一九二六年六月）に載せた「水平運動に走るまで」という回顧で、綱領の「第一、第二は俺が東京で考えた、そのままを承認してくれた。第三は阪本君の案だと思っている」と述べているように、第一項と第二項は平野小剣、第三項は阪本清一郎の提案であった。次は宣言であるが、（）内のルビは引用者による。

宣言

全国に散在する吾が特殊部落民よ団結せよ。

長い間虐《いじ》められて来た兄弟よ、過去半世紀間に種々なる方法と、多くの人々とによつてなされた吾等の為めの運動が、何等《なんら》の有難い効果を齎《もた》らさなかつた事実は、夫等《それら》のすべてが吾々によつて、又他の人々によつて毎《つね》に人間を冒瀆《ぼうとく》されてゐた罰であつたのだ。そしてこれ等の人間を勦《いたわ》るかの如き運動は、かへつて多くの兄弟を堕落させた事を想へば、此際《このさい》吾等の中《うち》より人間を尊敬する事によつて自ら解放せんとする者の集団運動を起せるは、寧《むし》ろ必然である。

兄弟よ、吾々の祖先は自由、平等の渇仰者《かつこうしや》であり、実行者であつた。陋劣《ろうれつ》なる階級政策の犠牲者であり男らしき産業的殉教者であつたのだ。ケモノの皮剥ぐ報酬として、生々しき人間の皮を剥取られ、ケモノの心臓を裂《さ》く代価として、暖い人間の心臓を引裂かれ、そこへ下らない嘲笑の唾まで吐きかけられた呪はれの夜の悪夢のうちにも、なほ誇り得る人間の血は、涸《か》れずにあつた。そうだ、そして吾々は、この血を享《う》けて人間が神にかわらうとする時代にあうたのだ。犠牲者がその烙印を投げ返す時が来たのだ。殉教者が、その荊冠《けいかん》を祝福される時が来たのだ。

吾々がエタである事を誇り得る時が来たのだ。

吾々は、かならず卑屈なる言葉と怯懦《きようだ》なる行為によつて、祖先を辱《はずか》しめ、人間を冒瀆《ぼうとく》してはならぬ。そうして人の世の冷たさが、何《ど》んなに冷たいか、人間を勦はる事が何《な》んであるかをよく知つてゐる吾々は、心から人生の熱と光を願求礼讃《がんぐらいさん》するものである。

水平社は、かくして生れた。

人の世に熱あれ、人間に光あれ。

大正十一年三月

水平社

宣言では全国水平社創立の理念が表現され、これまで「水平社宣言」と呼ばれて最も注目を集めてきた。要点を示すと、第一に冒頭の「全国に散在する吾が特殊部落民よ団結せよ」は部落民の全国的団結を呼びかけた文章であるが、これはカール・マルクスとフリードリッヒ・エンゲルスが一八四八年に著した『共産党宣言』の最後にある有名な「万国のプロレタリアよ団結せよ」に着想を得たものであった。第二に「人間を尊敬する事によつて自ら解放せんとする集団運動」は、人間に対する尊敬によって解放を実現しようとする組織的運動の必要性が述べられた。第三に「吾々の祖先は自由、平等の渇仰者であり、実行者であつた」は、自由と平等に果たしてきた部落民の歴史的役割が強調された。第四に「吾々がエタである事を誇り得る時が来たのだ」は、部落民としての誇り、いわば部落民アイデンティティを顕著に表現するものであった。

とくに宣言で特徴的なことは、「人間」という用語が一〇回も使われたように、いわゆる人間主義が強調された。しかし呼びかけ対象は「兄弟」となって「姉妹」はなく、「男らしき」という表現が使われたように、いかにもジェンダー意識に欠けるだけでなく、必ずしも女性を部落解放の主体と見なすものではなかった。

宣言は、平野小剣の「水平運動に走るまで」では「西光君が、筆をとった」と記されていたが、晩年の西光万吉が『部落』第二一六号（一九六七年五月）に載せた「「水平社宣言」についてという短文で、「平野さんに大添削をしていただいて」と述べるに至った。このように宣言は、実際には西光万吉によって起草されたうえで平野小剣によって添削され、全国水平社創立発起人による検討を経て決定された組織文書であった。

則

一、各府県水平社ハ水平社ニ加盟シタル各地ノ個人又ハ団体ニ依ツテ組織ス。各二名以上ノ地方委員ヲ選挙スルコト。
二、全国水平社本部ハ京都市ニ設置シ地方委員ニ依ツテ中央執行委員長一名、若干ノ執行委員ヲ選挙スルコト。
三、中央執行委員長ハ春秋二回ノ大会ヲ司催シ年一度地方委員ヲ全国水平社会議ニ召集スル権能ヲ有ス。
四、地方委員ハ臨時全国水平社会議ノ開催ヲ中央執行委員長ニ提議スルコトヲ得。
五、地方委員ハ各選挙者ノ三分ノ二以上ノ信任ヲ欠ク場合ハ其ノ資格ヲ失ス。
六、各地方水平社ハ全国水平社綱領ニ依リ自由ノ行動ヲ取ルコト。
七、各府県地方水平社ノ規約ハ各々任意トス。

大正十一年三月

京都府京都市高瀬七条下ル
全国水平社京都本部
（仮本部）

「則」は全国水平社としての規約の意味をもった文書であり、平野小剣の「水平運動に走るまで」によると、「兎に角、簡単なものをつくることにした」という。全国水平社と地域水平社は上下関係ではないものの、それでも中央執行委員長と地域委員の権限と資格が規定された。また第六項で「全国水平社綱領」を基本としていれば、「自由ノ行動ヲ取ルコト」が許され、第七項で「各府県地方水平社ノ規約ハ各々任意トス」と示されたように、組織形態も自由とされ、全体として全国水平社の組織は地方分散的な傾向が強かった。

決議

一、吾々ニ対シ穢多及ヒ特殊部落民等ノ言行ニヨツテ侮辱ノ意志ヲ表示シタル時ハ徹底的糺弾ヲ為ス。
一、全国水平社京都本部ニ於テ我等団結ノ統一ヲ図ル為メ月刊雑誌『水平』ヲ発行ス。

一、部落民ノ絶対多数ヲ門信徒トスル東西両本願寺ガ此際我々ノ運動ニ対シテ抱蔵《ほうぞう》スル赤裸々ナル意見ヲ聴取シ其ノ回答ニヨリ機宜ノ行動ヲトルコト。

右決議ス

大正十一年三月

全国水平社大会

行動を提起した文書としての意味をもつ決議については、平野小剣が「水平運動に走るまで」で「皆で決定した」と述べているだけで、誰が提案したのかは分からない。しかし第一項については、阪本清一郎が糾弾を提案したと後年に回想しているが、これを史料的に確認することはできない。

初期水平運動を象徴する基本的闘争形態としての徹底的糾弾は、第3章で詳しく述べることにする。第二項については、全国水平社機関誌『水平』第一号が発行された。第三項については、翌日の三月四日に東西両本願寺と交渉することになったが、東西両本願寺の返答は全国水平社を納得させるものではなかった。そこで全国水平社は四月一〇日に、東西両本願寺に対して全ての寄付を拒否する決議通告を送付し、対決の姿勢を示すことになった。

†大きな社会的反響

全国水平社創立大会は重要な出来事であったため、新聞で報じられることになった。そして『大阪朝日新聞』『大阪毎日新聞』『大阪時事新報』など、各紙で全国水平社創立に関する記事が掲載されたが、ほとんどは事実関係を中心としたものであった。それでも付された見出しからは、全国水平社創立大会を好意的に評価しているのは共通していて、各紙において何が注目されたかということについて、明瞭にうかがうことができる。

例えば『大阪朝日新聞』(一九二二年三月四日)は「特殊部落を尊称とす/機関雑誌『水平』と争議の仲裁/上田失言市議を告訴」、『大阪毎日新聞』(一九二二年三月四日)は「水平社の/全国大会/差別撤廃を叫ぶ」、『大阪時事新報』(一九二二年三月四日)は「人類最高の/完成に突進せん/との綱領を発表した/全国水平社大会の盛況」であった。

基本的には京都に限定された『大阪朝日新聞』京都附録(一九二二年三月四日)は「婦人と、いたいけな児童も混じって/解放を叫ぶ受難者の一団/全国水平社の創立総会/京都で三日午後一時開会さる」、京都の地方紙『日出新聞』(一九二二年三月四日)は「差別を撤廃せよ/一視同仁の統治下に在って/謂れなき待遇の差別に憤る/水平社大会の人々」であり、有力な宗教紙『中外日報』(一九二二年三月五日)は「正義と人道に立脚して/世の不合理をせめる/水平社創立大会」であった。
雑誌として最も早く報じた一つは、東京の社会主義者である山川均（一八八〇～一九五八）が主宰する『前衛』第一巻第四号（一九二二年四月）に載せられた、山川の「特殊民の権利宣言」という論説であった。ここで山川は、「この大会は、過去幾百年の間、日本の社会が彼等に蒙らして居った不当の圧迫と、謂れなき迫害とに対する、最初の抗議である。虐《しいた》げられた三百万の同胞の、最初の権利宣言である」と述べて全国水平社創立を高く評価したため、この論説は全国水平社機関誌『水平』第一号に転載されるほどであった。

もう一つは京都の歴史研究者である喜田《きた》貞吉《さだきち》（一八七一～一九三九）が主宰する『民族と歴史』第七巻第四号（一九二二年四月）に掲載された、喜田の「学窓日誌」であった。ここでは部落と非部落を握手させようとする融和運動に近い立場の喜田は綱領、宣言、決議の全文を紹介し、決議第一項の徹底的糺弾に対しては疑問を呈しつつも、「願わくば、水平社の諸氏は其《そ》の団結の力を以て、各自の向上発展の途に向って努力し、「誠」と「愛」とを以て突進せられたいものである」と全国水平社に対して自らの希望を述べた。

全国水平社の創立者から批判的に評価されていた融和団体の帝国公道会も、機関誌『社会改善公道』第三八号（一九二二年五月）で全国水平社創立大会を報じた。しかし「一部の同胞中に熱烈なる青年子女あり、自ら言い、自ら行動して世人の錯誤を説破するよしなり、健全に発達して目的の貫徹することを望むやなり、一に健在―奮励―努力を祈る」と簡単に述べただけで、あくまでも「健全」を強調することを忘れなかった。

†本書の意図と構成

かくして創立された全国水平社を軸とする水平運動史研究は、これまで多くの成果が蓄積されてきた。まず井上清『部落の歴史と解放理論』(田畑書店、一九六九年)によって初めて水平運動史研究の枠組みが提示され、これを継承した馬原鉄男『水平運動の歴史』(部落問題研究所、一九七三年)によって実証的に発展させた本格的な通史が描かれた。この二つは水平運動史研究としては画期的であり、今日でも生命力を失っているわけではないが、基本的にマルクス・レーニン主義の立場に立つ戦後歴史学に依拠していたため、主として共産主義派の貢献にしか焦点が当てられず、自ずと他の多様な思想的潮流の役割は否定的に評価されることになった。

しかし、このような共産主義派の貢献を強調する研究は、渡部徹から一面的であると批判され、渡部の「部落解放運動」(『岩波講座 日本歴史』第一八巻〈近代5〉、岩波書店、一九七五年)によって、共産主義派の極左的偏向を強調する通史が描かれることになった。そして水平運動史研究を新たな段階に引き上げようとして、藤野豊『水平運動の社会思想史的研究』(雄山閣出版、一九八九年)による多様な社会思想との関連に焦点を当てた研究、鈴木良『水平社創立の研究』（部落問題研究所、二〇〇五年）による地域支配構造に位置づけようとした研究、秋定嘉和『近代日本の水平運動と融和運動』（解放出版社、二〇〇六年）による社会民主主義系の主導を重視した研究などの成果がまとめられた。

とりわけ藤野の研究は、全国水平社の創立から消滅までの多様な思想的潮流を視野に入れて論文集としてまとめられ、その水準の高い研究は水平運動史研究を大きく発展させて一つの到達点となっているが、基本的に社会思想という観点に限定したため、必ずしも運動としての水平運動の展開が具体的に掘り下げられたわけではなかった。水平運動史研究の後塵を拝する私も一九九〇年代中頃から論文を発表し、近年には『水平社論争の群像』（解放出版社、二〇一八年）としてまとめたが、水平運動史の全体像を意識しつつも水平運動の方向と課題をめぐる論争と群像に限定したため、結果的には水平運動史のみに自己完結することになった。

また近代日本史についての定評ある通史と概説では、金原左門『昭和への胎動』（小学館、一九八三年）、武田晴人『帝国主義と民本主義』（集英社、一九九二年）、中村政則『労働者と農民—近代日本をささえた人々—』（小学館、一九九八年）、鹿野政直『近代日本思想案内』（岩波書店、一九九九年）、成田龍一『大正デモクラシー』（岩波書店、二〇〇七年）などで、水平運動史が論じられたのは重要であった。しかし、これらは近代日本史の通史もしくは概説という性格から、基本的には全国水平社創立に注目したに過ぎなかった。

このような研究状況をふまえると、膨大な近代部落史研究を前提としつつ、史料を徹底的に再検討することによって、新しい知見も盛り込んで水平運動史研究を新たな段階に引き上げたうえで、全体像に接近することが要請されているのではなかろうか。水平運動史の全体像に接近すると宣言するのは誠に簡単なことであるが、これを実現するとなると甚だ困難が伴うのを、私としても十分に承知している。

しかし私なりに水平運動史の全体像に接近するとは、水平運動を理解するための重要なテーマを設定し、その意義と位置づけに関わる水平運動の展開についての内包的深化、日本と世界に開かれた水平運動の射程についての外延的拡大を中心的な問題意識とすることである。しかも本格的に参入してから三〇年を経過した私の水平運動史研究について、一応の総括とすることも意図している。

全国水平社は一九二二年三月三日に創立され、一九四二年一月二〇日に消滅するまで、二〇年にわたる歴史をもっていた。概して水平運動史は運動的な特徴から、一九二五年五月の全国水平社第四回大会までの第一期、一九三〇年一二月の全国水平社第九回大会までの第二期、一九三七年三月の全国水平社第一四回大会までの第三期、一九四二年一月の全国水平社消滅までの第四期という、四期に時期区分することができる。しかし本書は厳密な意味での通史ではないが、この時期区分を前提として多分に通史を意識しつつ叙述することになろう。

そして本書は、全国水平社をそれ自体の思想、運動、組織だけに自己完結させることなく、当該期の日本と世界に関わる多様な動向を考慮に入れながら、全国水平社を総体的かつ体系的に探っていくことに重点をおきたい。その際には、主として思想、運動、組織を検討するが、可能なかぎり多様な人物にも焦点を当てたい。そして人物については具体的なイメージを抱きやすくするため、基本的に判明するかぎりで府県と生没年を初出のみ明記する。また本書の対象は全国水平社を中心とするが、水平運動は全国的に展開されたことを考慮して、特徴的な思想、運動、組織については、府県だけでなく地域の事例も取り上げることにもなろう。

叙述にあたっては、史料の読み込みによる実証的な水準を確保しつつも、理解しやすい文体と形式を可能なかぎり追求しようと努めたのは言うまでもない、また本書が基本的に歴史書という性格であることから、次のことを原則としたい。引用した史料については、基本的に出典を明記するが、読みやすさを考慮して、漢字については固有名詞の他は旧字体を新字体に変更し、全国水平社創立大会で可決された歴史的文書と法令を除いて、片仮名は平仮名、歴史的仮名づかいを現代仮名づかいに直し、必要に応じて句読点と（　）内のルビを付す。さらに新書という性格から、本文には参照した多くの史料集、復刻版、文献を明記しなかったが、最低限のものについては参考文献で紹介する。

本書は部落差別に関係した著書でもあるので、とくに用語に関して注意を喚起しておきたい。

しばしば登場する「部落」は「被差別部落」の略称として使い、「部落民衆」は部落に生まれ育った者、「部落民」は部落民衆のなかで部落解放を自覚した者を意味している。また「部落民衆」と「部落民」に対応するのが、「非部落民衆」と「非部落民」である。

さらに「穢多《えた・エタ》」をはじめ「元穢多」「旧穢多」「新平民」「特種部落」「特殊部落」「細民部落」だけでなく、「鮮人」「癩《らい》病者」「土人」「旧土人」「蝦夷地《えぞち》」「精神病者」「娼妓《しょうぎ》」「白丁《ペクチョン》」などは、基本的に蔑視が濃厚な差別語として使用されてきたので、これらに対する批判的な意味を込めて、基本的に原文の引用に際しては必要に応じて（ママ）を付し、自らが使用する必要がある場合はカギ括弧を用いて使用する。

現在を生きる私たちは意識するとしまいと歴史に拘束されているから、歴史から容易に逃れることはできない。そうであるがゆえに歴史を知ることは、現在を確認するだけでなく、その延長として未来を展望する可能性を切り拓くことにもつながる。この重要な歴史の一齣が、私にとって部落差別からの解放を求めた全国水平社に他ならない。

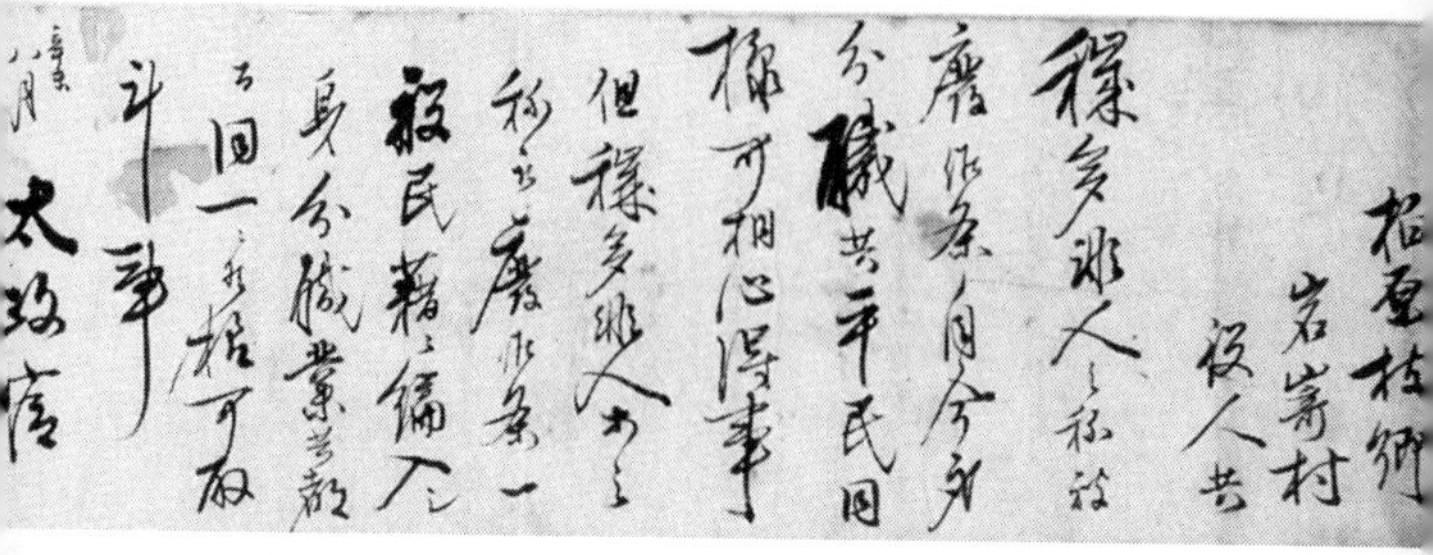

序　章
近代の部落問題

「**解放令**」(明治4年8月)
明治4年9月に奈良の高取県から伝達された[水平社博物館提供]

1　部落問題の成立

†封建的身分制の廃止

全国水平社創立大会で可決された宣言では、「過去半世紀間に種々なる方法と、多くの人々とによつてなされた吾等の為めの運動が、何等《なんら》の有難い効果を齎《もた》らさなかつた」と述べられ、全国水平社創立以前の歴史に対して厳しい評価が下された。ここでの「過去半世紀間」とは、一八七一年八月二八日に明治政府が発布した、「解放令」と呼ばれる法令から約五〇年間と思われるだけに、この時点から全国水平社創立に至る部落問題をめぐる歴史的過程を述べることにしよう。

法令としての「解放令」は、「穢多非人等ノ称被廃候《はいされそうろう》条、自今身分職業共平民同様タルヘキ事」という実に簡単な文面であった。これによって「穢多」など近世的な差別的身分呼称を含む封建的身分制が最終的に廃止され、「身分職業」は「平民」と「同様」となることが宣言され、また同時に府県に対しては「民籍」に編入し、「地租」などの免除の慣例があれば、調べ直して改善する措置の方法を大蔵省に報告することが指示された。

「解放令」が発布された主要な要因としては、地域ごとに民衆を把握して支配する一八七一四年四月の戸籍法を徹底させた、土地からの地租を一律に徴収しようとして一八七三年七月から実施が準備されていた地租改正の地ならしであった、この二つが指摘されてきた。いずれにせよ「解放令」は、日本の植民地化を策していた欧米列強と対峙《たいじ》するため、一八七一年七月の廃藩置県などによって近代統一国家を建設しようとする、封建的身分制の廃止に関係する一連の急激な開化政策の一環であった。

これまで「穢多」と呼ばれていた部落民衆は「解放令」を好意的に受けとめ、各地で小学校の建設、祭礼と氏子の参加、農地の獲得など、平民と実質的に同様の扱いを受けるために多様な行動を起こすことになった。しかし一部の地域では、生活の糧《かて》であった斃《へい》牛馬処理や皮革業などを失うことに危惧《きぐ》を表明することもあった。また多くの府県は明治政府の開化政策に従って具体的な措置をとったが、府県によっては部落民衆に「穢れ《（けがれ）》」を祓《はら》うことを強要するだけでなく、従来の生活慣行を改めて自重して振る舞うよう指示するなど、これまでと同様に差別と監視の対象とする場合もあった。

さらに社会と非部落民衆は「解放令」が発布されても、これを素直に受けとめて部落に対する差別意識を払拭することは困難であり、西日本の各地で起こった「解放令」反対一揆（新政反対一揆）のように、部落を襲撃するという痛ましい事件さえ起こることになった。しかし横河秋濤《しゅうとう》（一八二二〜一八八五）の『開化乃入口』（松邑文海堂、一八七三年）と西村兼文（一八三二〜一八九六）の『開化之本』（稲田佐兵衛他、一八七四年）という「開化」を書名に使用した二つの著書に見られるように、在野の開化派人物は部落の誤った起源説を真正面から批判し、部落民衆を差別することは平等の原則に背くことを強調した。

ところが平等を原則とする開化政策が停滞してくると、部落民衆対しては平民になったにもかかわらず、「穢多」の旧身分呼称だけでなく、新たに「元穢多」「旧穢多」「新平民」などの差別的な呼称が用いられることになった。また職業、居住、結婚など日常生活において、部落民衆は排除されることが多く、平民と同様の生活領域に参入することはきわめて困難であった。

しかし自由民権運動の影響を受けて、一八八一年一一月の福岡での復権同盟、高知の啓蒙思想家である植木枝盛（一八五七〜一八九二）に指導された一八八三年の西谷平等会など、各地で部落民による自主的な団体が生まれた。また大阪では一八八二年六月に結成された大阪自由党に多くの部落民が参加して、一八八八年一一月に公道会が結成され、京都では一八八九年六月に殖産興業と教育の振興を目的として平等会が結成されるなど、各地の部落民は平民との平等を求めて徐々に立ち上がっていくようになった。

このような状況をうけて、自由民権運動の闘士であった中江兆民（一八四七〜一九〇一）は、自らを部落民に模した「大円居士」というペンネームで、『東雲新聞』第二一・三一号（一八八八年二月一四・二五日）に「新民世界」という論説を発表し、部落差別を容認する平民主義を厳しく批判した。また九州平民会は、『福陵新報』（一八九一年一月一七日）に「福岡県下新平民諸氏に告ぐ」との論説を載せ、自由と権利のために部落民が奮起することを訴えた。

†部落の構造的変化と差別的視線

近代初頭に「解放令」が発布される以前の日本の人口は、約三〇〇〇万人であったとされている。身分別人口の比率では、平民が九一％と圧倒的に多く、士族と卒族は合わせて六・四％、そして「穢多」とされていた部落民衆は一・五％に過ぎなかった。このように部落民衆の人口は決して多くなかったとはいえ、北海道と沖縄を除く全国各地に約四五〇〇の部落が存在し、都市と農村、生活基盤としての生業などの違いによって、その存在形態は実に多様であった。

部落の生活に大きな打撃を与えたのが、一八八〇年代に大蔵卿の松方正義（一八三五〜一九二四）が断行した緊縮を基本とする財政政策による深刻な全般的不況、いわゆる松方デフレであった。農村部落では部落民衆は、ただでさえ狭い土地を手放さざるを得ないことによって小作人に没落し、高率の小作料によって極度の貧困に陥っていった。また履物製造、人力車曳《ひき》、屑物拾いなど多様な雑業によって辛うじて生計を立て、新たな仕事を求めて仕方なく郷里を捨てて都市に出ていかざるを得ない者も少なくなかった。

皮革業は部落民衆の専業ではなくなったが、急激な資本主義の発達と軌を一にしながら、東京、大阪、兵庫、和歌山など都市部落では、近世以来の皮革業が新しい形態で再編されていった。部落の皮革業者は当初こそ順調に発展したものの、やがて政商などが皮革業に参入することによって崩壊の危機に瀕し、零細な企業として存続していくことになった。むしろ都市部落で新たに始められたのが製靴業であり、広い市場を背景として東京と大阪などで発展したが経営規模は小さく、やがて政商が参入することによって、下請けに転落するようになった。そして農村部落では、従来からの雪駄《せった》と草履の製造が引き続いておこなわれ、都市部落では履物の修繕が新たな仕事として生まれるようになった。

このように都市と農村を問わず、資本主義の急激な発達は部落の生業に大きな変化をもたらした。しかし部落民衆が平民と同様の職業に就くことはきわめて困難であり、生業といっても旧来からの皮革業、履物業、これらに関係した製靴業に限定され、多くは不安定な雑業に従事せざるを得ず、一部を除いて全般的には貧困化によって生活は極度に苦しくなっていった。また資本主義の発達は、屠畜、火葬場、衛生施設、港湾、鉱山、炭鉱など新たな施設を生み出し、これらに部落民衆が携わることを生じさせたが、これが結果として社会の差別意識から新しい部落を形成することにつながる場合もあった。

このような部落民衆の貧困な生活は、子どもの就学を困難にさせて不就学を生じさせ、居住環境も極度に悪化して多くの不良住宅を生み出すことになった。また部落に対して、これまでの「穢多」という近世的旧身分に基づく差別意識だけでなく、近代になって新たに生じた貧困、不就学、低学力、悪環境、不良住宅などを理由として、「野蛮」「野卑」など近代文明論的な視点からの差別意識を、社会と民衆に植えつけることになった。

この時期にはコレラや天然痘など急性伝染病がはやり、これが貧困層の滞留する部落の劣悪な衛生状態と結びつけられることによって、社会と民衆は部落を「不衛生」「不潔」「病気」などの温床と見なして、身体的な恐怖感を増幅させることになった。また近代的法規範の浸透によって、一般的な基準で生活することが困難であった傾向が強い部落は、「犯罪」の多発地と見なされて厳しい監視の対象となっていった。

そして何よりも、以上のような部落に対する否定的かつ差別的な認識が累積され増幅されることによって、あたかも部落は大多数の日本人と異なる「異種」という新たな人種主義的な差別的視線が、俗説としての部落の異民族起源説と関係して部落に向けられるようになった。この人種主義的な差別的視線の影響は、部落差別に反対した社会主義者の堺利彦（一八七一～一九三三）が『万朝報』（一九〇三年七月二八日）に寄せた「人種的反感」においてさえも、容易にうかがうことができる。

また『破戒』（緑蔭叢書、一九〇六年）を著して大きな反響を巻き起こした島崎藤村（一八七二〜一九四三）は、『文庫』第三一巻第六号（一九〇六年六月）に「『破戒』の著者が見たる山国の新平民」という談話を寄せた。ここで藤村が、信州の部落民衆を「開化した」と「開化しない」の二つに分類したうえで、「開化しない方では、野蛮人でも下等の野蛮人は野性が顔に現われて居るように、第一、容貌も何となく粗野で、我儕《われわれ》の耻《はず》かしいと思う事を別に耻かしいとも思って居ないようですね。顔の骨格なんぞも、我儕と違って居るように見えます。一番著るしいのは、皮膚の色の違って居ることです」と差別的に述べたことは、「異種」という新たな差別的視線を象徴するものであった。

†部落差別の顕在化

部落の近代的変容に対応して差別的視線が注がれるにしたがって、侮蔑意識によって地域社会では部落が日常生活から排除され、また迫害されるという差別が顕著になっていったので、紹介することにしよう。

『愛知新聞』（一八七九年四月二九日）によると、愛知の幡豆《はず》郡では、革商売や履物直しなどの仕事をおこなっていた部落民衆が銭湯に行くと、非部落民衆は部落民衆に対して「臭気」があるとの理由から、「殺して仕舞え」と言って袋叩きにしてしまった。また『官報雑誌』（一八八一年四月六・七日）によると、愛知の愛知郡では、非部落民衆の女性が部落民衆の男性と結婚しようとして同居していたが、女性の兄が猛烈に反対して妹を連れ戻してしまった。

さらに『京都新報』(一八八二年七月二日)によると、滋賀県の栗田郡では、部落民衆の児童が小学校に通っていたが、これを非部落民衆の児童が嫌って「土穢多」と妨害し、部落民衆の児童が就学することを断念させてしまった。大阪の豊島郡では、一八九一年三月に森秀次《しゅうじ》(一八五五~一九二六)が大阪府議会議員選挙に立候補したところ、対立候補から森が「旧穢多」であると中傷する文書が配られて落選したが、大阪と京都の部落では一丸となって大規模な抗議行動を起こした。

明治政府は新たな地方制度の創出と整備に向けて、一八八八年四月に市制・町村制を公布し、徴税や戸籍などの国家委任事務と経費を町村に負担させるため、町村の合併を強要した。しかし町村によっては、忌避されていた部落の存在が合併の障害となることがあった。この状況は奈良の町村では頻繁に生じることになった。例えば部落を含む葛上《かつじょう》郡では、部落の存在を理由として紛糾したが、結局は部落の要求が容れられて合併が実現することになったとしても、地域社会では部落は階層秩序の最下位に位置づけられ、社会生活において排除されることもあった。また三重では、三重県当局が合併基準のなかに「旧穢多にして他の町村と平和の合併をなし得ざるもの」を入れて部落の存在を理由に公然と反対したため、部落を含む町村では合併に際して紛糾を生じさせることがあった。

以上のような部落差別の発現が顕著になってくるのと軌を一にするように、影響力が強い研究者やジャーナリストからの部落に対する差別意識と偏見を助長しかねないような人種主義的な言説が目立つようになったので、その代表的な論説を紹介しよう。まず人類学者の鳥居龍蔵（一八七〇～一九五三）は、埼玉をはじめ徳島、兵庫、栃木の部落を精力的に調査したうえで、部落民衆はマレー人種に起源をもつとの認識を示した。しかし実際には部落民衆がマレー人種に起源をもつとの認識には実証的根拠がないものの、部落民衆は「未開」「野蛮」と見なされ差別視されていたマレー人種と同じ人種であるから、差別されても当然であるという部落差別を合理化するような役割を果たすことになった。

また『日本之下層社会』（教文館、一八九九年）を著していたジャーナリストの横山源之助（一八七一～一九一五）は部落問題に対しても関心を示し、『太陽』第五巻第二二号（一八九九年一〇月）に「天涯茫々生」のペンネームで「新平民社会の状態」という論説を載せた。ここでは「法律の上にこそ四民平等なれ、実際は依然として一般人民と風俗、人情、習慣を異にす」との認識から、東京の部落に関する「職業」「家庭」「性情」「教育」を観察したが、とくに「性情」では「其《そ》の容貌、言語、対応の荒々しきに反して、内実極めて臆病なることなり、小胆なり無遠慮なるが如くにして、極めて細心なる廉《かど》多く、しかも最も著しきは猜疑心《さいぎしん》に富み、甚《はなは》だ邪推深きことなり」と述べ、部落民衆の否定的な特性と捉えられたことが部落差別を引き起こしているかのような認識を示した。

さらに特徴的なことは、この時期に部落民衆の移住が主張されたことであった。国粋保存主義者の杉浦重剛《じゅうこう》（一八五五〜一九二四）は『樊噲《はんかい》夢物語――一名新平民回天談――』（澤屋、一八八六年）を著し、部落民衆の朝鮮、中国、太平洋・インド洋諸島などへの移住を説いた。また柳瀬勁介（一八六八〜一八九六）の『社会外の社会　穢多非人』（大学館、一九〇一年）は部落史と部落の研究として大きな影響を与えたが、ここでも部落民衆の台湾移住が主張された。

小説家の清水紫琴《しきん》（本名は豊子、一八六八〜一九三三）は、『文芸倶楽部』第五巻十編（一八九九年八月）に小説「移民学園」を発表した。これは部落民衆が北海道に新天地を見いだしていくという筋書きであり、この段階では部落民衆の移住は構想にとどまっているが、この後における日本のアジア・太平洋地域への進出と関係し、部落民衆による実際の移住につながっていく可能性をもつものであった。

†「特殊部落」という呼称

一八九四年八月からの日清戦争と一九〇四年二月からの日露戦争は、新興の帝国主義国として日本の国際的地位を大きく向上させた。これに応じて国内では支配体制を再編するとともに、一九〇八年から疲弊した地方を再建するため地方改良運動を推し進めることになった。これは新たな地方の発見という意味をもったが、当然にも行政上の「貧村」「難村」などとして認識されていた部落に対して、注目が注がれることになった。

このような過程のなかで、奈良の生駒郡長は『奈良県報』第五二〇号(一八九九年九月二二日)に載せた「就学児童出席奨励方法」で、「特種部落なるものありて貧民多し、此《この》児童は常に糟糠《そうこう》を食し、襤褸《らんる》を纏《まと》い、遊惰の性を有す、是《これ》を以て一たび学に就くも、其《それ》出席の状態は、隠見出没常ならざるを見る」と述べ、これが「特種部落」の初見とされている。この「特種部落」はしばしば使われた「特殊部落」とは内容的には大差がなく同様の意味であると思われ、部落の異民族起源説を土台にして部落の民族的な特殊性を際立たせ、また血統観念に影響されて部落の身体的な特殊性をも指摘する、きわめて差別的な意図が込められていた。

とはいえ、これまでの近代初頭から使われていた新旧の身分名に由来する「元穢多」「旧穢多」「新平民」ではなく、この時期になって「特殊部落」「特種部落」という新たな呼称が使われたことは、人の集団よりも人が居住する集落に着目して問題を把握していこうとする意識が反映されていた。そして「特殊部落」「特種部落」という新たな呼称は、例えば三重県『特種部落改善の梗概』(一九〇七年)と徳島県『特殊部落改善資料』(一九一〇年)での表題、兵庫県揖保郡役所『兵庫県揖保郡是並町村是』(一九〇八年)での「特種部落」の記述などで使用され、全国的に流布されていくことになり、単に「部落」および「部落民」との略称も用いられるようになった。

　つまり「特殊部落」「特種部落」は、部落は近代化に対応できない「劣位」な状態にあるとの文明論的な認識を前提とした差別を濃厚に含む新たな呼称であった。しかし行政的見地からであったとしても、曲がりなりにも一つの社会問題として部落問題を発見し、部落を改善していくことを自覚して登場したものであったと評価することができる。すなわち「特殊部落」「特種部落」という新たな呼称による認識こそが、近代部落問題成立の画期を意味するものであったと評価することができる。

　この近代部落問題の成立は、近代日本を考えるうえで避けて通れない二つのことを意味していた。第一は、近代天皇制と部落差別との関係である。一八八九年二月に大日本帝国憲法が成立し、「万世一系の天皇」が国家の統治者かつ軍隊の総攬《そうらん》者として規定されることになり、「臣民」の権利は法律の範囲内で認められたに過ぎず、これによって近代天皇制が成立することになった。そして何よりも近代天皇制は、華族、士族、平民という実質的には身分を意味する族称を基本とする身分的階層秩序を内包していた。

　しかし部落は平民に属するとされたものの、社会的には極度の差別を蒙らなければならず、平民の下に存在すると認識されたように、実質的には近代天皇制身分的階層秩序の最下位に位置づけられるよう意識されることになった。このことは部落に新旧の身分名に由来する「元穢多」「旧穢多」「新平民」だけでなく、「特殊部落」「特種部落」という新たな呼称が投げかけられることによって、あたかも「貴」を象徴する天皇に対して、「賤」と見なされて差別された部落が最下層の身分として存在するかのような印象を与え、この血統主義的な論理によって近代天皇制による身分的階層秩序を下支えし、部落差別を合理化する役割を果たすことになった。

これを象徴するかのように、宮内省が一九一八年三月に、奈良の部落を含む集落が神武天皇陵を見下ろす場所に存在するのは不都合であるとの理由によって、近隣の地域への強制移転(いわゆる洞村《ほらむら》強制移転)を決定したことは、近代天皇制にとって部落を好ましからざる存在と見なしていたことを如実に物語っていた。また後に全国水平社の中央委員長となる松本治一郎(一八八七〜一九六六)が「貴族あれば、賤族あり」と喝破《かっぱ》したことは、まさに近代天皇制と部落差別との密接な関係を鋭く突いたものであった。

第二は、近代日本における多様な差別の連鎖と制度化である。部落の異民族起源説は主として朝鮮民族を指していたが、これは一九一〇年八月の「韓国併合」という植民地支配に至る過程で、朝鮮民族を「劣等民族」と見なす差別意識と深く関係していた。また部落の異民族起源説にはアイヌ民族を意味することがあったが、これも一八九九年三月の「北海道旧土人保護法」に象徴されるように、アイヌ民族を「旧土人」として差別することと深く関係していた。

このように「特殊部落」「特種部落」という呼称に象徴される、部落民衆を特殊な民族的存在と見なす差別が、朝鮮民族とアイヌ民族に対する差別と結びつけられていったのである。

また部落民衆が血統観念に影響されて身体的な特殊性から遺伝的に劣悪な心身を形成していたとの俗説は、感染症にもかかわらず遺伝病と誤解されて「癩病者」と差別的に呼ばれていたハンセン病患者が、部落に蔓延しているという偏見を生むことになった。しかも一九〇七年三月に公布された「癩予防ニ関スル件」は、ハンセン病患者を隔離することによって社会に極度の恐怖心を植えつけ、これが部落に対する差別意識を増幅させることになった。このように「特殊部落」「特種部落」という呼称による部落民衆に対する差別的な認識は、ハンセン病患者に対する差別と結びつけられていった。

つまり一九〇〇年を前後して近代部落問題が一つの社会問題として成立し、部落は近代天皇制身分的階層秩序の最下層に位置づけられ、また朝鮮民族、アイヌ民族、ハンセン病患者に対する差別と連鎖させられることになった。そして「精神病者」と呼んで差別してきた精神障がい者を監禁する一九〇〇年三月の「精神病者監護法」、「娼妓」にならざるを得なかった女性に対する売買春制度を容認する同年一〇月の「娼妓取締規則」、さらには一九〇三年三月に大阪で開かれた第五回内国勧業博覧会での、学術の名でアイヌ民族、沖縄人、台湾先住民、マレー人、インド人、ジャワ人、トルコ人、ザンジバル島民を見世物として差別的に展示した「学術人類館」事件とともに、近代日本の政治と社会に関わる重層的かつ複合的な差別体制が成立して機能することになった。

2　部落問題の社会的波及

†部落改善運動の活性化

近代部落問題が成立するにしたがって、部落の構造的変化に伴う劣悪な経済状態と生活を立て直して差別を克服するため、部落の上層部による改善運動が起こり、各地で自主的な部落改善団体が設立された。この時期に最も早く設立された部落改善団体は、山口の僧侶である河野諦円《たいえん》（一八五二〜一九三四）が、一八八六年に設立した仏教青年行道会とされている。そして一八八八年に大分で風俗矯正会が設立され、その中心となった雑貨商の笹野音吉（一八六四〜?）は、自由民権運動の影響を受けて『社会の抑圧』（一九〇二年）を自費で出版し、部落差別を克服するためには部落民自身が部落の改善を図るべきことを訴えた。

この年には、大阪市内で中江兆民らが発起人となった公道会が設立され、翌年の一八八九年八月に京都市内で資産家で町長でもあった桜田儀兵衛（一八三二〜一八九三）を会長に柳原町柳原進取会が設立され、都市部での部落改善運動が展開されることになった。和歌山では、若くして村長になった資産家の岡本弥《わたる》（一八七六〜一九五五）が、一八九三年に青年進徳会を設立し、部落改善運動に着手するとともに、一九〇二年五月に起こった布教使差別発言事件はじめ、各地で起こった差別事件の抗議行動に奔走した。

とりわけ注目されるのが、静岡の資産家である北村電三郎（一八七二〜一九三七）によって、一八九八年一一月に設立された吉野村風俗改善同盟会であった。『静岡県浜名郡吉野村事績』（一九一九年）によると、吉野村では、不景気に見舞われて下駄表づくりが打撃を受けることによって経済的困窮が広がり、風紀が乱れて賭博が横行したので、吉野村風俗改善同盟会は、弊風の矯正、勤勉節約による貯蓄の励行などだけでなく、新たな産業を興し、青年会や家庭婦人会などをも設立するなど、活発な部落改善運動を展開した。そして吉野村風俗改善同盟会は、地方行政の援助も受けて一定の成果を挙げ、内務大臣の床次《とこなみ》竹二郎（一八六七〜一九三五）から一九一九年二月に表彰を受けて五〇〇〇円を授与されるほどであった。

三重では一九〇〇年一二月に改栄社が設立され、岡山では三好伊平次、岡崎熊吉らによって一九〇二年八月に備作平民会が設立されるなど、各地で部落改善団体が設立されていった。とりわけ三好は「備作平民会設立の趣旨」（中央融和事業協会編『融和問題論叢』中央融和事業協会、一九二九年）で、「吾人の期する所は、先《ま》ず内に我徒同族間の積弊を廓清《かくせい》し、進んで外に社会に対して鬱屈を伸べんとするにあり。即ち県下の同族を打て一丸となし、協力同心以て風教を改善し、道義を鼓舞し、殖産教育を奨励し、斯《かく》の如くして自主独立の基礎を鞏《かた》め、然《しか》る後、外に向って其《その》反省を促し、力《つと》めて止《や》まずんば吾人の志、豈《あに》行い難からん哉《や》」と述べた。これは、国民国家の形成に対応して部落民衆を国家の義務を遂行する国民たらしめようとする、部落改善運動の意図を如実に示すものであった。

　このような部落の上層部による改善運動が活発化してくると、各地に広がった部落改善団体の指導者は、連携して全国的な部落改善団体の設立を目指すようになった。その結果として一九〇三年七月二六日に大阪で設立されたのが大日本同胞融和会であり、発起人となったのは岡本弥、三好伊平次はもちろんのこと、部落改善運動を進めていた京都の明石民蔵（一八五六〜一九二〇）、奈良の坂本清俊（一八六四〜一九四九）、大阪の中野三憲《さんけん》、旧幕時代に「穢多頭」であった東京の弾直樹（一八二三〜一八八九）らであった。

　大日本同胞融和会は、道徳の修養をはじめ、風俗の矯正、教育の奨励、衛生の改善、人材の養成、勤倹貯蓄、殖産興業など七点を掲げたが、何らの活動もできないまま立ち消えとなってしまった。また近年には、京都と奈良の宗教関係者を中心とした一九〇一年九月の帝国咸一《かんいつ》会、これを引き継いだと思われる一九〇三年三月の大日本咸一会など、部落差別撤廃を目指す団体が設立されたことが明らかにされた。

　そして中江兆民の影響を受けていた広島のジャーナリストである前田三遊（本名は貞次郎、

一八六九～一九二三）は、『中央公論』第一八巻第二号（一九〇三年二月）に「天下の新平民諸君に檄す」、『芸備日日新聞』（一九〇三年三月二四日）に「県下の新平民諸君に告ぐ」、『中央公論』第一八巻第四号（一九〇三年四月）に「新平民団結の必要」を載せ、大日本同胞融和会の設立を積極的に支援した。

また前田は、大日本同胞融和会が立ち消えとなった後の『中央公論』第一八巻第一二号（一九〇三年一二月）に「再び天下の新平民諸君に檄す」を寄せ、部落民の自覚と団結を訴えた。この前田の訴えに応えるかのように、三好伊平次は「三好黙軒」のペンネームで、『山陽新報』（一九〇三年五月二〇・二一日）に「不遇なる我徒のため世の反省を求む」、『山陽新報』（一九〇三年七月二六日）に「県下の同族諸君に告ぐ」を寄せ、自らを部落民と明かしたうえで部落民の自覚と団結を訴え、これらは次なる自主的な融和運動を準備するものになった。

†政府と府県の部落対策と融和運動

府県として最も早く部落対策としての部落改善事業に着手したのは三重県であり、これには治安対策の視点から貧民問題を重視して、一九〇四年一一月に知事となった有松英義（一八六三～一九二七）の影響が大きかった。この有松のもとで実際に部落改善事業を指導したのが、一九〇五年五月に県職員となった竹葉寅一郎（一八六八～一九四五）であった。竹葉が指導した部落改善事業とは、部落民衆に生活改善の必要性を説いて改善団体を組織させ、言葉や身なりの改善、清掃と入浴の奨励をはじめ日常生活の細部にわたるものから、就学と納税義務を遂行することなど多岐に及び、警察の指導と相俟って違反した場合は制裁が科せられることもあった。このような部落改善事業は、一九〇五年からの奈良県の矯風事業をはじめとして、急速に各府県へと波及していくことになった。

これらの動きをうけて、内務省は一九〇七年から部落改善事業に着手することになり、まず手始めに全国の部落の人口や戸数、生活状態に関する調査をおこなった。おりしも一九〇八年から第二次桂太郎（一八四八～一九一三）内閣が官製の地方改良運動を始めて、国家を支える地方を構築しようとし、あわせて同年一〇月には戊申《ぼしん》詔書を発して、国民に国家意識を植えつけるため奢侈を戒めて勤労の意欲を求めた。また地方改良運動の一環として、同時に社会事業の統制を図る感化救済事業も始められ、部落改善事業が重要な課題として認識されるようになった。

この内務省による部落改善事業を指導したのが、社会事業に取り組んでいたキリスト者の留岡幸助（一八六四～一九三四）であった。留岡はヒューマニズムに基づきながらも部落に対して人種主義的な差別意識を濃厚に保持し、部落が「特殊部落」および「特種部落」であるとの認識を前提として、治安対策の一環として部落改善事業を指導した。また留岡は部落改善事業の最善の策は部落民衆の移住と考え、これは後に述べる帝国公道会による部落民衆の北海道移住へとつながっていった。

社会事業を推進したキリスト者の賀川豊彦（一八八八〜一九六〇）は『死線を越えて』（改造社、一九二〇年）で著名であったが、自らが居住する神戸のスラムと関係して部落問題に直面することになった。しかし賀川も留岡と同じく自らのヒューマニズムに反して人種主義的な差別意識に強く囚われ、『貧民心理の研究』（警醒社書店、一九一五年）や『精神運動と社会運動』（警醒社書店、一九一九年）などの著書によって、部落と部落民衆に対する偏見と差別意識を流布させる役割を果たすことになった。

一九一〇年五月に幸徳秋水（一八七一〜一九一一）ら社会主義者が明治天皇を暗殺しようとしたとする大逆事件が起こり、幸徳らと連座した和歌山の大石誠之助（一八六七〜一九一一）と高木顕明（一八六四〜一九一四）は部落と深くつながっていたため、これを危険視した内務省は一九一一年六月に省務として部落対策を重要政策に引き上げた。そして内務省は官吏を派遣して部落を調査し、これまでの「特殊部落」と「特種部落」を「細民部落」と言い換え、一九一二年一一月七〜九日には細民部落改善協議会を主催して部落対策を本格化させた。

これらの動きと軌を一にするように、内務省の指導によって一九一四年六月七日に、板垣退助（一八三七〜一九一九）、大木遠吉（一八七一〜一九二六）、渋沢栄一（一八四〇〜一九三一）ら政財界の有力者を主唱者として帝国公道会が設立された。しかし帝国公道会の実質を担ったのは、「解放令」の発布に尽くしたと見なされていた大江卓（一八四七〜一九二一）であり、一九一四年七月の第一次世界大戦を契機として国民統合の必要性から、部落と社会が対立することなく一体となる、すなわち融和することによって部落差別をなくそうとする融和運動を開始し、そのための新しい論理として部落に対する同情融和を主張するようになった。

帝国公道会の機関誌『公道』では、非部落民衆の部落差別に対する反省と部落民衆の部落差別を克服しようとする自覚を説いたが、これは決して国家主義的な融和運動の範囲を超えるものではなかった。また帝国公道会は政府によって推奨されていた北海道移住に一九一五年から着手し、これに応えて京都の上田静一（一八八四〜一九五三）は、部落改善運動の帰結として、一九一七年六月から部落民衆の北海道への団体移住を本格的に推進することになった。

国家主義的な融和運動を推進した帝国公道会とともに、一九一二年八月二〇日には奈良で松井庄五郎（本姓は亀井、一八六九〜一九三一）、小川幸三郎（一八八〇〜一九一八）、坂本清俊ら部落の有力者によって、奈良県が指導する矯風事業に対抗して大和同志会が設立された。大和同志会は、衛生の励行、勤倹貯蓄、殖産興業、教育の発展など自主的な部落改善運動の推進とともに、宗教の刷新、法律思想の周知、人材の登用、そして何よりも差別的呼称の根絶、同胞の融和握手、非部落民衆の反省などを掲げたことは、国家主義的な融和運動とは異なる自主的な融和運動の到来を告げるものであった。しかし奈良県磯城郡では、一九一三年四月に部落出身の訓導が高等小学校に赴任したが、部落外の児童が訓導を「特殊部落民」と嫌って五〇日間にわたって排斥のために同盟休校をおこない、ついに訓導は依願退職に追い込まれるという痛ましい差別事件が起こった。

また大和同志会は、機関誌『明治之光』を発行して全国の部落とつながり、京都をはじめ島根、三重、岡山で同様の同志会が設立されていくことになった。このような横のつながりが拡大されたことにより、全国的な組織の結成に向けて一九一六年三月五日に京都で関西同志懇談会が開かれた。この中心を担ったのは、大阪の森秀次、京都の明石民蔵、岡山の三好伊平次、奈良の松井道博（庄五郎を改名）と小川幸三郎らであった。

懇談会では、部落民の結束、自主的な部落改善運動と融和運動を発展させるため、部落民が団結して政府、貴族院、衆議院に対して要望を提出して交渉を開始しようとした。しかし来賓として参加していた帝国公道会の大江卓は異議を唱え、自主的な部落改善運動と融和運動を統制しようとし、融和運動の方向をめぐる分岐を露呈させることになった。

†米騒動と部落問題への社会的関心

一九一八年八月に政府がシベリア出兵を決定したことにより、米商人が米を買い占めたため米価が急騰した。同年七月二三日に富山県下新川郡魚津町の漁民が立ち上がったのを契機として、生活苦にあえいでいた民衆は米騒動を起こし、この米騒動は瞬く間に全国に拡大した。とりわけ厳しい生活を強いられていた部落民衆も米騒動に参加し、地域によっては米騒動の先頭に立つこともあった。

このため官憲は部落民衆が米騒動を起こしたとのデマを振りまいた。例えば『法律新聞』(一九一八年八月三〇日)の「国法は厳として存す」という記事で、寺内正毅(一八五二〜一九一九)内閣の司法次官である鈴木喜三郎(一八六七〜一九四〇)が部落民衆は「暴行」と「略奪」をおこなう「暴民」であるとの談話を発表したように、社会の部落民衆に対する差別意識に基づく恐怖感を植えつけることになった。

しかし米騒動後の九月に成立した原敬《たかし》(一八五六〜一九二一)内閣は、従来の部落対策を見直すことになり、一九一九年一月一七・一八日に内務省は第二回細民部落改善協議会を開き、一二月には内務省に置かれた救済課を社会課と改称して、社会政策および社会事業の一環としての部落改善事業を進めようとした。そして一九二〇年度から部落改善を地方改善と名称を変更し、国家予算として五万円の地方改善費を計上し、一九二一年二月には内務省は部落改善施設要綱を作成し、地方改善費を大幅に増額させた。これと軌を一にするように、大阪や京都など各府県においても、社会事業が進められていくようになった。

活動が停滞していた帝国公道会は、米騒動に部落民衆が参加したことを契機として危機感を募らせ、一九一八年一一月に機関誌を『社会改善公道』と改称して復刊し、一九一九年二月二三日には第一回同情融和大会を開いたが、その主張は天皇中心主義によって同情融和を徹底させることに終始するものであった。この第一回同情融和大会に関係しては、三月二六日に衆議院議員である奈良の福井三郎（一八六九～一九二四）らが、第四一回帝国議会に「部落改善に関する建議」を、また静岡の北村電三郎、京都の明石民蔵と若林弥平次、兵庫の細見春吉、奈良の松井道博、岡山の岡崎熊吉、福岡の吉村純浄、大分の秦十三三と清田伊三郎、そして後に全国水平社中央執行委員長を務める南梅吉らが、「部落改善の請願」を提出して可決された。

このような動きとは別に、米騒動に部落民衆が参加したことを重視しながら、おりからの大正デモクラシーの影響を受けて、部落問題に言及する論説が発表され、部落問題に対する社会的関心を高めるようになった。まず第一に、思想家で社会学者の遠藤隆吉（一八七四～一九四六）は『中央新聞』（一九一八年九月二日）に載せた「特殊部落の改善／内務省当局に望む」という論説で、「特殊部落の改善に手を着けるのでなければ、真の為政者たる資格がないと云わねばならぬ」と述べ、部落改善の必要性を訴えた。また遠藤は『東京日日新聞』（一九一八年九月一〇～一三日）に載せた「特殊部落改善の方法」という論説では、「一般人は特殊部落を見ても、之を擯斥《ひんせき》するような態度を示してはならぬ」と述べて社会に反省を求め、「融和して行くと云うことは、大なる社会問題である」との認識を示した。

第二に、経済学者の堀江帰一（一八七六〜一九二七）は『読売新聞』（一九一八年九月一一日）に載せた「社会改良と族弊打破」という論説で、「国民は宜敷《よろしく》反省し、彼等も等しく　陛下の忠良なる臣民であり、赤子《せきし》なることを考量」すべきと述べた。

第三に、評論家で社会活動家でもあった山口孤剣（本名は義三、一八八三〜一九二〇）は、『新日本』第八年第九号（一九一八年九月）の「社会外の社会に泣ける百万の同胞／人種的偏見と階級的蔑視」という論説で、歴史を振り返りながら部落差別の厳しさと差別撤廃の努力を説明し、「吾人は今、之等《これら》の仁人が此の憫《あわ》れむべき種族の為め、筆を以て舌を以て、涙を以て戦える尊むべき歴史を閲《けみ》し来りて、内務省が如何の形式と内容を以て、其の改善の実をあげるを刮目《かつもく》して見たいものだ」と結んだ。

第四に、社会派のジャーナリストである大庭柯《か》公《こう》（一八七二〜?）は『大観』第一巻第六号（一九一八年一〇月）に載せた「所謂特殊部落」という論説で、「私は、穢多——通称に従って斯く呼ぶ——の救済論者であり、改善論者ではある」としながらも、人種主義的な見地から部落民衆を説明し、あたかも部落差別を容認しているかのようであった。

第五に、民本主義のジャーナリストである茅原華山（本名は廉太郎、一八七〇〜一九五二）は『日本評論』第八九号（一九一八年一〇月）に載せた「世界の特殊部落民」という論説で、「世界に於て、日本国民が其の××《（特殊）》部落民を遇するが如き無情、酷薄、冷淡、残忍を以て、他の人類を遇する人類があるであろう乎」と大いに嘆き、「改善すべきは××××《（特殊部落）》民でなくして、他の日本国民ではない乎」と鋭く問いかけ、「人類平等相愛精神」「平等な人格的関係」「自由平等」などの必要性を訴えた。

第六に、後に『貧民窟と少数同胞』（巌松堂書店、一九二三年）を出版する商学者の井上貞蔵（一八九三〜?）は、『雄弁』第一一巻第一一号（一九二〇年一一月）に載せた「特殊部落の解放」という論説で、「人道主義の立場から、人類解放の叫ばれる今日に於て、特殊部落民の解放は当然起こるべき問題である、私は彼等百有余万の惨めな虐げられつゝある人々が、解放せらるゝ日の一日も早からんことを、熱望して已《（や）》まない者である」と述べ、これまでの改善ではなく明確に解放を主張した。

第七に、歴史学者の喜田貞吉は一九一九年一月に『民族と歴史』を創刊し、七月の第二巻第一号を「特殊部落研究号」と名づけ、部落の異民族起源説を実証的に批判した。その後も喜田は部落史研究を進めながら、部落民の自覚を尊重して部落差別の撤廃に尽くしたが、それは天皇制との親近性が強い日本民族としての同一性を重視する融和運動、そして日本の朝鮮植民地支配を合理化する「日鮮同祖論」と深くつながるものであった。

第八に、帝国公道会の第一回同情融和大会で挨拶していた男爵の正親町季董《おおぎまちすえただ》（一八七四〜一九四五）は、大正デモクラシーを象徴する総合雑誌『解放』第三巻第四号（一九二一年四月）に初めての部落問題の論説である「特殊部落より見たる社会」を寄せた。ここで正親町は「特殊部落という名称は、甚《はなはだ》不当の名称」と見なすだけでなく、「法律制度の上に於て、我々日本人は平等無差別である」との観点から「現在の華族の制度は、極めて不徹底で且《かつ》無意義である」と断じ、「自分を旧穢多の一員としての立場から、社会に対する注文」として、「特殊部落に対する一般社会の連想を破り、理由なき墻壁《しょうへき》を撤廃せしむる方法を講ずること」「部落民の思想の向上と社会の部落に対する了解同和」を希望した。

†部落民の自覚と部落差別に対する抗議行動

かたや部落民衆の部落民としての自覚に基づいて、一九〇〇年代に入ってから部落民による部落差別に対する抗議行動が登場することになった。これの典型的な事例として注目されるのが、『愛媛新報』（一九〇一年五月一一日）で報じられた、一九〇一年二月に部落民衆が入浴を拒否された差別事件であり、これに怒った部落民衆が提訴した結果、松山地方裁判所は「被告は其営業の洗湯に、原告を入湯せしむべし」との判決を下した。また高知の『土陽新聞』（一九〇一年七月二七日）によると、一九〇一年七月に巡査が「穢多」を使って差別発言したため、怒った部落民衆の多くが巡査に対して暴行に及ぶことになった。

広島では、一九〇二年一二月に婚姻取消を請求する控訴事件が起こった。ことの発端は部落民衆の男性が非部落民衆の女性と結婚したが、やがて女性が婚姻取消を求めて広島地方裁判所に提訴したところ、これを認める判決が下ったことにあった。そこで納得がいかない男性が広島控訴院に控訴したところ、『法律新聞』（一九〇三年三月一六日）によると、男性が「旧穢多の家に生まれたるもの」との理由によって棄却してしまった。これは明らかに、本来的に法律を遵守すべき裁判所が「解放令」の趣旨である平等原則を無視して、男性が「旧穢多」であることを理由として「平民」の女性との婚姻を妨害するという、きわめて悪質な差別的措置に他ならなかった。

京都の『日出新聞』（一九〇六年四月二五日）によると、紀伊郡竹田村長による柳原町長に対する「今日は、穢多に触れられた」との差別発言があり、部落民の抗議によって「謝罪状」を提出することで決着した。ちなみに、これは部落差別に関わった謝罪状の最も早いものであったと思われる。また愛媛の『海南新聞』（一九〇九年四月二一日）によると、一九〇九年四月に温泉郡和気村の部落民衆が入浴を拒否されたため、部落では集会を開いて抗議することを決議した。

この他にも、京都の『中外日報』（一九一〇年二月二五日）によると、浄土真宗本願寺派の僧侶が愛媛での講演で差別発言をおこなったため、聞いていた部落民と僧侶が憤慨して抗議に及んだ。また『海南新聞』(一九一〇年六月一五日)によると、岡山県の売薬業者が愛媛の部落を訪れた際、売立帳に記載されていた「エタ」の語を見つけられ、部落民は抗議して暴行に及ぶことになった。

さらに『大阪朝日新聞』(一九一三年三月三〇日)によると、神戸市の部落が部落差別を避けるため町名変更をしようとしたところ市参事会が反対したため、約一〇〇〇人の部落民衆が市長に抗議した。また『公道』第四巻第二号(一九一七年二月)によると、一九一六年一一月の岡山での陸軍演習で町長が部落での宿営を除外したため、憤激した部落民が抗議して町長は辞任した。別の村では村長が村有林の枝打作業など何かにつけて部落を排除したため、怒った部落民は村税の不納を決定するなど抗議の意思を示すことになった。

部落差別に対して最大の抗議行動となったのは、一九一六年六月の博多毎日新聞襲撃事件であった。『博多毎日新聞』(一九一六年六月一七日)に載せられた「人間の屍体を原素に還す火葬場の隠亡《おんぼう》―百斤の人肉と一斤の牛肉―」と題された記事において、「豊富や金平が人も知る特種部落であるところから、人間の亡者様は穢多の亡者様と一所のかまどに焼かれる事を厭《いや》になると見える」などと、福岡市内の部落を露骨に差別する記述が載せられた。これに対して豊富の青年団を中心とした部落民は大いに憤慨して松原尋常小学校で協議し、意見が分かれたものの基本的には博多毎日新聞社と交渉して謝罪を求めることになった。

しかし社長らが不在であったため交渉が実現せず謝罪も獲得することができず、謝罪がない時には博多毎日新聞社を破壊するという意向が多数を占めていたため、暴発した住民が社屋に乱入して印刷機械を破壊し、従業員を殴打することになった。これを重く見た警察は四日間にわたって三〇八人の住民を検挙し、一〇月二六日から福岡地方裁判所において騒擾《そうじょう》事件として公判が始まり、最終的には一一月八日に四七人が騒擾罪という理由によって、内容的には軽重はあるものの有罪の判決が下されることになった。

『大阪毎日新聞』(一九一八年一月二四日)によると、一九一八年一月に兵庫県武庫郡で小学校の教員が児童の無断欠席を訓戒の際に「斯ういうことをするから、世間から特殊部落民といわれるのだ」との差別発言をおこない、怒った部落民が抗議して暴行を加えた。また『愛媛新報』(一九一八年八月二〇日)には、部落民による「真に同情を以って吾輩を改善してやろうと云う誠心はないのだ、大いに当局者の反省を促したい所以《ゆえん》である」との投書が載せられ、部落改善政策が厳しく批判された。

これより厳しい批判が、米騒動の後に登場することになった。和歌山の『紀伊毎日新聞』(一九一九年九月一日)に「なみ生」を名乗って「俺等は穢多だ」という投書が掲載され、ここでは「俺等は、先ず平等な人格的存在権、平等な生存権を社会に向って要求するのだ、俺等は、今日まで奪われていたものを奪い返さねばならないのだ」と述べるに至った。これをうけて同じく『紀伊毎日新聞』（一九一九年九月一七日）に「一平民生」を名乗って「俺も穢多だ」という投書が掲載され、「俺たちの求むるところは、牛馬でも犬猫でもない、「人間」だ、平等な「人格」だ、不合理な因襲の桎梏《しっこく》や、旧陋《きゅうろう》な階級観念の縛束《束縛》から解放され自由になることだ」と応えた。

この二つの投書は、「平等」「人格的生存権」「人間」「解放」「自由」などを社会に要求する、堂々たる部落民としての主張であった。そして喜田貞吉が編集した『民族と歴史』でも、匿名であったものの部落差別を告発する文章が相次いで載せられ、融和運動の主張に近い喜田でさえ、これらに共感の意を示さざるを得なかった。このような各地での部落民の自覚と部落差別に対する抗議は、全国水平社創立の地下水となっていった。

一九二一年五月には、京都駅の駅員が部落の子どもに対して「穢多か、穢多なら殺してやってもよい」という差別発言をして殴打にまで及び、部落の青年団や有力者らが京都駅の駅長と警察署長に抗議して交渉したため、京都駅の駅員が直筆の謝罪書を提出したうえで新聞に掲載することで解決することになった。この全国水平社創立地の京都で闘われた部落差別に対する抗議行動は、一九二二年二月の京都市議会議員である上田壮吉の差別発言に対する大衆的な抗議行動とともに、初期水平運動の徹底的糾弾につながる論理と行動様式を内包し、まさに全国水平社創立が間近に迫っていることを、如実に示すものであった。

第 1 章
全国水平社の創立

全国水平社創立の中心人物たち（1922年3月）
左から平野小剣、米田富、南梅吉、駒井喜作、阪本清一郎、西光万吉、桜田規矩三
［水平社博物館提供］

1　全国水平社創立の主体形成

†部落青年の自主的決起

一九二〇年に入ってから、全国水平社創立につながる部落青年の自主的な決起による運動と団体が、各地で続々と生み出されるようになった。その代表的なものが、奈良の柏原で阪本清一郎、西光万吉、駒井喜作ら五八人によって、同年五月一五日に結成された燕会であり、基本的には親睦団体という性格をもっていた。そして燕会は、会員の団体旅行、会員のための低利金融、それに序章で述べた神戸の賀川豊彦に教えを受けて消費組合を設立し、生活必需品の共同購入と共同販売をおこなうなど、活発な活動がうかがわれる。さらに夜話と講演会を開き、内部に数人による部落問題研究部も組織されるなど、全国水平社創立の実質的な中心的母体として成長していくことになった。

大阪の堺では、泉野利喜蔵が舳松《へのまつ》村青年同志会で部落改善運動に関係していたが、一九二〇年五月に一誠会《いっせいかい》という青年サークルを結成し、勉強会を開くようになった。また大阪の和泉では、後に南王子水平社の母体となる南王子青年団が機関誌『国の光』で部落問題を積極的に論じ、第3章で述べる水国《すいこく》争闘事件などの裁判で水平社を弁護することになる、初めて部落民を名乗る弁護士の岸田岡太郎（一八九三～一九二四）を生み出した。奈良の桜井では、「はじめに」で述べた山本平信、伊藤繁太郎らによって青年を中心とした三協社が一九二〇年九月に結成された。三協社は機関誌『警鐘』を発刊して部落差別撤廃のための論陣をはり、西光万吉、駒井喜作、米田富らも寄稿して、全国水平社創立に大きな役割を果たすようになった。

東京では、平野小剣が一九二一年二月一三日に開かれた第二回同情融和大会で「民族自決団」を名乗る檄文を撒いた。この檄文では、例えば「我等民族の祖先は最も大なる自由と平等の渇仰者《かつこうしや》であって、又実行者であった」とあるように、全国水平社創立大会で可決された宣言と酷似した文章もあった。また序章で述べた早稲田大学教授の遠藤隆吉が指導して、早稲田大学の学生らによって黎民《れいみん》創生会が三月二三日に結成されたが、この黎民創生会には平野も深く関わった。和歌山の小林三郎、森田良四郎らの青年は、部落差別撤廃を主張していた栗須七郎（一八八二～一九五〇）から影響を受けて、一九二一年三月に庄直行会を結成した。また広島では、一九二一年の春に照山正巳（一八九八～一九二四）らによる部落問題と社会主義を研究するグループが生み出され、自主的な部落解放運動を模索するようになった。

三重の松阪では、北村庄太郎、上田音市（一八九七～一九九九）、中里喜行らが、一九一九年八月に起こった部落出身兵士に対する差別に抗議し、一九二一年一月から一二月には町名変更に関係する差別を契機として部落の改善向上、部落差別撤廃を図るための運動を起こしていた。そして一九二一年春に徹真同志社を結成し、一九二二年二月五日に綱領を作成したが、会員は約二〇人であった。結成された徹真《てつしん》同志社は引き続いて差別事件の抗議をおこない、小作料減免の闘いも展開した。福岡の博多では、松本治一郎らによって一九二一年に筑前叫《きようかく》革団が結成された。この筑前叫革団は「見よ筑前の同胞」というビラを撒き、同年一一月に福岡県知事が黒田長政三〇〇年祭の計画に際して費用を県民から強制的に徴取しようとしたのに反対して、「積恨を持てる被虐待者の子孫たる吾人同胞が、大正聖代の今日、壱厘だも負担するの義務無き事を自覚せよ」と部落民衆に呼びかけた。

†同志的結合の拡大

燕会の西光万吉、阪本清一郎、駒井喜作らは、『解放』第三巻第七号（一九二一年七月）に掲載された佐野学（一八九二～一九五三）の「特殊部落民解放論」という論説に影響を受けて、一九二一年八月から全国水平社創立の準備を開始することになり、まず着手したのが部落解放のため同志を獲得することであった。西光や阪本らは一〇月二四日にパンフレット『よき日の為めに──水平社創立趣意書──』の作成を相談するため大和同志会会長の松井庄五郎を訪ね、松井からは反対されたが、この場で京都の楽只《らくし》青年団の団長を務めていた南梅吉と出会い、南は西光らの同志となった。この後に南を通じて京都市の部落で青年団運動を担っていた桜田規矩三、京都の労働運動との関係が深かった近藤光も同志に加わり、京都にも全国水平社創立の拠点が築かれることになった。

すでに述べたように、西光や阪本らは奈良での同志を獲得するため、三協社の山本平信、伊藤繁太郎らを同志に引き入れたうえで、西光と駒井が一九二一年一一月に発行された『警鐘』第二巻第一一号に寄稿することになった。また一一月二七日に奈良の五条町須恵《すえ》青年団の主催によって紀和青年雄弁大会が開かれ、弁士として西光、駒井とともに郷土文化協会の米田富が登壇したが、この直前に米田は西光らと連絡を取り合って同志となっていた。そして一一月中に西光らが居住する部落の一角に「水平社創立事務所」と書かれた看板が掲げられ、一二月には駒井の編集により水平社創立事務所から『よき日の為めに―水平社創立趣意書―』が発行されて各地に送られた。

新聞として初めて全国水平社創立の動きに触れたのは宗教紙の『中外日報』(一九二一年一二月七日)であり、「何処《どこ》までも少数の自発的運動によって、飽迄《あくまで》自他の迷妄を打破すべく驀進《ばくしん》することになった。多分来春一、二月頃には、京都、奈良、和歌山、兵庫等の地に於て、何等かの形式に依って、凄まじい狼火《ろうか》の噴出を見るだろう」と述べられた。これは明確に水平社とは紹介されなかったものの、「部落の解放運動」「自発的運動」として紹介された。

ところが一九二二年に入って、『大阪朝日新聞』(一九二二年一月七日)で、突如として一月一五日に部落差別撤廃の協議会が開かれることが報じられた。そして『大阪朝日新聞』(一九二二年一月一二日)によると、全国水平社創立の動きに対抗して大会を開こうとする融和運動家の動きが大阪で起こり、南梅吉との間で第一日を大阪、第二日を京都で開くことで妥協が成立し、南は「我等目覚めた青年が、全国団結して京都に事務所を設け、実力の養成に力めると共に、差別撤廃を期し『水平社』を設けて、結党式を挙ぐる積りです」と述べた。それでも一月一二日には、燕会同人の編集により水平社創立事務所から『よき日の為めに―水平社創立趣意書―』が再び発行されて各地に送られた。さらに『大阪朝日新聞』(一九二二年一月一三日)では、二月中旬に予定されている全国水平社創立のために京都、和歌山、滋賀、奈良から約一万人の参加があるだろうと報じられた。

大阪での全国水平社創立に対抗する動きは、融和運動としての大日本同胞差別撤廃大会に向けてであったが、これに全国水平社創立の準備を進めていた南梅吉や西光万吉らは対抗せざるを得なくなった。『中外日報』(一九二二年一月一八日)によると、一九二二年一月一五日に大阪市民館で開かれた大日本同胞差別撤廃大会の準備委員会には南梅吉と西光万吉が参加し、西光は南との間で事前に成立していた妥協の約束を覆《くつがえ》し、「水平社の人々は、部落以外の人々に依ってなされたる過去の運動が、常に不徹底であった事だから、部落の解放は部落民自身の手に依って真剣に展開されねばならぬ」と述べ、あくまでも全国水平社創立に邁進することを主張した。また南と西光は準備委員会に参加していた泉野利喜蔵と知り合い、泉野が同志となって大阪にも拠点が広がることになった。

そして二月五日には、新たに水平社創立発起者の編集により水平社創立事務所から三度目の『よき日の為めに―水平社創立趣意書―』が発行され、これには一枚の文書が添えられて各地に送られたが、ここでは大日本同胞差別撤廃大会の発起人を断り、近く水平社創立事務所を京都に移すことが述べられた。しかし『中外日報』（一九二二年二月一六日）では、大日本同胞差別撤廃大会側は運動資金が潤沢であるのに対して、水平社側は運動資金に不足があって悲観していると報じられた。

†融和運動との対決

大日本同胞差別撤廃大会は一九二二年二月二一日に開かれることになったが、これを知った平野小剣は二月一一日と勘違いして大阪へ行こうとし、一〇日に奈良の三協社を訪ねて、大日本同胞差別撤廃大会で撒こうと用意していた「差別撤廃の真の叫びを聞け」というビラを手渡した。そして一〇日のうちに大阪に着いて大日本同胞差別撤廃大会が二一日であることを知り、一二日に天王寺公会堂で開かれた逸見《へんみ》直造（一八七七〜一九二三）を中心とした全国借家人同盟の住宅問題講演会で部落解放を訴えた。ここで青十字社の木本凡人（本名は木本正胤、一八八八～一九四七）と知り合い、平野は木本、岡部よし子とともに「差別撤廃の真の叫びを聞け」を撒くことになった。

この時に平野は木本から全国水平社創立の動きを聞いて、翌日の一三日に奈良へ行ったが西光や阪本と会えず、京都にも行ったが南らとも会えなかった。平野が東京に帰ってから西光や阪本から連絡があり、一六日頃に平野は大阪で西光、阪本らと会い、全国水平社創立の同志となり、拠点が東京にまで広がることになった。そして融和運動としての大日本同胞差別撤廃大会に対抗するため、西光、阪本らは精力的に動いた。『大阪毎日新聞』（一九二二年二月二〇日）では、三月三日に全国水平社創立大会を開くことを決め、一九日に大阪市内で宣伝ビラが自転車によって撒かれたことが報じられた。

かつて民権派の大阪府議会議員かつ弁護士で大阪府知事も務めていた菊池侃二《かんじ》（一八五〇～一九三二）、融和運動家の寺田蘇人《そじん》らが中心となった大日本同胞差別撤廃大会は、二月二一日に大阪市中央公会堂（中之島公会堂）で開かれた。しかし融和運動に近い喜田貞吉、前衆議院議員の森秀次らとともに、全国水平社を創立しようとする人びとが演壇に立った。とくに『大阪朝日新聞』（一九二二年二月二二日）によると、岡部よし子が「同情的差別撤廃を排し、純真なる心の叫びを以て自発的撤廃に努力しなければならぬ」と主張して聴衆を熱狂させたことは、大きな注目を浴びた。

また西光万吉、駒井喜作、泉野利喜蔵、大阪の中田与惣蔵も演壇に立って部落解放を訴え、米田富と大阪の石田正治（一九〇四～?）が二月一九日に撒かれたビラを会場の二階から撒いて全国水平社創立大会を宣伝することになった。このことを帝国公道会は、『社会改善公道』第三八号（一九二二年五月）で「殊に水平社京都大会の広告を大会中になさしめたるは、世上の疑問を生ずるにあらざるかの感ありし」と批判的に紹介するほどであった。そして大日本同胞差別撤廃大会に参加していた三重の上田音市、北村庄太郎らは西光万吉らと知り合い、全国水平社創立の新たな同志となった。

この大日本同胞差別撤廃大会に参加していた三好伊平次は、全国水平社が創立されることを知って、南梅吉、西光万吉、駒井喜作、泉野利喜蔵と会見した。「はじめに」で触れた三好の「復命書」によると、南らは「（一）目的　徹底的部落の解放、（二）手段（イ）政府が部落問題に冷淡なるを以て対政府運動、（ロ）本願寺が部落の膏血《こうけつ》を搾取するのみにて部落のために尽さゞるを以て離山運動をなすこと、（ハ）此運動を有効ならしむため社会主義運動、労働運動と連携すること、（ニ）機関雑誌を発行すること」を説明した。しかし三好は社会主義運動と労働運動との連携には反対し、「穏健の態度と不断の熱心」を強調した。

そして『大阪朝日新聞』（一九二二年二月二二日）では、全国水平社創立の仮事務所を京都市の桜田規矩三宅に移したことが報じられ、『中外日報』（一九二二年二月二二日）では、「部落内外の有志より、続々金品の寄贈」があり、「創立大会は、大阪に倍して盛大を極むる方であろう」と期待された。さらに『中外日報』（一九二二年二月二三日）では、二〇日に青十字社の後援を得て大阪市東成郡の寺院で部落解放大講演会が開かれたことなどに触れ、「創立大会前、既に既に各所に於いて燎原《りようげん》の火勢を以て拡がって行く」との好意的な評価が示された。そして二月下旬には、「水平社同人」の名によって、「貴殿御知己にて、吾人の立場に理解を持ち共鳴し得らるゝ程の人」、つまり全国各地の部落民に対して創立大会の案内状が送られた。

このような動きに呼応するかのように、平野小剣は『労働週報』第三号（一九二二年二月二一日）に「自発的解放の叫び／特種民族解放運動」という論説を寄せ、「俺達民族が労働者の中に、慥《たし》かに沢山いる筈だ。社会の人々からの非難中傷を恐れずに、勇敢に名乗りを上げてほしい。自由を欲しながら不自由を喞《かこ》つ事をやめてほしい。そして前途の光明に近づこうではないか。大会へ参加してほしい」と訴えた。また『労働週報』第四号（一九二二年二月二八日）にも平野の「特種民族解放の先駆／刀禰《とね》静子女史に」という論説が載せられ、後に述べるように、一九二一年の七月と一二月の二回にわたって『婦人公論』に部落差別を告発する論説を掲載し、大日本同胞差別撤廃大会の準備委員会にも参加して影響力が大きかった刀禰に対して、「来る三月三日の京都の大会に、その勇ましき奮闘を望む」と呼びかけられた。

そして『自由』第二巻第一号（一九二五年一月）に平野小剣が書いたと思われる「思い出／創立のころ」という回顧によると、創立大会が開かれる三日前となった二月二八日の夕刻、南梅吉、阪本清一郎、西光万吉、駒井喜作、米田富、桜田規矩三、近藤光、平野小剣の八人が、京都駅近くの七条通東洞院西北角に位置していた宮本旅館二階の八畳間に集まった。南と阪本は創立大会の進行、駒井は内外との交渉、米田は新聞記者への応対、桜田は来訪する部落民との懇談、西光と平野は関係文書の作成など、各自が個性を活かした役割を分担した。そして最も重要な綱領、宣言、則、決議の最終的な協議を終えたのは、夜も深まった午後一一時であり、翌日には印刷のため同朋舎に持ち込まれることになった。

さらに二月二八日の米田による新聞記者への応対が功を奏したのか、三月に入って全国水平社創立大会の新聞報道が相次ぐことになった。京都の地元紙『日出新聞』が一九二二年三月一日から三日まで、また『大阪朝日新聞』も一九二二年三月一日から三日まで、さらに『大阪時事新報』（一九二二年三月三日）も記事を載せるなど、全国水平社創立大会の宣伝に一役を買うことになった。

かくして一九二二年三月三日午後一時から、京都市公会堂（岡崎公会堂）で全国水平社創立大会を迎えることになった。全国水平社創立大会は参加者が約一〇〇〇人であったが、このような新聞報道をふまえると、参加者は創立大会を期待した京都を中心とした部落民だけでなく、創立大会とは基本的に関係なく、一つの楽しみとして流行っていた演説会を目当てとする、京都の非部落民衆も少なくなかったように思われる。

†幅広い協力者の支援

全国水平社創立に向けた動き対して、協力者が続々と現れるようになった。佐野学は『解放』第三巻第七号（一九二一年七月）に「特殊部落民解放論」という論説を発表してから西光万吉、阪本清一郎、平野小剣らと会い、これを『よき日の為めに』に転載することを了承した。この「特殊部落民解放論」を読んだ平野小剣は、『種蒔く人』第三年第一六号（一九二三年二月）に載せられた佐野の「水平社訪問記」という論説によると、佐野に宛てて「貴君の一文は、我が種族のための暁鐘であった」という手紙を送った。

堺利彦は一九二一年四月一五日に社会主義グループの無産社を設立していたが、一二月に全国水平社創立の動きを知るようになった。『中外日報』（一九二二年二月二二日）によると、一九二二年二月二一日に発行された無産社の『特殊民の解放』というリーフレットが、京都の水平社創立事務所に送付されてきたという。ちなみに堺の無産社と事務所を共にしていたのが、楠川由久《よしひさ》が属していた社会主義グループの暁民会であり、『特殊民の解放』の執筆には堺はもちろんのこと、平野小剣も深く関係していたと考えられている。

社会運動との関連では、一九二二年二月四日に山本懸蔵（一八九五〜一九三九）、松岡駒吉（一八八八〜一九五八）、平沢計七（一八八九〜一九二三）らを編集委員として創刊された『労働週報』の役割が大きかった。また一九一九年一〇月六日に大杉栄（一八八五〜一九二三）を主幹として創刊された『労働運動』第三号（一九二二年三月一五日）には、近藤憲二（一八九五〜一九六九）と思われる「憲」というペンネームによる「特殊部落の解放運動」、駒井喜作と思われる「古摩井」というペンネームによる「解放の鍵」、高見甚吉の「二重の迫害」、平野小剣の「血潮の躍動」などの論説が載せられ、西光万吉が執筆したと思われる「水平社設立の趣旨」も紹介されたうえで全国水平社創立大会が告知された。

すでに述べたように『労働週報』第三号（一九二二年二月二一日）には、平野小剣の「自発的解放の叫び／特種民族解放運動」という論説、「京都へ！　京都へ!!」と題された「水平社」のビラ、『特殊民の解放』の関係部分、『労働週報』第四号には平野の「特種民族解放の先駆／刀禰静子女史に」という論説が掲載された。また京都の平田嘉一によって編集された『関西タイムス』第五号（一九二二年二月一五日）は「水平社創立大会号」と題され、平田江村の「社説／水平社の成立に就て」、「特殊部落民解放論」の「解放の原則」、西光万吉が書いたと思われる「水平社設立趣旨」などが掲載され、全国水平社創立大会への参加を呼びかけた。

ジャーナリズムとしては、『大阪朝日新聞』『大阪毎日新聞』『大阪時事新報』が重要な役割を果たした。とくに『大阪時事新報』の社会部長であった難波英夫（一八八八〜一九七二）は大日本同胞融和大会の発起人の一人であったが、西光万吉、駒井喜作、米田富と会ったのを契機として、全国水平社創立に協力するようになった。

一八九七年一〇月一日に創刊された宗教紙の『中外日報』も、全国水平社創立への支援を惜しまなかったが、その中心となったのは記者の三浦参玄洞（本名は幾造、一八八四〜一九四五）と編集長の荒木素風であった。奈良の郷里で住職も務めていた三浦は、早くから西光万吉、阪本清一郎、駒井喜作と親交をもち、三人の良き相談相手であった。荒木は『水平』第一号に「苦悩と愛と」が載せられるほど、全国水平社からの信頼が厚かった。また浄土真宗本願寺派と関係が深い足利浄圓《じょうえん》（本名は藤沢浄圓、一八七八〜一九六〇）は、一九一八年に印刷会社の同朋舎を設立し、『よき日の為めに』と全国水平社創立大会で配布された、綱領、宣言、則、決議が載せられたビラの印刷を引き受けた。

すでに述べたように、大分に生まれて大阪で住んでいた木本凡人も、全国水平社創立に協力を惜しまなかった。木本は「征露丸」を製造販売しながら社会運動を展開し、全国水平社創立大会で婦人代表として演壇に立った岡部よし子とともに、一九二〇年には青十字社を設立し、この年の一二月一九日に『青十字報』を創刊した。また「青十字凡人」の名前で発表した『種蒔く人』第三年第一六号（一九二三年二月）の「水平社とは!!」という論説によると、一九二〇年六月一〇日に部落民なるがゆえ離婚の憂き目に遭った大阪の中西千代子（一九〇〇～？）と知り合い、一九二二年二月になって西光万吉、阪本清一郎、駒井喜作らと平野小剣を結びつけることになった。

全国水平社創立大会を開くには、資金を調達する必要があった。京都府が一九二四年三月にまとめた『水平運動の情勢』によると、南梅吉が資金を集めるために奔走し、必要な約四〇〇円のうち、任侠団体の集合体ともいえる大日本国粋会京都支部評議員長の増田伊三郎が一〇〇円、憲政会京都支部幹部でサドル工場を営んで部落民を雇用していた大阪出身の浅田義治が一〇〇円、京都市議会議員の西尾林太郎、鈴木紋吉ら七人が一五〇円を提供し、残りの五〇円を南と阪本清一郎が用意することになった。

また奈良で大日本国粋会の幹部で土木請負業を営んでいた今田丑松は西光万吉、阪本清一郎ら全国水平社創立者と親しく、『水平』第一号に広告を出して広告料を提供していた。増田と浅田が部落民であったとしても、今田も含めて侠客と保守政治家によって多くの資金が提供されていたことは、大いに注目される。

2　全国水平社創立の思想的背景

†社会主義とヒューマニズム

全国水平社創立に決定的な影響を及ぼしたのは、すでに述べたように、佐野学が『解放』第三巻第七号（一九二一年七月）に発表していた「特殊部落民解放論」という論説であった。この「特殊部落民解放論」の第四章「解放の原則」が、西光万吉が執筆して水平社創立事務所から発行された『よき日の為めに―水平社創立趣意書―』（一九二一年一二月）に転載された。また『よき日の為めに』に「水平社」との命名が初めて登場するが、これは阪本清一郎によって一七世紀にイギリスのピューリタン革命で登場した左派の「水平派」または「平等派」と和訳された「Levelers（レベラーズ）」を参考にしながら着想され、差別のない水平な社会を実現しようとする意図が込められた名称であった。

この「特殊部落民解放論」は第一章から第三章までは、基本的にマルクス主義に基づいた部落の歴史に対する妥当な認識を示した重要な論文として、後に『水平』第一号に全文が転載されるほどであった。しかし西光万吉らが『よき日の為めに』に第四章「解放の原則」を転載したのは、示された原則の内容を尊重して正確に紹介することが主たる目的であった。

その原則の内容とは、第一は「特殊部落民自身が、先ず不当なる社会的地位の廃止を要求することより始まらねばならぬ」という部落民自身の社会的決起であり、後に綱領の第一項に引き継がれることになった。そして第二は「搾取者なく迫害者なき善き社会を作る為めに、両者は親密なる結合と、連帯的運動を為す必要があろう」という部落民と被搾取者との連帯的運動、第三は「私は特殊部落の人々の自立的運動と、他の苦しめる人々との結合と、其の上に築かるゝ社会改造の大思想の上に、始《(初)》めて此の薄倖《(はっこう)》なる社会群の徹底的に解放せらるゝ『善き日』を想像し得るのである」という社会改造による被抑圧者全体の解放、これら三点の必要性であった。

また『よき日の為めに』には、ウィリアム・モリス（一八三四〜一八九六）、ロマン・ロラン（一八六六〜一九四四）、マキシム・ゴーリキー（一八六八〜一九三六）ら西洋の思想家と作家による著作から、部分的に引用されたことが知られている。ウィリアム・モリスはイギリスの詩人かつデザイナーとして、マルクス主義にも信奉して多くの著作を発表し、彼の著作からの引用は経済学者である北沢新次郎（一八八七〜一九八〇）が『解放』第三巻第八号（一九二一年八月）に掲載した「社会主義者としてのウィリアム・モリス」という論説によるものであった。

ロマン・ロランはフランスで作家として、理想主義的ヒューマニズムや平和主義を主張し続け、彼の著作からの引用は無政府主義者の大杉栄が和訳した『民衆芸術論』(阿蘭陀書房、一九一六年)によるものであった。マキシム・ゴーリキーは、ロシアで社会主義リアリズム手法を創始した作家かつ劇作家であり、彼の著作からの引用は文学者である相馬御風(一八八三〜一九五〇)の『ゴーリキイ』(実業之日本社、一九一五年)によるものであった。この三人から引用されたのは、後の宣言に示された「自由、平等」とも関係して、基本的には西洋的ヒューマニズムともいうべき思想であるからであった。

さらに『よき日の為めに』には、仏教とキリスト教からの影響もうかがわれる。すでに西光万吉はキリスト教と仏教に影響を受けて、『警鐘』第二巻第一一号(一九二一年一一月)に「西光寺一」のペンネームによる「鐘によせて」という詩を発表していた。西光は浄土真宗本願寺派の西光寺で生まれ育ったことから、鎌倉時代後期に親鸞の口伝としてまとめられた『歎異抄』に親しみ、『聖書』にも造詣が深かった。これらを読み込んだうえ、全国水平社創立を呼びかける趣意書に盛り込まれ、宣言のキリスト教的および仏教的な用語と表現へと引き継がれていくことになった。

†民族自決と人種差別撤廃

全国水平社創立は、第一次世界大戦後の新たな国際情勢から影響を受けたものであった。この新たな国際情勢とは、まずは一九一九年六月のベルサイユ講和条約締結、一九二〇年一月の国際連盟設立、一九二二年二月のワシントン海軍軍縮条約締結へと続く、ベルサイユ・ワシントン体制と呼ばれる世界大戦防止のための国際協調の前進であった。

また一九一七年一一月に初めての社会主義政権をもたらしたロシア革命が起こり、アメリカ大統領のウッドロウ・ウィルソン（一八五六～一九二四）とロシア革命を導いたウラジミール・レーニン（一八七〇～一九二四）による民族自決の提唱から影響を受けて、植民地支配を打破しようとする民族独立運動が盛り上がった。これを代表したのが、一九一九年の日本による植民地支配を受けていた朝鮮での三・一独立運動、欧米列強と日本から圧迫を受けていた中国での五・四運動、それにイギリスによる植民地支配を受けていたインドのガンディーが指導した非暴力抵抗運動などであった。

このような動向に対して機敏に反応したのが、全国水平社創立に深く関わった平野小剣であった。平野は全国水平社創立以前に『信友』第一五年第八号（一九二一年七月）に載せた「暴力から暴刃へ／△△民族の反抗心」という論説で、冒頭で「ロシヤ帝政の転覆前に於ける、社会革命家及虚無主義者の暴威は、実に猛烈を極めた」とロシア革命に注目し、最後に「恐るべきは、彼等民族の反抗心である。恐るべきは、彼等民族の復讐心である」と結んで部落民の決起が近いことを暗示した。

それ以前に平野は、一九二一年二月一三日に東京で開かれた帝国公道会の第二回同情融和大会に「民族自決団」を名乗って檄文を撒いていた。そこでは「今や世界の大勢は、民族自決の暁鐘を乱打しつゝあり。我等は茲に蹶然起《けつぜんた》って、封建的社会組織の専制治下より我々民族の絶対的「力」を俟《ま》って、我が民族の解放を企図しなければならぬ絶好時機である」と述べられたように、自分たち部落民を民族と見なしたうえで民族自決の影響が強調された。これは部落民を日本民族もしくは大和民族とは異なる独自の民族であると理解するものであったが、民族差別と相まって部落に対する差別意識を増幅させた従来からの部落異民族起源説とは異なり、自らを誇り得る自律的な社会集団としての民族的存在と見なす、いわば部落民としてのアイデンティティの発露として評価することができる。

一九一九年のヴェルサイユ講和会議では、日本政府は人種差別撤廃を提案したが、欧米列強の反対によって否決された。そもそも日本政府の意図は、白人至上主義への強い反発、それにアメリカなどでの日本人などアジア系移民に対する排斥と差別に対抗するためであったが、逆に日本国内の部落差別などへの関心を喚起することになった。すでに紹介した『よき日の為めに』で、「私共は、彼のレブェラースから思い付いた様な名の此の結社を、利己的人種平等案のカリケチュアであり、階級闘争中の悲喜劇である」と述べられ、水平社が日本の「利己的」人種差別撤廃提案の反動として生まれるとされた。

また西光万吉が書いたと思われる無署名の「水平社設立趣旨」は、『関西タイムス』第五号（一九二二年二月一五日）と『労働運動』第三号（一九二二年三月一五日）に載せられた。そこではヴェルサイユ講和会議での日本政府による人種差別撤廃提案に触れ、「併《しか》しながら翻って考えて見ると、この案を提出した我が日本の国内に於て、同じ日本人同志《(士)》が不合理極まる伝統的感情や習慣に囚《とら》われ、そこに一種の差別的溝梁を画しつゝあるを見る」と述べられたように、日本国内での部落差別の存在こそが問題であると認識された。さらに近藤光と思われる「比良光生」の筆名による、『水平』第一号（一九二二年七月）に載せられた「改善策と吾人の覚悟」という論説では、「御苦労にも（フランス）あたりまで、利己主義的な人種平等案を飾る前に、明々白々たる朝鮮人は勿論《もちろん》、一千有余年来種族的反感に虐《しいた》げられた、特殊部落民の根本的解放の必要を知らねばならぬ」と述べられ、人種差別撤廃提案を契機とした在日朝鮮人と部落民の解放が訴えられた。

　これらの延長線で、「セ一ロ」というペンネームの阪本清一郎は全国水平社として初めて発行した『水平社リーフレット』（一九二二年四月）に載せられた「人間にかえれ」という論説で、「文明国と誇り、世界の一等国だと意張《(威)》っている現代の日本社会に於いて、今尚《な》お一部少数の人間を苦しめていると云うのは、実に非人道極まる非文明極まる野蛮国《ママ》ではないか」と厳しく批判せざるを得なかった。つまり、人種差別撤廃提案は部落差別を存在させている日本の政治と社会に対する批判を生じさせ、結果的には全国水平社創立への一つの大きな原動力となった。

†解放と改造の大正デモクラシー

全国水平社創立は、第一次世界大戦後に日本で進んだ政治と社会での民主主義的な状況、すなわち大正デモクラシーの影響によって生み出された。この大正デモクラシーを象徴するのが、「解放」と「改造」という二つの言葉である。「解放」とは、各種の圧迫から全人類の解放を目的とした「解放宣言」を掲げて一九一九年六月に創刊された急進的自由主義の総合雑誌『解放』に由来し、『解放』は次第に社会主義に接近するようになった。

かたや「改造」とは、『解放』と同じく多くの社会主義的な評論が載せられる、一九一九年四月に創刊された総合雑誌『改造』に由来していた。とりわけ部落問題に関連して初めて「解放」が使われたのは佐野学の「特殊部落民解放論」であり、全国水平社創立大会で可決された綱領と宣言でも、「解放」は民族自立論による民族解放運動に刺激を受けながら、部落差別という社会的圧迫を打破する意味として重要なキーワードになった。

すでに平野小剣の「民族自決団」に触れたが、この時期、平野は一九一六年一〇月に発足した欧文活版工組合の信友会に参加する有力な労働運動の闘士であった。平野は多くの労働争議を闘いながら普通選挙運動、自由労働者組合、純労会などにも関係し、労働者の権利を主張する著作を発表するだけでなく、機関誌『信友』の編集も担っていた。また平野は、一九一八年一〇月に結成された老壮会、一九二〇年一二月に結成された日本社会主義同盟にも参加していた。

一九一九年から各地で多くの労働組合が結成されて労働争議が闘われ、これまで労使協調的であった友愛会は、一九一九年八月に大日本労働総同盟友愛会と改称され、一九二一年一〇月には友愛会が削除され、労働者の権利を擁護する本格的な労働組合のセンターとして成長した。この日本労働総同盟は東京では信友会とともに大正デモクラシーという状況のなかで生まれた有力な労働組合団体であり、二つの団体は連携と対立を繰り返すことになった。平野は東京で労働運動を始めてから多様な団体と関係し、例えば一九一八年一〇月に設立された思想団体の老壮会では、労働運動の活動家だけでなく無政府主義者の大杉栄、社会主義者の堺利彦、山川均、国家主義者の満川亀太郎（一八八八〜一九三六）、北一輝（一八八三〜一九三七）、大川周明（一八八六〜一九五七）ら多様な人物とも知り合っていた。

西光万吉も、平野に負けず劣らず幅広い交友を築いていた。すでに述べたように、西光、阪本清一郎、駒井喜作らは一九二〇年五月一五日に地元で燕会という自主的な親睦団体を結成し、消費組合運動にも乗り出したが、これは神戸の新川で消費組合運動を展開していた賀川豊彦から示唆を受けて始めたものであった。そして一九二二年四月に結成された日本農民組合の組合長となる杉山元治郎（一八八五〜一九六四）によると、西光、阪本、米田富らは一九二一年一〇月以前に神戸の賀川豊彦を訪ねて、全国水平社創立について相談していた場面に遭遇していたという。

これに関係して、すでに述べたように、『大阪朝日新聞』（一九二二年一月一三日）の記事が、「「水平社」の総裁には、賀川豊彦氏推薦説が最も優勢である」とまで報じたのは、人道主義者として名前が知られていた賀川が部落民でなかったとはいえ、この時点では西光らから絶大な信頼を得ていたことを表していた。しかし賀川は、第3章で述べる一九二三年三月の水国《すいこく》争闘事件に対して水平社の行動を批判したため、水平社の一部から批判が起こり、賀川は水平運動と袂《たもと》を分かつことになった。

西光と阪本は、平野と同様に日本社会主義同盟に参加したと思われ、八月に全国水平社創立の準備を始めてからも、佐野学、大杉栄、山川均らを訪ねて教えを請うことになった。さらに精神主義的傾向が強い西光は全国水平社創立以前に、倉田百三（一八九一〜一九四三）が著した『出家とその弟子』（岩波書店、一九一七年）を貪り読み、白樺派に属する作家の武者小路実篤（一八八五〜一九七六）が一九一八年に宮崎で建設した村落共同体の「新しき村」での生活に憧れた。また西光は西田天香（一八七二〜一九六八）が一九一三年に京都で開設した修養施設の一灯園に入ったが、その欺瞞性に嫌気がさして退園するといった遍歴を繰り返していた。

これら大正デモクラシーの影響を受けた動向との関係も、全国水平社創立の思想的背景として重要であろう。

†部落改善と融和への批判

全国水平社創立は、部落民による自主的かつ組織的な運動の出発点とするため、それまで部落民に影響力をもっていた部落改善運動と融和運動を批判して乗り越えなければならなかった。そもそも早くから平野小剣は、すでに述べた「民族自決団」を名乗った檄文で、部落改善運動と融和運動を名指しこそしないものの「我が民族は、他動的又は受動的に慈愛と憐愍とに依って解放を希うは、我々祖先に対する「最大の罪過」である」と述べていた。

部落改善運動と融和運動に対する批判は、後に奈良の中和《ちゅうわ》水平社（後の大福水平社）につながる三協社が一九二〇年九月に創刊した『警鐘』にも見られる。まず「米田真水生」のペンネームを使ったと思われる米田富は、『警鐘』第二巻第八号（一九二一年八月）に「部落改善に関する私の意見」という論説を寄せ、部落差別の撤廃にとって「融和と改善とは、全然別問題なりと断じ置く」と述べた。

また「紫朗」のペンネームを使ったと思われる駒井喜作も、『警鐘』第二巻第一一号（一九二一年一一月）に「解放と改善」という論説を寄せた。ここでは「私は、先帝陛下の有難い御存在に感涙するものである」と述べ、「解放令」を発布したとされる明治天皇に感謝しつつも、「私は改善運動が存在するが故に、解放運動がなくてはならないと言い度い」と、「改善運動」と対比して「解放運動」の必要性が主張された。

全国水平社創立以降に発刊された『水平』第一号(一九二二年七月)には、中央執行委員長の南梅吉による「改善事業より解放運動」という論説が掲載され、そこでは部落改善運動と融和運動は「同情的差別撤廃運動」と断定された。また『水平』第一号に楠川由久の「公開状/岡本弥君」、『水平』第二号(一九二二年一一月)に阪本清一郎の「公開状/部落改善家/松井庄五郎君へ」という論説が載せられ、和歌山の岡本弥と奈良の松井庄五郎という影響力が大きかった二人の部落改善運動家かつ融和運動家が、厳しく批判された。ちなみに楠川は奈良の米田富と同郷で当時は東京に在住し、高津正道《せいどう》(一八九三〜一九七四)ら早稲田大学の学生によって一九二〇年五月に結成された社会主義グループの暁民会に参加していた。

さらに全国水平社創立直後に平野小剣が執筆したと思われる「水平社宣伝相談会に来れ!!」と題されたビラでは、「今では、帝国公道会、同情融和会、同愛会、平等会などの沢山の種々雑多なものがあった。しかしそれ等は、真実に俺達を人間社会に生き得られるように、侮辱なく、圧迫なく、人間が人間として交りを結ぶような運動の効果をもたらしたろうか」と述べられ、具体的な融和団体の名称を挙げたうえで強い疑問が呈せられた。

3　組織構成と影響力

†組織形態の変化

全国水平社の組織形態は、組織に関する基本的な規定としての規約によって表現されている。創立された全国水平社は、すでに述べたように、第一次規約にあたる「則」によって明確な組織形態が決められず、地域水平社は「綱領ニ依リ自由ノ行動」が許されたように、いわば「無組織の組織」と呼ばれて地方分散的な組織形態であった。したがって一九二三年三月二・三日に京都市で開かれた全国水平社第二回大会、一九二四年三月三・四日に京都市で開かれた全国水平社第三回大会では、事前に通告すれば地域水平社が自由に議案を提出することができた。そして本部は基本的に、全国水平社連盟本部と呼ばれ、しかも「則」はきわめて簡単なものであったので、大会や組織運営などについては厳密な規定が存在しなかった。また南梅吉が中央執行委員長、阪本清一郎ら八人が中央執行委員となったが、具体的な権限などは定まっていなかった。

しかし第5章で述べるように、一九二四年一〇月に遠島スパイ事件が起こり、明確な規約の必要性が主張されるようになった。そして『水平新聞奈良県附録』第九号（一九二五年四月一五日）によると、一九二五年三月三日の奈良県水平社第四回大会で共産主義派の木村京太郎（一九〇二〜一九八八）は「全国水平社の組織化は、目下最大の急務である」と主張し、奈良県水平社から全国水平社第四回大会に具体案を提出することになった。

そして『水平新聞奈良県附録』第一〇号（一九二五年六月一日）によると、五月七・八日に大阪市で開かれた全国水平社第四回大会では本部から「規約改正の件」が提案され、大会終了後に法規委員会が開かれ、規約の改正が正式に決定することになった。この規約によって、全国大会、中央委員会、府県水平社、地域水平社などについて定められ、関東、中部、近畿、関西、江勢、中国、四国、九州という八つの区域に連合会が置かれ、これを基礎単位として九人の中央委員が選ばれた。

また中央委員会議長には松本治一郎が就き、本部の実務を担う京都の菱野貞次《ていじ》（一八九八〜一九四〇）と奈良の木村京太郎の二人が常任理事に選ばれた。そして全国水平社本部の会計を健全化するために維持員制度が設けられ、年額一〇銭の維持費が年二回に分けて納入されることになった。第二次規約によって全国水平社と府県水平社とが関係づけられ、全国水平社第四回大会からは、本部とともに府県水平社によって議案が提出されたように、中央集権的な組織形態に移行していくことになった。

そして一九二九年一一月四日に名古屋で開かれた全国水平社第八回大会では規約を全面的に改正しようする本部の「規約改正の件」が提案されて激しい議論となり、一九三〇年四月一四日に開かれた第一回中央委員会で規約の改正が決定された。この規約によって大きく変更されたのは、これまでの区域ごとに置かれた連合会が廃止され、新たに府県水平社は全国水平社傘下の府県連合会、地域水平社は府県連合会傘下の支部となり、これまでの全国水平社本部は新たに全国水平社総本部と呼ばれるようになり、中央集権的な組織形態に移行することになった。

全国水平社の機関誌は『水平』であり、一九二二年の七月と一一月に刊行された。この『水平』を引き継いで発刊されたのが、全国水平社の機関紙『水平新聞』であり、一九二四年六月に基本的に月刊として創刊され、途中で何度か途絶え、発禁処分を受けながらも、第四次の最後となる一九三七年二月まで刊行された。さらに全国水平社は、大会や闘争などに際してはニュース、宣伝のためにはリーフレットを発行することが実に多かった。

全国水平社の正式な団体旗は、黒地にキリストが処刑の際に被せられた荊冠《けいかん》が染め抜かれたことから「荊冠旗」と呼ばれた。この荊冠旗は西光万吉によってデザインされ、京都の平岡国旗店（現在の平岡旗製造株式会社）で製作されて、全国水平社第二回大会で初めて登場することになった。しかし荊冠旗に関する明確な規定がなかったため、各地の地域水平社では荊冠があしらわれていることでは統一されていたが、独自のデザインによって荊冠旗を作成することもあった。

また全国水平社の団体歌は「水平歌」と呼ばれ、当初は各地水平社が独自に作成していたが、阪本清一郎が一九二二年に作詞した水平歌が多く歌われていた。しかし全国水平社第五回大会で「水平歌統一の件」が議論され、新たに水平歌が募集されることになり、阪本が作詞した水平歌とともに、福岡の柴田啓蔵（一九〇一〜一九八八）が作詞した水平歌が広く歌われることになった。

†府県水平社と広域水平社

全国水平社が創立されてから、全国水平社は府県水平社と地域水平社の創立に力を注ぐようになった。最も早い動きを示したのは東京であり、平野小剣、楠川由久、熊本出身で東京に在住していた深川武（一九〇〇〜一九六二）によって、早くも一九二二年三月二〇日に平野宅で東京水平社創立相談会を開き、本部を楠川宅に置くことになった。これは創立相談会を名乗っているが、実質的には東京水平社創立を意味し、府県水平社としては最初の創立となった。大衆的に創立大会を開いた最初のものは、寺田清四郎（一八八〇〜一九四三）、朝田善之助（一九〇二〜一九八三）らによって四月二日に京都市上京区田中西河原町で開かれた京都府水平社創立大会であった。府県水平社と府県をまたいだ広域水平社の創立をまとめると、**表1**のようになる。

ここから読み取れる特徴を指摘しておくと、第一は創立の時期であるが、創立は一九二二年の全国水平社創立から始まるが、最も多いのは一九二三年に集中し、最も遅いのが一九二八年六月五日の長崎県水平社であった。第二は府県別の創立状況であるが、北海道、東北、関東では神奈川、中部では新潟、富山、石川、中国では島根、九州では宮崎と鹿児島さらに沖縄には府県水平社が創立されることはなかった。

第三は府県水平社と広域水平社との関係であるが、関東ではまず関東水平社が創立されてから、九州では全九州水平社が創立されてから府県水平社が創立され、四国では高知、愛媛、香川に府県水平社が創立されてから四国水平社が創立された。第四は府県水平社の影響力であるが、福島、千葉、山梨、徳島では府県水平社が創立されたものの一つの地域水平社も見られず、福井では府県水平社は創立されず、一つの地域水平社しか存在しなかった。これらの特徴は、部落の存在状況など地域と府県の差異を反映したものであった。

†水平社数と加盟人数

京都府が一九二三年三月三・五日に加藤友三郎(一八六一〜一九二三)内閣に報告した『全国水平社第二回大会状況報告』によると、全国水平社第二回大会で経過報告をおこなった阪本

表1 府県水平社・広域水平社創立

創立日	水平社名
1922, 3, 20	東京水平社
4, 2	京都府水平社
4, 14	埼玉県水平社
4, 21	三重県水平社
5, 10	奈良県水平社
8, 5	大阪府水平社
11, 10	愛知県水平社
11, 26	兵庫県水平社
1923, 3, 23	関東水平社
3, 23	群馬県水平社
3, 31	静岡県水平社
4, 5	高知県水平社
4, 18	愛媛県（拝志）水平社
5, 1	全九州水平社
5, 10	岡山県水平社
5, 10	山口県水平社
5, 17	和歌山県水平社
6, 17	佐賀県水平社
7, 1	福岡県水平社
7, 12	鳥取県水平社
7, 18	熊本県水平社
7, 30	広島県水平社
8, 5	栃木県水平社
1924, 3, 30	大分県水平社
4, 15	茨城県水平社
4, 18	滋賀県水平社
4, 23	長野県水平社
7, 10	岐阜県水平社
7, 11	香川県水平社
9, 20	四国水平社
10, 4	千葉県（関宿町）水平社
12, 24	徳島県（加茂名）水平社
1925, 5, 4	山梨県水平社
1928, 6, 5	長崎県水平社

清一郎は、「約三百六十箇村に於て、我々同志は、水平運動の宣伝を致しました」と述べたが、創立された地域水平社の数には触れなかった。それ以降の全国水平社大会でも地域水平社の数が報告されることはなかったが、おそらく全国水平社は連絡のため府県水平社を通じて地域水平社の数を把握していたと思われる。この実数が今のところ明らかでないのは、誠に残念である。

しかし一九二〇年代後半になってからであるが、府県の警察行政を管轄していた内務省が取り締まりのため、全国水平社の組織実態を努めて把握しようとしていた。内務省警保局保安課が一九二六年と翌年にまとめた『水平運動の状況』、一九二八年からまとめた『社会運動の状況』によると、全国水平社での地域水平社数(支部数)と加盟人数は表2となる。

最も早い時期の一九二六年では、府県水平社と地域水平社を合わせた水平社数は三六七であった。この数値を信用するにしても、内務省社会局が一九二二年六月にまとめた『部落改善の概況』によると、一九二一年三月現在で全国の部落数は四八九〇と把握されているので、部落数に対する水平社数は七・五%に過ぎなかった。これは数値だけによる評価であるが、全国水平社の影響力を評価するには数値だけでは無理があり、全国水平社大会への結集力、政策立案能力、闘争への動員力など総体としての組織力はもちろんのこと、政治や社会などに与えたインパクトや効果などを考慮に入れることが必要であろう。

表2　全国水平社の団体数と加盟人数

年次	団体数	加盟人数
1926	367	44,805
1927		
1928		
1929	319	48,483
1930	274	44,246
1931	301	43,294
1932	294	27,824
1933	329	33,133
1934	314	35,903
1935	349	35,527
1936	378	38,449
1937	391	40,366
1938	391	38,960
1939	488	39,855
1940	346	36,159
1941	303	32,872

また水平社数が最も少なかったのは一九三〇年の二七四であるが、これは一九三二年までの水平運動の沈滞によって納得できる数値である。水平社数が最も多かったのは一九三九年の四八八となるが、この時期は水平運動が衰退していたことからすると、信用がおけない数値である。ともあれ全体としてみてみた場合、加盟人数は水平社数自体が組織構成からすると曖昧で信用がおけないが、水平社数はほぼ三〇〇から三五〇という数値が妥当であろう。

また『水平運動の状況』によると、一九二六年における水平社数を多い順に府県別に並べると、次のようであった。兵庫が四三、埼玉が三五、大阪が三三、福岡が三〇、山口が二七、奈良が二三、三重が二〇、和歌山が一八、京都が一五、岡山と香川が一四、群馬と佐賀が一三、長野と岐阜と熊本が七、東京と広島が六、高知が四、滋賀が三、茨城と栃木が二、千葉と徳島と大分が一、という数であった。

そして府県水平社と広域水平社によっては、関東水平社の『自由』、群馬県水平社の『相愛』、三重県水平社と日本農民組合三重県連合会の『愛国新聞』、大阪府水平社の『水平線』『西浜水平新聞』『大阪水平新聞』、奈良県水平社の『水平新聞奈良県附録』、兵庫県水平社の『水平線兵庫県附録』、山口県水平社の『防長水平』、全九州水平社の『水平月報』など、独自の機関紙誌が発刊された。また奈良の地域水平社では機関誌として、梅戸水平社の『燃え挙る心』、石上水平社の『人類愛』、岩崎水平社の『水平運動』が発刊された。

†婦人水平社と少年少女水平社

これまで述べてきた全国水平社は、基本的に成人男性の部落民によって組織されていた。しかし当然にも部落民には女性と子どもも含まれ、全国水平社のなかで婦人水平社と少年少女水平社が独自に組織されることになった。

まず一九二二年三月三日に京都市で全国水平社が創立され、大阪の岡部よし子が婦人代表として演壇に立った。そして『婦人公論』第七年第一一号（一九二二年一〇月）に佐野学の「特殊部落の婦人達に」という論説が掲載され、この論説をめぐっては『婦人公論』の誌上で水平社と部落女性との関係を問う論争が起こった。このことは水平社が部落女性に対応すべき論理を明確にするだけでなく、水平社という存在を女性に広く世に知らしめ、婦人水平社の創立が間近に迫っていることを予感させることになった。

かくして一九二三年三月二・三日に京都市で開かれた全国水平社第二回大会では、阪本清一郎の妻である阪本数枝（一八九四〜一九六六）が「全国婦人水平社設立の件」を提案し、「男ばかりが水平運動をやっても駄目である。よろしく婦人も水平運動をやらねばならない」と述べて、可決されることになった。また一九二四年三月三・四日に京都市で開かれた全国水平社第三回大会では、福岡の高田カネ子が「婦人水平社の発展を期するの件」を提案し、大阪の糸若柳子らが賛成の演説をおこなった。

これに呼応するかのように、山川均の妻である社会主義者の山川菊栄（一八九〇〜一九八〇）は、『水平新聞』第二号（一九二四年七月二〇日）に「部落の姉妹へ」という論説を載せて部落女性の支援を表明した。これをうけて「ケイ」を名乗る部落女性は、『水平新聞』第三〜五号（一九二四年八月二〇日〜一〇月二〇日）に連載された「部落婦人の立場から」との論説で「部落の男に反省を求めたい」と述べ、女性差別に加担している部落男性を告発した。また関東水平社機関紙『自由』では、長野の高橋くら子（一九〇七〜一九三八）、埼玉の竹内政子（一八九四〜一九七〇）が、婦人水平社の活動家として論陣を張った。

さらに一九二六年五月二・三日に福岡市で開かれた全国水平社第五回大会では、「婦人水平社の全国的連絡を図るの件」を提案した福岡の西田ハル（一九〇五〜一九四五）が、「婦人の問題に対し、男の方は無関心です」と主張したのに対して、大阪の松田喜一（一八九九〜一九六五）は反省の弁を述べるしかなかった。しかし全体として婦人水平社は低調であり、個別の活動家は別として、埼玉の児玉婦人水平社、福岡の金平婦人水平社、福岡県婦人水平社、大阪の新堂婦人水平社が創立されたに過ぎず、一九二七年には歴史から姿を消すことになった。

すでに「はじめに」で述べたように、山田孝野次郎は全国水平社創立大会で少年代表として演説し、一九二二年五月一〇日に開かれた奈良県水平社創立大会では井上千代子が演壇に立った。最も早く少年が立ち上がったのは、六月までに創立された奈良の中和少年水平社であった。中和少年水平社は創立にあたって、全国水平社とほぼ同じ内容の綱領と決議を発表したうえで、宣言では「私達もこれから、一致団結して兄さん達と共に、水平線上の人となろうではありませんか」と呼びかけた。

これらによって訴えられたのは、学校での筆舌に尽くしがたい厳しい部落差別であった。とくに小学校では部落児童と非部落児童とが同じ学区の場合が多く、非部落児童は部落児童に対して「穢多」などの差別語を投げかけることが少なくなかった。また教師が教育者でありながら意図的に部落児童を非部落児童と分け隔て差別することさえもあり、学校そのものが部落差別を容認する組織であったことがうかがわれる。

全国水平社第二回大会では、「小学校に於ける差別に関する件」と「人間は尊敬すべきことを小学校に徹底さすの件」の二件が可決された。そして山田孝野次郎から提案された「全国少年少女水平社設立の件」が可決され、演説会では京都の増田久江（一九一四〜？）が演壇に立った。

全国水平社第三回大会では、「少年水平社全国大会開催の件」が提案された。説明に立った三重の谷口秀太郎（一九〇九〜一九八二）は、「教師に引率される修学旅行は、資本主義的なユートピア旅行である。われわれはそんな修学旅行を拒否して、年一回は大会を開きたい」と主張した。これ対しては山田孝野次郎が賛成意見を述べ、夏休みに開くことで可決された。しかし現実的には少年少女が継続的に水平運動を担うことは困難なことがあり、これ以降に各地で少年少女水平社が創立されることは少なく、大きな広がりを見せることはなかった。

第 2 章

社会・無産勢力・権力

衆議院議員の松本治一郎(1936年2月)
前から2列目の右から3人目が松本治一郎[松本治一郎資料]

1　社会からの視線

†社会主義者と社会運動家

全国水平社と水平運動に大きく期待して最大級の賛辞を寄せたのは、社会主義者と社会運動家であった。なかでも佐野学は、水平運動に関する多くの論説を発表した。佐野は『解放』第四巻第六号（一九二二年六月）に「水平社の運動」という論説を寄せ、「水平社の運動は、我国社会運動の上に重大な歴史的意義を印するものである」としつつも、「我々が水平社の人々に希望すべきこと」として、「一切の宗教的気分を斥《しりぞ》くべき事」と「民族運動という意識を明確にすると同時に、最終の目標が全社会の改造に存することを徹底させる事」という二つを挙げた。この「民族運動」とは多分に部落民を民族となぞらえていたことが関係していたが、結果として部落民の独自的な運動を意味していた。

佐野と同じく日本共産党水平部の委員となる山川均は、『前衛』第一巻第四号（一九二二年四月）に「特殊民の権利宣言」という論説を載せ、全国水平社創立大会を「過去幾百年の間、日本の社会が彼等の上に蒙らして居った不当の圧迫と、謂《い》われなき迫害とに対する、最初の抗議である。虐げられた三百万の同胞の、最初の権利宣言である」と高く評価した。また山川は『赤旗』第三巻第五号（一九二三年五月）に載せた「支配階級の毒盃―水平運動の試練期―」という論説では、支配階級の弾圧と懐柔という「毒盃」によって水平運動が試練に立たされていることに注意を促した。

古参の社会主義者である堺利彦は、『前衛』第一巻第四号に「エタの誇り―全国水平社の創設―」という論説を寄せ、全国水平社の綱領と宣言を「確かに新機運を攫《つか》み、新時代の精神に燃えている事を示している」とし、全国水平社に対して「是非とも、新社会建設の急先鋒たる事であらねばならぬ」と期待した。しかし一九二五年には自らの『猫の首つり』（三星社出版部、一九二一年）にあった差別記述が全国水平社から抗議を受け、堺は『選民』第一七号（一九二五年六月一五日）に「「猫の首つり」問題」との論説で釈明することになった。

荒畑寒村（一八八七〜一九八一）は『前衛』第一巻第五号（一九二二年五月）に「エタ運動と農民運動」という論説を載せ、「吾々は満腔《まんこう》の同感を、水平社運動に寄せる者である」としつつも、社会主義者らしく「部落内に於ける貧富の階級的対立の観念及び階級闘争の精神が減殺され、且《か》つ一般プロレタリアとの協同策戦の重要が無視せらるゝが如き事あらば、水平社の運動は、その最も重大な意義を失うと信ずる」と忠告を発し、あくまでも資本家と労働者という階級を基本とした階級闘争に水平運動を位置づけることを主張した。

また古くからの社会主義者でソビエトにいた片山潜（一八五九～一九三三）は、ドイツ語で発行されていた『カー・イー』第一八号（一九二四年）に「部落解放運動―日本における来るべきプロレタリア解放闘争における強力な革命的要素―」という論説を寄せ、「水平社運動は、いよいよますますプロレタリア的になっており、その指導者は労働者農民と密接に結びつくようになった。その運動の終局目標は社会革命である」との原則的な主張を述べた。

また大原社会問題研究所の所員であった櫛田民蔵（一八八五～一九三四）は、『我等』第五巻第五号（一九二三年五月）に「対角線的に観たる水平社問題―水平社の運動は無産者の運動に合同せよ―」という論説を寄せ、「水平社の運動は、一般労働者の運動と合同することに依ってのみ、其《そ》の目的が達せらるゝであろう」と主張した。

無政府主義系である全国水平社青年連盟の機関誌『自由新聞』第四号（一九二五年九月一日）には、「問題の解答」として水平運動に対する意見が寄せられた。日本で初めて教員組合を結成した啓明会の下中弥三郎（一八七八～一九六一）は、水平運動が「言葉の末を争うのではなく、精神奥底での正しさへ万人を導く運動として表現せられたい」と述べ、その精神性を強調した。社会運動の弁護を引き受けた弁護士の山崎今朝弥（一八七七～一九五四）は、水平運動に対して「早く全国に行き渡らせたい」と期待を寄せ、水平運動と他の社会運動との提携については「余等、未だ其の非なる所以《ゆえん》の理《ことわり》あるを知らずです」と述べて賛成した。

また生物学者で政治家にもなった山本宣治（一八八九〜一九二九）は水平運動に協力していたが、「水平社同人内に於ける教養の『水平化』（他の解放運動を企つる諸団体に比して、現状が著るしき不平等を示す故を）を計るための教育運動、無論自給自足たるべきこと（懺悔、謝罪に名を借りた金で人の褌《ふんどし》で角力《すもう》をとる考えは有らゆる禍根《かこん》）」と述べて注文をつけた。

社会運動に協力した弁護士の布施辰治（一八八〇〜一九五三）は、水国争闘事件をはじめ水平運動に関係する多くの裁判で弁護を引き受け、水平運動に関して多くの論説も執筆した。まとまって水平運動を論説したものが、『自由新聞』第三号（一九二五年八月一日）に載せた「水平運動と無産階級運動」であり、ここでは「水平運動と、無産階級運動とは、常に必ず其の陣列を同じうせず、又其の戦術を共にしない点があっても、素《もと》より全無産階級運動たる最後の目的を同じうすると共に、其の戦術を同じうするものである事を信じて疑わない」と水平運動と無産階級運動の役割を峻別しつつも、協同すべきことを主張した。

そして『同愛』第三五号（一九二六年六月）の「部落問題に対する意見と解決の方法」においては、共産主義派の高橋貞樹（一九〇五〜一九三五）と親しかった上田茂樹（一九〇〇〜一九三二）は、「部落は、元これ一つの「ケースト《カースト》」である。その問題は階級搾取の社会制度が奴隷時代以来、今日迄連綿としてその血統の中に遺伝し来った不治の業病だ」と捉え、「部落問題解決の方法は、只だ一つ階級社会の死滅を促進するより他なし」と原則的に回答した。

しかし社会主義者のなかでは、キリスト教者でもあった安部磯雄（一八六五〜一九四九）は少し異なっていた。安部は『同和通信』第一五一号（一九二四年六月二〇日）で、「水平運動には、大に力を入れる必要があると思います。水平社の人々に差別的待遇をなすものがあったら、警察が先ず彼を所罰《処》せねばならぬと思います」と述べ、徹底的糾弾を否定するかのようであった。また安部は『同愛』第三五号の「水平問題に対する政府の態度」という論説で、「私は立法によるよりも、寧《むし》ろ政府が進んで差別待遇廃止の実例を示すことが一層有効ではないかと思う」として、「一言にしていえばなるべく、水平社員を官吏として採用することである」と現実性の低い提言を述べるほどであった。

日本共産党に入党するが後に国家社会主義運動に転身した赤松克麿《かつまろ》（一八九四〜一九五五）も、『同愛』第三五号に「社会運動としての水平運動」という論説を載せ、「水平運動は、一個の封建的因襲の打破に就いて、一般人の自覚と反省とを促す一種の啓蒙運動である」としつつも、「果たして「徹底的糾弾」が水平運動の最善の方法であろうか」と問い、「平和的な啓蒙運動、並びに啓蒙運動に伴う悪制度改善の運動（職業の開放の如き）」を提案し、安部と同様に穏健な水平運動を期待した。

†自由主義者とジャーナリスト

民本主義を提唱して大正デモクラシーの代表的な論客となった自由主義者の吉野作造（一八七八〜一九三三）は、『中央公論』第三八巻第四号（一九二三年四月）に「水平運動の勃興」という論説を寄せ、「水平運動は、労働運動や朝鮮人労働運動等と相並んで現代の日本に於ける最も真剣なる民衆運動の一つと謂《い》っていゝ」と評価したが、「労働運動に従事する者の中、早くも此《この》趨勢を見て取り、無産階級解放運動はまた同時に部落解放の問題をも解決するものなりなどゝ揚言するもあれど、窮極の目標が全然同一でない所に、多少掛引《かけひき》の入る余地はある」と述べ、あくまでも水平運動と無産階級運動は互いに独自の運動に限定すべきことを強調した。

自由主義者のジャーナリストである石橋湛山《たんざん》（一八八四〜一九七三）は、『東洋経済新報』（一九二七年一二月三日）に「直訴兵卒の軍法会議と特殊部落問題」という論説を載せ、第4章で述べる北原泰作天皇直訴事件に関する密室の裁判である軍法会議での北原に対する有罪処分に疑問を呈し、「陸軍当局が国民と共に、深くこの問題について反省し、その解決策を探求する好機会を与えられたもので、記者が大いに狼狽《ろうばい》するが好いと述べたのは、即ち彼らにこの好機会をとらえろというた意味にほかならぬ」と述べたうえで、その焦点が「いわゆる特殊部落民に対する差別待遇問題」であることを明確にした。

全国水平社創立に協力した大阪時事新報社の難波英夫は、『同和通信』第一三八号（一九二四年六月一一日）に、「水平運動を起こさねばならなかった人々の心持ちが、そのまゝに自分の心臓に感じないことを悲しく寂しく思います。此の運動を起こさねばならない様な歴史的経過を持った日本の社会状態を悲しむ、所謂《いわゆる》一般人のこの問題に対する『冷静』が腹立たしい……」との意見を寄せた。そして難波は一九二四年七月一五日に大阪で『ワシラノシンブン』を創刊して地域の文化運動を紹介することになり、当然にも水平運動に関する多くの記事を掲載することになった。

平野小剣と同郷で親しく、時事新報社の記者として水平運動の記事を執筆していた吉井浩存は、『自由』第一巻第一号（一九二四年七月）に「水平運動の外殻から」という論説を寄せ、「徹底的糾弾だけは止めてほしい――社会局なぞに行くと、よくこうした注文を聴く。けれども日本の社会から、一般同胞の脳裏から、被虐同胞に対する徹底的差別が撤去されぬうちは、駄目の皮である」と水平運動での徹底的糾弾の必要性を訴えた。そして一九二五年一月に起こった群馬の世良田《せらだ》村事件に対しては、平野とともに編纂《へんさん》した『この差別を見よ』（讃友社、一九二五年）を出版するほどであった。

西光万吉らと同郷で全国水平社創立に協力した中外日報社の記者であった三浦参玄洞は、水平運動と部落問題に関する実に多くの論説を『中外日報』に載せた。そのなかで水平運動に協力の姿勢を明確にする三浦らしい論説を挙げるとすれば、『中外日報』（一九二四年九月三・四日）に載せられた「水平社同人に告ぐ」という論説である。ここでは「水平運動の盛衰は、実に全日本民族の霊的覚知に至重な関係を有するもので、其《その》消長は直ちに我国社会の興亡に影響するものたる事を信ぜねばならぬ」と述べ、日本社会における水平運動の重要な意義を見出すほどであった。

文学者と民衆

全国水平社と水平運動に対する文学者の認識としては、まずは一九〇六年三月に『破戒』を著した島崎藤村を挙げねばならない。『文化生活の基礎』第三巻第五号（一九二三年五月）に島崎の「部落民の解放」という談話が載せられ、ここで島崎は「水平社の運動も面白い。少なくとも社会を刺戟《しげき》して皆の目を醒《さま》させる丈《だけ》でも、その運動の効果はあることと私も信じて居ります」と水平運動の効果を期待しつつも、「然《しか》し部落民の側から考えて見て、そうした運動が、多数の力で圧倒的に目的を達し得られるでしょうか」と疑問を呈し、「結婚の問題が一番の難関として最後まで残るだろうと思うのです」と述べて結婚における部落差別の深刻さを指摘せざるを得なかった。

全国水平社創立大会に参加していたプロレタリア作家の中西伊之助（一八八七〜一九五八）は、『同愛』第三五号に「先ずその罪を謝せ―部落民問題の核心―」という論説で、「水平社同人諸君の、謂う所の『よき日』とはいかなる日を指すのであろうか。私の想像をして誤りがないとすれば、それは全人類が、至純なるプロレタリア思想に徹して、明るい理性、聡明な理智、そして和《なご》やかな相互扶助愛の漲《みなぎ》った日のことを指すものだと信じる」と述べ、全国水平社の主張に賛同した。

また『同愛』第三五号では、「部落問題に対する意見と解決の方法」が載せられた。ここでロマン主義文学の作家であった与謝野晶子（本名は与謝野志やう、一八七八〜一九四二）は、部落問題に対しては「「部落」と云ぅ意識は、差別的意識を新たにするものです。万民を一体に見る思想に反します。それで部落問題などの議論を好みません」と述べ、「人は皆大抵の事を自ら解決すべきものです。他からいらぬおせっかいをすることは、侮辱を重ねる事です。他からの解決方法提出は無用有害と存じます」と述べて何らの解決方法を示さなかった。

さらに「部落問題に対する意見と解決の方法」では、伯爵の柳原家に育って「白蓮《びゃくれん》」とも名乗って何かと世間の話題となった歌人の柳原燁子《あきこ》（一八八五〜一九六七）は、部落問題に対して「差別をとること」、解決の方法に対して「縁組と雑居」とだけ回答したが、これは単に簡単という以上に、部落民という存在を消し去って差別を撤廃することが部落問題を解決する方法であることを意味していた。ちなみに『大阪毎日新聞』（一九二四年一〇月九日）の記事によると、柳原は伯爵の柳原家を除籍されて社会運動家の宮崎龍介（一八九二〜一九七一）と結婚するにあたって、相続人として柳原家を継がせるために水平社同人から女の子を迎え入れようとしたことがあったが、これは自らが華族であったことを強く否定するために水平社を利用した可能性が高いように思われる。

中西と同じくプロレタリア作家の江口渙《かん》（本名は「きよし」と読む、一八八七〜一九七五）は『同和通信』第一四八号（一九二四年六月二二日）に「水平運動に就て」という談話を載せ、ここでは「水平社の人々は、彼等の地位を向上させるために、益々此の運動を盛んにすべきである」と述べた。また『同愛』第四三号（一九二七年六月）に載せられた「部落問題に対する文芸諸家の回答」では、江口は「水平社に関する諸問題は、水平社自身の力に依って解決するのが正当でもあり、又それ以外に好い途はありません。私は水平社の諸君が有ゆる圧迫と誘惑に抗しつゝ、それ自身の途を勇敢大胆に進まれん事を切望します」と述べ、水平社に対する正確な理解によって期待を表明した。

民衆の全国水平社と水平運動に対する認識を示したものは少ないが、ここでは『同愛』第三五号に載せられた「学生の眼に映じたる部落問題」から、大阪府池田師範学校（現在の大阪教育大学）に通う学生の意見を紹介しよう。森岡勇の「両者の自覚を望む」という論説は「近時各所に水平運動なるものが起り、しば〳〵それ等に絡《まつ》わる争闘が社会を騒がす。その原因たるや、誠に些細なる差別的言語、待遇……と言った様な物に過ぎない」と述べ、部落差別を重視せず水平運動を厄介視した。

しかし太田得至の「十八世紀の人間」という論説は、「数年来、猛烈なる水平運動の結果、其の効果はようやくにして現れ、世間一般の人は或ヒントを得て自覚する様に成った。幾多の犠牲は無惨にもほうり出されたけれども、来る可《べ》き年の国民の上にそゝがれたとしたならば、其《それ》は偉大なる効験であらねばならぬ」と述べ、水平運動を好意的に評価した。

友井正治の「内に省みよ」という論説は、「現今全国に行わるゝ水平社運動は、或る一部の人達の為、甚《はなは》だ賀すべきことである。これによりて一般人の自覚が生じ、自然因習的な差別観も消失するだろう」としつつも、「たゞ憾《うら》むらくは、水平社にして往々暴力に訴え、為《ため》に一般人に対して水平社を以って恐るべきものと感ぜしむる如き観あるのは、悲しむべきことである」と差別糺弾闘争に対しては批判的な意見を述べた。

また大久保由雄の「人間価値実現の為に」という論説は、「水平社同人が余りに熱し過ぎて、其目的の達成を急ぐ結果であろうが、それでは一般の人々が忘れようと努め、又忘れかけていても、いつも思い出させる基《もとい》であろう。即ち、却《かえ》って差別的観念を新《あらた》にこそすれ、決して双方を心から融合せしめるに適した方法ではあるまい。運動をするならば、今少しおだやかな方法に出るべきであろうと、いつも感じる」と述べ、水平運動に対して注文をつけることを忘れなかった。

†保守政治家と内務官僚

一九二六年五月一九日に超党派の帝国議会議員によって結成された融和問題研究会が全国融和連盟と連携して、部落問題の国策確立に向けて帝国議会に働きかけた。有馬頼寧《よりやす》（一八八四〜一九五七）との人脈が深い融和問題研究会に参加した圧倒的大多数は、貴族院の研究会、政友会、政友本党、憲政会など既成政党に属する保守政治家であり、一九二六年九月現在で会員は二四〇人を数えたものの、その多くが名を連ねただけであったと思われる。

保守政治家の多くは融和問題研究会に参加したが、主として部落問題の国策確立に協力することになったが、水平運動に対する自らの認識を述べるものはきわめて少なかった。そうしたなかで、『融和運動』第一四号（一九二七年三月一日）に「部落問題に対する政治家の意見（一）」が載せられた。これに対して憲政会の衆議院議員として融和問題研究会に属していた荒川五郎（一八六五〜一九四四）は、「水平運動の如き被差別者の団結行動は、国民一体となりて共存共栄を図るべき国家の統一精神を害するもので、反《かえつ》て永久に固陋《ころう》な因習を生命づけることゝなり、人道問題からしても、自他の不利不幸——決して尠《すくな》しとせず」と述べ、あからさまに水平運動を否定した。

しかし荒川と同じく融和問題研究会に属していた憲政会の衆議院議員である山桝儀重《のりしげ》（一八

八九〜一九三七）は同号の「社会的制裁を重んぜよ」という論説で、「水平社のように徹底的糺弾を目的とするものは、私は好ましくないと思いますが、夫《そ》れが違法の行動に出でない限りは其《その》存在を認容し、自然的解決を待つがよいと思います」と述べ、法律の範囲内で水平社が徹底的糺弾を展開することは否定しなかった。このように保守政治家の水平運動に対する認識は、必ずしも一致しているわけではなかった。

ちなみに『大阪毎日新聞』（一九二三年四月九日）の記事によると、元老として政界に隠然とした影響力を行使していた公爵の西園寺公望《きんもち》（一八四九〜一九四〇）は、政友会の幹部に部落差別の深刻さを嘆いて国民の差別観念を一掃する必要性を語り、若い頃には一切の因習を打破するため、「部落の娘と結婚する」と言い張って広く候補者を物色していたことを告白した。ことの真偽は別として、政治家が自らの物語を仕立て上げるには格好の素材であったように思えてならない。

部落問題を管轄する内務省の水平運動に対する認識を象徴するのが、内務省で治安対策の観点から部落改善事業を担当していた留岡幸助であった。序章で述べた留岡は『水平運動』（警醒社書店、一九二三年）という著書を出版し、「水平運動は部落民を一般民と差別する事に依《よつ》て起る運動であるから、差別をせない様になれば其《そ》れで其《それ》の運動は停止してよいのである。然るに社会主義運動は貧富の懸隔《けんかく》を滅し、資本制度を覆《くつが》えし、労働階級を以て資産階級に代ろうとする運動なるが故に、社会主義と水平運動とは自ら異らざるを得ないのである」と述べ、水平運動と社会主義運動とが結びつくことを否定した。

また留岡は、「私は水平社に向っては激越の言葉を吐かぬよう、過激の運動はせぬようにと願いたい、間遠《まどる》いようではあるが、其主張する所は穏健に、行動する所は秩序正しく、如何にも尤もだと首肯《うなず》かるゝようにありたいのである」と水平社に注文しつつ、「其代り一般社会に対しては、極力賤視の態度に出ぬよう、侮蔑の言辞を用ぬよう、真に兄弟であり姉妹であるべく宣伝に努めねばならぬ」と自らの役割を述べた。

むしろ中央融和事業協会に大きな影響力を及ぼしたのは、後に政界に転出する内務省社会局社会部長の守屋栄夫《えいふ》(一八八四〜一九七三)であった。守屋は中央融和事業協会の『会報』第二巻第一・二号(一九二七年一・三月)に「我等の使命」という論説を載せた。ここでは部落問題について、「我々が眼を更に海外の情勢に注《そそ》ぎ、遠く建国の理想に鑑《かんが》み、我が国の世界的使命、民族の平等、人類の均等待遇なる大願望——を達成せんが為に先ず国民が考慮しなければならず、実行しなければならず、否速《すみやか》に解決して其の効果を発揚すべき緊急重大な国家問題であると信ずるのである」と述べられた。このように部落問題を世界的かつ国家的な観点から位置づけたことに代表されるように、もはや内務省社会局の官僚は否定すべき対象の水平運動に対しては何らの関心も示さなくなった。

2　無産勢力と議会進出

†農民組合と労働組合の組織化

まず労働者と農民を主軸とする無産勢力の一翼としての農民組合との関係については、一九二三年三月二・三日に京都市で開かれた全国水平社第二回大会で、奈良の鎌田水平社から「農村に在りては農民組合を設立する件」が提案され、これを傍聴席で聞いていた日本農民組合の杉山元治郎と仁科雄一（一八九七〜一九八四）は非常に喜ぶことになった。一九二四年三月二・三日に京都市で開かれた全国水平社第三回大会では、三重県水平社から「水平社運動に理解ある他の社会団体と相互援助をなすの件」が提案され、「我々は被搾取階級と相提携して、共同の戦線にたゝなければならぬ」と主張されたが、賛否両論の意見が続出することになった。

そこで日本農民組合にも属していた西光万吉が「水平社が他の団体と提携すると云うても、我々はストライキをやる事を意味せないのである」と誤解を解いて賛成意見を述べた。しかし再び反対意見が出されたので、議長の南梅吉によって保留にされてしまった。

一九二五年五月七・八日に大阪市で開かれた全国水平社第四回大会では、大阪府水平社の

「農民組合設置促進の件」は難なく可決されたものの、奈良県水平社が提案した「一般無産団体と協議機関設置の件」は米田富によって説明されたが、反対論が多く保留になってしまった。しかし一九二六年五月二・三日に福岡市で開かれた全国水平社第五回大会では、三重県水平社から提案された「無産団体協議会設置の件」は「労働者、農民、水平社は相提携して、解放の為に進まねばならぬ」と説明されて可決された。

部落内での農民組合と労働組合の結成、そして無産団体との提携に熱心であったのは奈良、三重、大阪の府県水平社であったが、これらは共産主義派の影響力が強かった。奈良県水平社と三重県水平社は、実際に農民組合と密接に関係するようになったが、とりわけ三重では、一九二四年現在での農民組合は、一六支部、組合員は二三七一人であったが、その支部と組合員のほとんどは部落の小作農民であったと思われ、農民組合と水平社は表裏一体の関係であったと評されている。

しかし一九二五年二月二七日〜三月一日に東京で開かれた日本農民組合第四回大会では、全国水平社を代表して泉野利喜蔵が挨拶の場で、「自覚されたる農民組合諸君は、そうでないと信じますが、一般農民は元来保守的で封建的であります。水平社同人に対する差別的観念も、これ等一般農民には多いと思います。(拍手)故に自覚したる諸君は各自故郷に帰られたならば、徹底的にこの水平社の差別撤廃に御助力あらん事を願います。(大拍手)」と苦言を呈さなければならなかった。つまり友誼団体としての日本農民組合の組合員に対して、自らの差別観念を打破するとともに、水平社に対して積極的に協力する必要性を、あえて切実に訴えざるを得なかったのである。

無産勢力のもう一つの一翼としての労働組合との関係では、全国水平社第五回大会で大阪府水平社が提案した「労働組合組織促進の件」と「部落内部の失業問題に関する件」は、反対意見が出されず満場一致で可決されることになった。そして一九二五年頃から大阪と東京を中心として、部落民を多く含む皮革・製靴労働者が労働争議を闘い、いくつかの労働組合が結成された。また一九二九年一二月二〇日に大阪で結成された皮革労友会は、一九三〇年四月二〇日に開かれた大阪全産業労働組合第一回大会に「植民地労働者及水平社同人に対する差別待遇反対に関する件」を提出し、一九三一年一〇月からは兵庫県の姫路で大規模な北中皮革争議が闘われた。

†普通選挙をめぐる分岐

近代日本では一八八九年二月に大日本帝国憲法が発布され、支配体制としての近代天皇制のもとで衆議院と貴族院によって構成された帝国議会が開設されることになったが、衆議院の選挙は男性のみが一定額の納税によって選挙権を得られる制限選挙であり、民衆の大部分は政治参加から疎外されていた。これをふまえて、普通選挙運動が本格化することになった。

一九二三年三月の全国水平社第二回大会に、全国水平社中央執行委員である奈良の米田富を擁する大島水平社などから、「普通選挙に関する件」が提出された。それは、「現代の社会政策は、皆ブルジョア組織であるから、吾々無産階級は圧迫せらるゝのであるから、吾々無産階級にも参政権を及ぼすことは必要なり、故に水平社の一事業として普選運動を起したしと思う」という内容であった。しかし「既に普通選挙を法律も認めざる以上、吾等に於ては無産階級独裁の期日を一日も早からしむるを以て、此の意味に於て本案の否決を望む」という普通選挙に反対する意見が出て、採決によって否決された。

一九二三年九月二日に軍人政治家の山本権兵衛（一八五二〜一九三三）による内閣が発足し、一〇月には普通選挙を実施するという声明を発した。この声明によって、日本労働総同盟と日本農民組合は、全体として普通選挙運動に取り組む方向を示すことになった。これをふまえて全国水平社では普通選挙をめぐって議論を開始したが、一二月三日に全国水平社としては「与えられる選挙権を行使する」という声明書を発表するという消極的な姿勢であった。

一九二四年一月七日に貴族院を基盤として成立した清浦奎吾《けいご》（一八五〇〜一九四二）による内閣は、民衆の支持をとりつけるために普通選挙法案を議会に提出することを表明し、政党内閣の確立のために第二次護憲運動に乗り出した。この動きに呼応するかのように、一九二四年に入って全国水平社内では普通選挙をめぐって、共産主義、無政府主義、保守主義など意見の分岐が表面化しはじめた。これまで普通選挙に反対であった栗須七郎は賛成に転じ、駒井喜作と平野小剣は普通選挙など一切の政治運動を否定し、南梅吉は既成政党との連携による積極的な総選挙への関わりを主張するようになった。

ちなみに同郷の西光万吉、阪本清一郎と親しかった駒井喜作について、ここで簡単に触れておこう。駒井は全国水平社創立以前に艶歌師として各地を放浪するなど、特異な経歴をもっていた。そして全国水平社が創立されると、中央執行委員として持ち前の事務能力を大いに発揮し、各地の差別糾弾闘争を指導した。その思想は部落民の自主解放を基本としつつも階級的な政治闘争に理解を示すものであり、後述する無産政党の労働農民党に加入し、一九三一年から阪本とともに地元で村会議員を務めることにもなった。しかし一九三二年一〇月に女性問題でヤクザを殺害したため、一九三九年四月まで獄中生活を余儀なくされ、アジア・太平洋戦争が終結した直後に四八歳で生涯を閉じた。

一九二四年三月の全国水平社第三回大会では、大阪の東宮原水平社から「総選挙に関する件」が提出された。これは「我々は日本国民たる以上、日本臣民たる以上、個人として投票権を行使せなければならない。但し我々は、水平運動の精神を忘れてはならない」というものであり、「水平社同人は個人として選挙権を行使する事は自由であるが、水平社としては絶対に反対である」という理由によって可決された。

栗須七郎と共産主義を基本的立場として一九二三年一一月一日に結成された全国水平社青年同盟の影響力が強い大阪の難波水平社から、「普選に関する件」が提出された。その提案理由を「我々は可能性のある議会政策をとる事は、水平運動の目的を達する捷路《しょうろ》である。我々は団体的の訓練によって、選挙権を有効に行使せなければならぬ、我々は理想をも考えなければならない」「我々は双手を挙げて、普選に賛成するものである」と述べ、選挙権の行使による普通選挙と政治運動に全面的に賛成するものであった。

これに対して、大阪の下阪正英（一九〇一～一九七二）は賛成意見、泉野利喜蔵は消極的な賛成意見、平野小剣は選挙権の行使だけの賛成意見、阪本清一郎は慎重意見を述べたため、議長の南梅吉は自らの判断で保留にしてしまった。つまり結果的に、全国水平社としては普通選挙について態度を明確にしないという点で一応の決着が図られることになった。

†無産政党をめぐる対抗

一九二五年三月二九日、護憲三派の加藤高明（一八六〇～一九二六）が首班の内閣のもとで治安維持法と関係して、満二五歳以上のすべての成年男子に選挙権を与える普通選挙法が可決され、いわゆる男子普選体制が成立した。一九二五年五月七・八日に大阪市で開かれた全国水平社第四回大会で、奈良県水平社と大阪府水平社によって「政治教育普及の件」が提案された。演壇に立った奈良の本田伊八（一八九八〜一九五八）と大阪の泉野利喜蔵は、「普選実施後、ブルジョア政治家は全国三百万の水平社同人を利用するから、之《これ》に対抗し更に水平運動の戦線を政治的に拡大する必要から政治教育を徹底させ、政治的にも圧迫階級と対抗する為、現在の『徹底的糺弾』の上に政治的方法を加える必要がある」と説明した。しかし賛成と反対の意見は一時間半にも及び、採決となって賛成多数で可決となった。

そして全国水平社の政治部長である上田音市は、八月五日に「無産政党問題に関する政治部の意見書」（『水平新聞』第一号、一九二五年九月二〇日）を発表した。ここで上田は、「私は水平社として、日本農民組合主催の政党組織準備協議会に参加することを、双手を挙げて賛成するものであります」「無産政党が大衆の実際要求にふれているならば、地方的小党に対して絶対反対し、全国的無産政党組織に向って加盟すると云うことは、当然の帰結である」と述べた。

一九二五年八月一〇日に大阪市で無産政党組織準備委員会が開かれ、共産主義派の全国水平社青年同盟として東京の高橋貞樹、大阪の岸野重春（一九〇二〜?）、奈良の木村京太郎、全国水平社として三重の上田音市、大阪の松田喜一と大西遼太郎らが参加し、第二回委員会にむけて綱領や規約の案を募ることになった。これをうけて八月下旬に全国水平社青年同盟は「無産政党組織案（大綱）」、九月中旬には全国水平社政治部が作成した「無産政党綱領及組織」も提出されたが、いずれも部落民独自の要求や水平運動の位置づけは全く欠けていた。

一九二五年一〇月一八～二〇日にかけて開かれた第二回綱領規約調査委員会では、上田音市が同年九月一八日に全国水平社青年同盟を改組した全国水平社無産者同盟を代表して参加し、無産政党に加盟できる団体の範囲についての議論で全国水平社と全国水平社無産者同盟が議題にのぼった。日本労働総同盟の西尾末広（一八九一～一九八一）が全国水平社無産者同盟について質問したのに対し、上田は「水平社内の無産階級を以って組織した経済闘争を主たる目的とする団体です。職能としてはストライキもやります。又組織の基礎を職場においております」と答え、議長の小岩井浄（一八九七～一九五九）は全国水平社無産者同盟を無産政党に入れるとした。

また無産政党と全国水平社の連絡機関を設けることも議題に上り、日本労働組合評議会の中村義明は全国水平社無産者同盟だけでよいとし、政治研究会の黒田寿男《ひさお》（一八九九～一九八六）と日本農民組合の前川正一《しょういち》（一八九八～一九四九）らが賛成して議論が沸騰したが、結局は承認された。しかし議長の小岩井が「曾《かつ》て水平社一同人から、こんどの無産政党の綱領に、水平社に関する項目が一つもないのは恐るべきことであるとの意見を聞かされました、参考迄に申上げておきます」と述べたことが、ことの本質をついていた。

そして一二月一日に無産政党は農民労働党として東京で創立され、一〇人の中央執行委員の一人として上田音市が就いたが、同じ日に内務省は治安警察法によって結社禁止命令を下し、日本で初めての全国単一無産政党である農民労働党は即日禁止という憂き目に遭うことになった。しかし一九二六年三月五日に大阪市で新たに労働農民党が創立され、二三人の中央委員には日本農民組合の一人として西光万吉が選ばれた。

一九二六年五月に全国水平社第五回大会が開かれ、奈良県水平社から「無産政党支持の件」が提出され、本田伊八によって説明されたが、賛成する共産主義派と反対する無政府主義系との間で激論となった。共産主義派の松田喜一、大西遼太郎、西光万吉が賛成意見を述べ、無政府主義系の北原泰作（一九〇六〜一九八一）は「我等は政治によって絶対に解放されない」、小山紋太郎（一九〇三〜一九七九）は「決して政治行動によって、我等の兄弟は解放されるものではない」と反論したが、大きな亀裂を憂慮した議長の松本治一郎は次期大会まで保留にするとした。しかし一〇月二二日に大阪市で全国水平社労働農民党支持連盟が結成され、全国水平社内で労働農民党を支持する声が広まっていった。そして下阪正英、阪本清一郎、菱野貞次が、労働農民党の中央委員に選ばれることになった。

一九二六年一二月一二日に東京で開かれた労働農民党第一回大会では、本部提案の「『人間差別観念に対する糺弾権の確立』を政策中に加える件」は「封建的賤視観念に対する糺弾の確認」に訂正して可決され、決議には第3章で述べる福岡連隊差別糺弾闘争に関連して「福岡連隊の差別事件につき当局弾劾」が入れられた。そして中央委員には松本治一郎と阪本清一郎が選ばれ、大西遼太郎は会計監査になった。ここにおいて全国水平社の労働農民党への実質的な加盟で、一応の帰結を見ることになった。

無産政党については左派の労働農民党のほかに、一九二六年一二月五日に結成された右派の社会民衆党、一二月九日に結成された中間派の日本労農党などが分立することになり、全国単一無産政党の再現は消え去った。このもとで全国水平社は組織内には無政府主義系と保守的な潮流を抱えながらも、全体としては労働農民党に参加して政治闘争と各級の選挙を進めることになった。

†選挙闘争と議会進出

一九二〇年代後半には普通選挙法に基づく選挙が実施されるようになり、水平社の活動家も続々と立候補し、無産政党と連携して選挙闘争を闘うことによって、議員として議会に進出するようになった。このような動きは男子普通選挙体制とはいえ、無産政党などを拠点として選挙に立候補し、当選して議員になることによって、社会政策や部落改善事業などについて大きな権限を有する行政権力に自らの要求を認めさせ、議会内で行政権力を追及することができる権限を行使しようとするものであった。

一九二七年九月に府県議会議員選挙が実施され、福岡では藤岡正右衛門（一八九二〜一九三〇）と花山清（一八九六〜一九八二）、奈良では西光万吉、大阪では岸野重春と山田龍平、京都では菱野貞次、兵庫では岸本順作（一八九二〜?）、和歌山では道浦若八、三重の新田彦造（一八九四〜一九六〇）と山田清之助、熊本から鈴木金蔵らが立候補したが、全員が当選することはできなかった。また一九二八年二月二〇日の衆議院議員選挙では、福岡の松本治一郎が無所属、奈良の西光万吉と岡山の三木静次郎《しずじろう》（一八九三〜一九三六）が労働農民党から立候補したものの、当選には及ばなかった。一九二九年に実施された市町村議会議員選挙の無産政党関係では、大阪の堺市で泉野利喜蔵、京都市の菱野貞次が立候補し、それぞれ当選することになった。また大阪の栗須七郎、三重の上田音市、岡山の三木静次郎が立候補したが、いずれも当選することができなかった。

そして一九三一年の秋に実施された府県議会議員選挙では、長野の朝倉重吉（一八九六〜一九六七）、和歌山の岸本駒太郎、山口の田村定一《さだいち》（一九〇二〜一九六六）、福岡の花山清が、それぞれ全国労農大衆党から立候補したが、当選したのは花山だけであった。一九三三年の市議会議員選挙では、水平社から二四人が立候補して一〇人が当選し、町村議会議員選挙では水平社から二七二人が立候補して二二八人が当選した。そして一九三四年末では、水平社から県会議員が一人、市会議員が六人、町会議員が二六人、村会議員が一三七人になるほど、政治的な成長を見せた。
一九三五年九月の府県議会議員選挙では、京都の朝田善之助、大阪の松田喜一、兵庫の前田平一（一八九六～一九六七）、長野の朝倉重吉（一八九六～一九六七）、山口の田村定一、福岡の花山清、藤原権太郎（一八九三～一九八九）、熊本の宮村又八（一八八八～一九六一）らが立候補したが、当選したのは福岡の花山だけにとどまった。また一九三六年二月二〇日の衆議院議員選挙で無所属から立候補した松本治一郎が初めて当選し、一九三七年四月三〇日の衆議院議員選挙では、立候補した福岡の松本と田原春次、山口の田村定一、三重の上田音市、熊本の宮村又八のうち、松本が再選を果たすことになった。

水平社活動家の議員としての活動については、堺市会議員の泉野利喜蔵は融和事業をはじめ、児童の区域外通学、職業紹介のための相談所設置、託児所の保育料徴収反対などを質問し、議会外では朝鮮人住宅の立ち退き反対、堺労農学校の設立に関わった。また京都市会議員の菱野貞次は、都市の低所得者層に対する最低生活水準の保障など社会政策に関して質問したものの、部落問題独自の要求はなかった。さらに衆議院議員の松本治一郎は、部落問題に関わる地方改善費の増額、華族制度の改正、陸海軍内の差別撤廃などだけでなく、失業者の救済、中小農民の開墾助成、下級官吏の待遇改善など幅広く質問した。

3　支配権力と融和政策

†警戒した内務省と司法省

水平運動が成立して発展してくると、これに対して権力の中枢たる内務省は最大限の警戒を怠らなかった。とりわけ内務省のなかでも警保局が水平運動などの社会運動の対策を担い、全国の府県に置かれた警察部を統轄する役割を担っていた。

内務省警保局の水平運動に対する認識が明瞭なのは、一九二三年三月二五日の『水平運動情況』であった。ここでは結論としての「警察取締の方針」は、「所謂《いわゆる》水平運動は、其の本来の動機たる差別撤廃の主張其のものは、敢《あえ》て非議すべきものにあらざるも、其の関係者の言動、秩序を紊《みだ》り公安を害するものに対しては、法規の定むる所に従い、厳重なる取締を為すべきは言を俟《ま》たざる所にして、他の一般の場合に於ける取締と何等差別を設けざるの方針なり」と述べ、「公安」を害する場合には「厳重なる取締」の必要性を強調した。

内務省警保局は治安維持法の制定と軌を一にして、一九二五年から系統的に社会運動の動向をまとめるようになり、水平運動に関しては一九二五年から詳細な年報形式の『水平運動の状況』として極秘に報告されるようになった。また一九二八年三月の日本共産党員らの一斉検挙、すなわち三・一五事件の衝撃を受けて、未設置の府県警察部でも全国一律に特別高等課（特高）が配置され、これを統轄した内務省警保局保安課は一九三〇年四月から内部の情報誌として、月報形式の『特高月報』を創刊し、より詳しく水平運動の動向を探ることになった。

このような内務省警保局の姿勢は言論と出版の取締にも適用され、水平運動にも及ぼされることになった。その中心は皇室、共産主義、階級闘争、戦争、軍事、植民地統治などに関係した「安寧秩序」の維持であり、内務省警保局図書課によって言論と出版に対する検閲が実施された。その結果、一九二三年六月に栗須七郎の『水平運動の趣意』、一九二四年五月に高橋貞樹の『特殊部落一千年史』、一九三二年五月に全国水平社解消闘争準備委員会の『水平社運動の批判』、一九三四年七月に全国水平社常任委員会の『部落委員会活動に就いて』など、そして『水平新聞』の何回かをはじめとした水平社関係の機関紙誌、冊子、ビラなどが発売禁止処分（発禁処分）を受けることになった。

内務省警保局と同様の認識を共有して水平運動を犯罪という視点から警戒していたのが、法律に基づいて裁判で厳しく対応することになった司法省であり、一九二八年に「思想調査第六輯」としてまとめた『思想犯罪輯覧《しゅうらん》』では「水平運動に基づく犯罪及水平社同人の犯罪」を収録した。司法省の研究員で福岡地方裁判所検事の長谷川寧は、一九二七年に司法省調査課の

「司法研究第五輯」として『水平運動並《ならび》に之に関する犯罪の研究』をまとめた。また同じく司法省の研究員で名古屋地方裁判所判事の坂本英雄は、一九三〇年に司法省調査課の「司法研究第八輯」として『思想的犯罪に対する研究』をまとめ、これには「水平運動に基づく犯罪」が収録された。この他には司法省刑事局思想部が一九三四年九月に創刊した『思想月報』でも、水平運動が特集されることがあった。

†危機感を表した保守政治家

水平運動が全国に波及してくると、これに関心を示すことになった保守政治家は帝国議会で質問や建議などの動きをとるようになった。第四六帝国議会が開かれていた一九二三年二月三日、立憲国民党の星島二郎（一八八七～一九八〇）は四三人の賛成を得て、「水平運動、差別撤廃、地方改善等に関する質問主意書」を提出した。二月一〇日に内務大臣の水野錬太郎（一八六八～一九四九）は水平運動に対して、「政府は、水平運動の如きは力《つと》めて之が善導を期すと雖《いえど》も、其の言動にして苟《いやしく》も治安を害するものあるに於いては、之が取締を行わんとす」と答弁した。

次に三月二三日には、立憲政友会で気鋭の新しい指導者として期待されていた横田千之助（一八七〇～一九二五）ら七人が「因襲打破に関する建議案」を提出し、「政府は士族平民の族籍上の差別を廃し、且《かつ》帝国臣民の間に於て、其の一部に対し特に侮辱的称呼を為して階級的差別待遇を為すが如き因襲を成るべく迅速に一掃する為、適切なる積極的方法を講ぜられんことを望む」と主張した。横田が建議案を提出したのは、直接的には全国水平社中央執行委員長の南梅吉、中央執行委員の栗須七郎と平野小剣が、三月九日に中央政官界や新聞記者と懇談したのに影響を受けたからであった。

しかし同時に横田は、「諸君、此《この》建議案の影響する所は、今帝国及《および》世界の各方面に漂って居る「ボルシェビック」の運動に影響する所もあるということを申上げて置く」とも述べ、水平運動にロシア革命のように共産主義勢力の影響が及ぶことを極度に警戒した。そして建議案は設置された委員会での議論をふまえ、三月二六日の衆議院本会議で可決された。

この建議案が可決されたことを好意的に評価した各地の水平社では、『関東水平運動』第一・二号（一九二三年七・八月）、奈良の『人類愛』創刊号（一九二三年一一月）、群馬の『相愛』創刊号（一九二四年二月）、三重の『聖戦』第一号（一九二四年一一月）などの機関紙誌で紹介するほどであった。しかし建議案の可決によって士族の呼称が廃止されると危機感を抱いた士族らは、一九二三年四月二二日に東京の小石川伝通院で全国士族大会を開き、さらに全国士族会を結成して対抗しようとした。

また横田は、一九二三年六月五日に帝国ホテルで同和事業研究会の発会式を開いた。ここには後に述べる融和団体の同愛会会長で東京帝国大学助教授の有馬頼寧、内務大臣の水野錬太郎、内務省警保局長の後藤文夫(一八八四〜一九八〇)、警視庁警務部長の正力松太郎(一八八五〜一九六九)らとともに、全国水平社中央執行委員の平野小剣も参加した。ここでの「同和」とは部落問題を意味するだけでなく、台湾と朝鮮における日本の植民地支配を円滑に進めようとする意味が濃厚であり、事務局は『同和通信』を発行していた遠島哲男(一八九二?〜?)が代表を務める民衆仏教団に置かれ、年間六万円の予算で講演会や出版などの事業をおこなおうとした。そして横田は六月一一日に加藤高明が率いる内閣の司法大臣となり、翌日の祝賀会には平野が関東水平社の肩書で出席して祝辞を述べるほど親交を深めたが、一九二五年二月に亡くなり、同和事業研究会は解散されることになった。

†政府の融和政策と中央融和事業協会

内務省は従来から取り組んでいた融和政策を、全国水平社創立に対抗して本格化させるようになったが、融和政策については全体像を見通せる段階になっている。内務省では警保局が水平運動の監視を担当したが、部落改善事業を担当したのは、実績を買われて職員となった岡山の三好伊平次と滋賀の今井兼寛を擁する社会局であった。

一九二三年四月から部落改善は地方改善へと名称が変わり、直営の地方改善事業として部落に対する「地区整理十ケ年計画」と「育英奨励」に着手した。これは部落の生活を改善することを通して水平運動から部落民衆を切り離し、水平運動を鎮静化させようとする意図をもつものであった。そして内務大臣の水野錬太郎は八月二八日に訓令を発して、政府として融和政策に取り組むことを明らかにした。また同じ日に中央社会事業協会地方改善部を発足させ、三好と今井の指導によって講習会などを中心とした融和運動にも取り組むことになった。

しかし一九二五年二月一日、自由主義的な同愛会を軸に信濃同仁会、岡山県協和会、広島県共鳴会など自主性が強い府県融和団体の連絡組織として全国融和連盟が結成された。全国融和連盟は部落問題の国策樹立と国民覚醒を中心的な課題とし、徐々に強い影響力を発揮するようになった。そこで内務省は融和運動を自らが統制するため、一九二五年九月二二日に中央社会事業協会地方改善部を廃止して、新たに中央融和事業協会が設立された。

中央融和事業協会の会長には、国家主義者で枢密顧問官の平沼騏一郎（一八六七〜一九五二）を担ぎ出し、平沼が依拠する「建国の精神」を強調する天皇崇拝を軸とした国家主義的な傾向が顕著な融和運動の推進を図るようになった。したがって中央融和事業協会の融和運動とは、基本的に天皇を中心とした融和の推進を強調するものであり、これを具体化するために講習会や講演会などを開催することに重きを置いたものであった。

そして一九二六年六月二二日に内務大臣の鈴木喜三郎は、融和を促進させるために社会事業調査会を設置し、一二月一六日に政府として取り組むべき融和事業機関の特設、融和観念の普及など七項目の「融和促進に関する施設要綱」が作成された。これと連動して内務省の融和政策と連携していた中央融和事業協会は、一九二七年七月三〇日に同愛会と全国融和連盟を吸収し、府県融和団体に対する統制を中心として融和運動における指導性が確立することになった。

このもとで中央融和事業協会は、一九二八年に予定されていた新たな天皇の即位式(大礼)に向けて融和運動を強化することになり、一九二七年一二月八日には会長の平沼が内務大臣の鈴木に対して、天皇制に基づいて部落差別を撤廃させることを建議した。そして御大礼記念全国融和団体連合大会が一九二八年一二月一五・一六日に京都で開かれ、三・一五事件を契機として沈滞していた水平運動に攻勢をかけて影響力を低下させ、部落問題をめぐる主導権を確立させるため、内務省の融和政策と連携しながら国家主義的な融和運動を強力に推進していくことになった。

†水平社を承認した融和運動

序章で述べたように、中央段階では一九一四年六月七日に大江卓らによって、内務省と連携した帝国公道会が設立されていたが、一九二〇年代になると影響力は失われていた。この帝国公道会に代わって影響力をもち始めたのが、東京帝国大学助教授の有馬頼寧を会長として一九二一年五月に設立された同愛会であった。団体名からもうかがわれるように、同愛会はヒューマニズムに基づいた自由主義思想を基本としていたが、有馬が華族という社会的地位にあったため、部落民衆が参加する共産主義革命を防止して天皇制国家を擁護するために融和団体を設立したという側面を有していた。

そのため宮内大臣の牧野伸顕《のぶあき》（一八六一〜一九四九）や慈善事業にも力を入れた実業家の渋沢栄一らから、資金的な支援を受けていた。しかし有馬を軸とした同愛会は、そのヒューマニズムに基づいた自由主義思想によって、初期の水平社との協力を厭《いと》ったわけではなかった。さきに述べた全国融和連盟に対して同愛会は積極的に参加したが、その中心として事務局を担当したのが広島県共鳴会の山本正男（本名は山本政夫、一八九八〜一九九三）であり、山本は後に転じた中央融和事業協会では内部自覚運動や部落経済更生運動などを担うことになる融和運動の中心的人物であった。さきに全国融和連盟が国策確立を中心的な課題としていたことを述べたが、この方法は一九二六年五月一九日に多くの帝国議会議員によって結成された融和問題研究会と連携して、繰り返し帝国議会に働きかけることであった。

同愛会は初期の水平運動との協力を厭わなかったが、この初期の水平運動との協力が議論されることになったのが、一九二五年五月一六・一七日に中央社会事業協会主催のもと東京で開かれた全国融和事業大会であった。この大会は本来的に融和事業を主題とするものであったが、

一、日目に兵庫の藤本政治から「融和団体は水平社を如何《いか》に見るか」という緊急動議が提出され、議論が白熱化することになった。この緊急動議に対する賛成意見としては、同愛会の中西郷市が「我々は、水平社を先ず承認する。それは聽《やが》て政府を承認せしむる階梯であり、政府を承認せしむると云うことは、之《これ》を所謂《いわゆる》社会政策としてやらねばならぬ、此意味に於て私は、水平社の無条件承認と云うことを提唱して止《や》まない次第であります」と主張し、同様の意見が相次いだ。

これらは水平社承認論とも言うべきものであったが、あくまでも水平社の精神を承認したまでで、必ずしも差別糺弾闘争を承認したわけではなかった。これらの賛成意見を主催者の中央社会事業協会が肯定的に受けとめることはなく、九月二二日には国家主義を基調とする中央融和事業協会の設立へとつながっていった。そして水平社の精神を承認しようとする同愛会は、一九二七年七月三〇日に全国融和連盟とともに中央融和事業協会に吸収され、自主的な融和運動は終息させられることになった。

融和運動に関しては、一九二四年一〇月に梅原真隆《しんりゅう》(一八八五~一九六六)が中心となった浄土真宗本願寺派の一如会《いちにょ》、一九二六年三月の武内了温《りょうおん》(一八九一~一九六八)が中心となった真宗大谷派の真身会《しんしん》が設立されたが、必ずしも全国水平社に対抗するものではなかった。また軍人の宮地久衛《ひさえ》(一八七六~一九三九)と中村至道《しどう》(一八九三~一九六〇)は融和運動に参加したが、中村は『同愛』第二七〜二九号（一九二五年一〇〜一二月）に「水平社に謝罪せよ」という論説を連載し、差別する立場として水平運動に対して共感を示すことになった。

山本正男は、水平運動を最も深く理解して共感さえ抱いていた融和運動家として多くの論説を発表していた。しかし山本は、『融和事業研究』第三輯（一九二九年一月）に「水平運動の凋落《ちょうらく》過程と新展開の成否」という論説を載せ、社会民主主義系が主導した新たな運動方針書を検討して水平運動は発展の展望がなく凋落したと断じ、水平運動が担っていた役割を融和運動が継承し、「部落解放運動の中枢」として「部落解放の新運動を開始する」と主張するに至ることになった。

第 3 章
部落差別と糾弾闘争

福岡連隊内で組織された兵卒同盟（1927年11月）
前から2列目の左から2人目が中心人物の井元麟之［井元麟之資料・福岡県人権研究所提供］

1　徹底的糺弾の成立

†徹底的糺弾の論理

部落差別に対する抗議もしくは異議申し立てを意味する差別糺弾闘争は、全国水平社を軸とする水平運動の独自的かつ基本的な闘争形態であり、これを無視しては水平運動を理解することは困難であろう。しかし差別糺弾闘争は水平運動において一貫した論理と行動様式を保持していたわけではなく、徹底的糺弾、社会的糺弾、人民融和的糺弾、挙国一致的糺弾へと変容し、また全国水平社の部落差別認識と密接に関係していた。ここでは第一期の徹底的糺弾、第二期の社会的糺弾、第三期の人民融和的糺弾について説明し、第四期の挙国一致的糺弾については第6章で触れることにする。

周知のように「徹底的糺弾」という表現は、「はじめに」で述べたように、全国水平社創立大会で可決された決議の第一項「吾々ニ対シ穢多及ヒ特殊部落民等ノ言行ニヨッテ侮辱ノ意志ヲ表示シタル時ハ徹底的糺弾ヲ為ス」で初めて登場する。ここでは「穢多及ヒ特殊部落民等ノ言行」とあるように、「穢多」や「特殊部落民」などを用いた発言と行為の「言行」が問題とされ、しかも「侮辱ノ意志ヲ表示シタル時」が部落民に大きな痛苦をもたらす部落差別の集中的表現と認識された。

全国水平社創立大会において徹底的糺弾が可決されたものの、その対象と方法は必ずしも具体的に明確化されたわけではなかった。したがって各地水平社では、自らが差別言行と認識した対象に対して思いのままの方法で徹底的糺弾が展開されるようになり、全国水平社としての統一に混乱が生じることになった。そこで一九二三年三月二・三日に京都市で開かれた全国水平社第二回大会で、中心的な議題として徹底的糺弾の論理を深化させるための活発な議論が交わされることになった。まず徹底的糺弾の対象であるが、地域社会における日常的な差別言行のみならず、学校と軍隊における差別待遇、官公庁における公文書の差別記載が、徹底的糺弾の対象として明確化された。

次に徹底的糺弾の方法であるが、第二回大会で最も激しい議論となったのは、「一般民間に於いて穢多等の言葉を弄したるを見聞したる場合の態度に関する件」であった。提案者が「新聞紙に謝罪広告を為さしむることに、一定したしと思う」と述べたのに対し、「新聞紙と限定せず、従来通り直接行動に依るを可とす」との反対意見が出された。しかし、「直接行動のみに依り解決を為すは、不可なり。成るべく穏健なる方法に依る方法、仮《(例)》えば言論を以って糺弾するが如き方、妥当なり」との意見が出され、「直接行動とは、暴力を指するにあらず、部落民自身に於いて、言語又は言論により解決するものと解し」て可決された。

ここで注目されるのは「直接行動」の意味であるが、田所輝明（一九〇〇〜一九三四）が編集した『社会運動辞典』（白揚社、一九二八年）によると、本来的には「仏国のサンジカリストから起ったもので」、「職場、工場、市場に於ける闘争、即ちストライキ、サボタージュ、ボイコット等の産業行動」を意味していたが、「吾国に於いては、更らに俗用されて工場破壊、個人暴力」としても理解されていたように、徹底的糺弾において暴力が必ずしも完全に排除されたわけではなかった。ここで述べられた「サンジカリスト」とは、無政府主義と結びついた労働組合主義であった。

最後に徹底的糺弾と差別言行を取り締まる法律との関係では、「侮辱処罰の特別刑法設定を建議するの件」が重要であった。ここでは「法律よりも、矢張或る程度迄、吾々の直接行動によるが、有効と認むる」「現在の役人の頭では、法律が出来ても駄目と思う」「現在の社会では、法律などは無益である。要は現社会の根本的改造にある」などの意見が出て否決となった。つまり差別言行に対しては法律を制定して取り締まるのではなく、あくまでも直接行動を基本とした徹底的糺弾を堅持していくことが、確認されたのである。

全国水平社の徹底的糺弾論に基づきながら、各地水平社によって徹底的糺弾が展開されることになったが、その行動様式は必ずしも全国的には一律でなく、各地水平社によって個性的側面を有していた。そこで各地水平社の徹底的糺弾を網羅的に検討することは不可能なので、大正高等小学校差別糺弾闘争を検討することによって、行動様式の独自性を見ておくことにしよう。

奈良県南葛城郡大正村において、小林水平社によって闘われた大正高等小学校差別糺弾闘争は、全国水平社における初めての徹底的糺弾となったので、その原初的形態を検討するには格好の事例と思われる。一九二二年五月一五日、大正高等小学校に通学していた小林、鎌田、西松本という三つの区から通う児童約一五人が掃除当番として清掃にあたっていたが、これを見た楢原区の児童が「今日は穢多の掃除か」と嘲笑した。この差別発言を聞いた小林区の児童が憤慨して父母に伝え、これを聞いた父兄らは同夜に区内の光明寺へ集まり、憤慨のあまり児童宅を訪問して糺弾したところ、児童と保護者は大いに驚いて深く陳謝し、ひたすら赦免を乞うたので、その熱意を了解して引き上げた。

翌日の午前に木村京太郎、中島藤作《とうさく》（一九〇一～一九七二）ら小林区の二〇余人が校長に面会したところ、校長は「自己の不徳の至す所なり」と陳謝したが、これを一部の部落民は満足せず、このような侮辱を見過ごすことは部落民として認めることができないということになった。そこで同日の午後に青年団の木村京太郎や中島藤作ら五人が交渉委員となり、約一五〇人の小林区民とともに喇叭《らつぱ》を吹き鳴らしながら隊列を組んで学校を訪問し、再び校長と会見して担任教員の退職と児童の退学を要求する小林区としての決議文を手渡した。しかし校長は要求に応じなかったので、怒った小林区民は偶発的に校長とともに同席していた教員と楢原区長の大正村村会議員を殴打することになった。

御所警察署から出頭を求められた木村と中島ら七人が騒擾《そうじよう》罪に問われて起訴され、結果的には一二月二八日に四人が無罪となったものの、中心人物の木村と中島ら三人は有罪となった。これに関して木村京太郎は『水平』第二号（一九二二年一一月）の「桎梏《しつこく》より鉄鎖へ――（獄中記）――」という論説で、「熱狂せる我区民を駆って、直接行動を敢《あえ》てせしむるに到った」と述べたうえで、「而《しか》し之《これ》は、暴動でも学校を破壊したのでもない、吾等の正義の行動を蹂躙《じゆうりん》せんとした暴漢を懲《こら》しめたまでゝある」と擁護された。これは自らに下された騒擾罪を否定するだけでなく、「直接行動」による徹底的糺弾の正当性を主張したものとしても重要である。

徹底的糺弾においては水平社から謝罪が必ず要求されたことから分かるように、差別した者が自らの非を認めて差別された者に対して許しを請う行為である謝罪は、差別言行に対する重要な解決方法であった。謝罪における責任に関して軽重の順序は、口頭謝罪、直筆の謝罪書、印刷された謝罪状、新聞に掲載された謝罪広告となる。このうち直筆の謝罪書から新聞に掲載された謝罪広告までは謝罪状と総称されるもので、基本的に「謝罪」「陳謝」「謝罪状」「証」などの表題、簡単な本文、年月日、文書主体、宛名の記載を備えた文書の形式において共通していた。ちなみに最も早い印刷された謝罪状は、次の奈良でのものである。

証

小生妹儀、今般穢多云々と申たる件、謝罪仕《つかまつり》候也

追而《おって》、謝罪広告二千枚、作製相渡申候也

大正十一年九月八日

生駒郡龍田町

太田吉太郎㊞

西穴闇《にしなぐら》水平社

御中

実に簡単な文面であるが、これを例外として差別の拡散を防止するため本文に「穢多」などを用いた差別言行の内容が記されることは少なかった。また文書主体は差別した者が子どもの場合は父親、妻の場合は夫、高齢者の場合は長男、被雇用者の場合は雇用者となる場合があっ

たように、責任の所在をめぐっては家父長とジェンダーに関する意識が反映されることもあった。

徹底的糾弾闘争の代表的な事例を紹介したが、差別糾弾闘争の全国的な件数を見てみたい。これについて全国水平社が集計したことはないので、司法省の研究員であった長谷川寧が一九二七年一二月に著した『水平運動並に之に関する犯罪の研究』、内務省警保局『社会運動の状況』の各年版などから作成した表3によって示しておこう。

これによると、差別糾弾件数は徹底的糾弾の時期に限定すると、一九二二年こそ六九件であったが、一九二三年が八五九件、一九二四年が一〇四六件、一九二五年が一〇二五件を数えた。また水平運動全体を通しては徐々に減少の傾向を見せ、日中戦争以前での最低の数値は一九二九年の四八二件であったが、一九三四年には八二四件と増加することになった。このすべてが水平社による徹底的糾弾ではないと思われるが、ともかくも数量的なピークは水平運動の三年目にあたる一九二四年であったことは明白である。また被検挙者数は、一九二四年から一九二五年と一九三三年から一九三五年という二つの時期が多かったが、これは差別糾弾件数のピークと同じであった。

徹底的糾弾闘争は各地で激しく展開されたが、群馬での一九二四年八月二八日の里見水平社解散に帰結する高崎区裁判所襲撃事件の前段としての、同県碓氷郡での一連の徹底的糾弾闘争などは、警察権力から弾圧を受けることが多かった。これをふまえて群馬県水平社第一回協議会が一九二三年七月二三日に開かれ、徹底的糺弾を見直すために「糾弾に関する件」が決定された。

『関東水平運動』第二号（一九二三年八月一五日）によると、「一、糾弾《ママ》は務めて穏健を旨《むね》とし、水平運動の真精神に適合することを本領とし、其《その》効力に重きを置き、国家の法規に違反せざる様《よう》注意を払うこと／二、糾弾《ママ》事件は事の大小に拘《かか》わらず、一応本部に照会し、本部の意思を尊重して実行すること／他の水平社より応援を求むる場合は、必ず本部に照会すること／

表3 差別糺弾件数と被検挙者

年次	糺弾件数	被検挙者	
		件数	人数
1922	69		
1923	859		
1924	1,046	75	157
1925	1,025	75	276
1926	825	30	97
1927	567	34	109
1928	620	30	54
1929	482	22	58
1930	552	13	48
1931	615	14	44
1932	652	16	99
1933	752	81	150
1934	824	51	142
1935	715	78	165
1936	650	59	73
1937	474	49	20
1938	499	17	31
1939	417	13	20
1940	373	3	24
1941	348	9	12
1942	294	4	19
計	12,658	673	1,598

但《ただ》し大急ぎの突発事件は、突発と同時に本部へ急報すること／尚《なお》事件の経過は、必ず本部へ報告することなど」という内容であった。

これは全国水平社の指示によって作成されたと考えられ、府県水平社の段階においても徹底的糾弾についての統一が図られることになったが、注目されるのは徹底的糾弾に際しては「穏健」かつ「国家の法規に違反せざる」ことが強調されたことである。

†官憲からの危険視

徹底的糾弾闘争に対して厳しい認識を示したのが、警察行政を所轄する内務省警保局であった。内務省警保局は一九二二年一二月五日に調べた『水平社運動情況』で、徹底的差別糾弾闘争について「彼等は、多年一般民より受けたる圧迫に対する反抗と其の残虐性とに依り、糾弾に当り相手方の謝罪あるに拘わらず、動《やや》もすれば狂暴の行為に訴えんとし、殴打《おうだ》傷害を加え、或《あるい》は夜陰多数を以て他人の家宅を襲い、又は小学校児童等をも乱打せるの例、一再ならず」と捉え、「部落民対一般民の騒擾と化せんとするの状況を呈するに至り、極めて危険の虞《おそれ》ありと云うべく、彼等の所謂糾弾運動は各種の弊害を生ずるを以て、厳重取締の必要あるを認めらるゝものなり」と述べた。

この内務省警保局の認識と軌を一にするように、奈良県警察部長は一九二三年四月九日に

「糺弾行為取締に関する件」を発し、「所謂差別的又は侮辱的言動をなしたりと称し、之を糺弾する為、多人数押掛くることは、之を避けしむること／脅迫的糺弾行為に対しては、警察犯処罰令（強談威迫等）又は刑法（脅迫罪等）に依て処置すること／謝罪に就て新聞広告、印刷物は之を要求せしめざることとし、謝罪状も成るべく取らしめざる様諭示し、事を談笑の間に解決する様にすること」との方針が示された。また学校における徹底的糺弾の激発を憂慮したため、奈良県内務部長は四月一三日に各郡市長と各学校長に「糺弾運動と学校との関係に関する依命通牒」を発し、「教権の維持、教育の振興上、夫々《それぞれ》十分の注意を与うるは勿論《もちろん》、万一学校内に於て直接糺弾的事件の発生したる時は、学校当局は其の渦中より超然たる態度に出て、直に警察官署に急報」することが指示された。

奈良県と同様に徹底的糺弾が激しく展開された京都府でも、警察部長が一九二三年一二月に作成した『水平社に対する今後の対策に就《つい》て』によって、「直接糺弾を彼等は昨年以来決議し実行し、差別撤廃運動の独特の方法として、公然此《こ》の手段を採り居れるが、其大部分は警察犯処罰令乃至《ないし》刑法の条項に触れるものにして、取締方針の（司法省、内務省）確立せざりし為め、実刑に処せられたるものは、全国僅《わずか》に数件に過ぎざるも、其の実、殆《ほと》んど国法を無視したる行動と謂うも憚《はばかり》なきが如し」との認識を示し、「安寧秩序を紊《みだ》すものと認むるを以て、内務大臣は治安警察法により水平社の任意解散を諭示し、若《も》し応ぜざる時は強制的に禁止を命ずること」という厳しい措置の必要性を進言するほどであった。

このような認識に基づいて徹底的糺弾は官憲によって危険視され、時には徹底的糺弾の先頭に立った水平社同人が検挙され、刑事裁判によって処罰されることも少なくなかった。司法省が一九二八年にまとめた『思想犯罪輯覧《しゅうらん》』によると、罪名は刑法に対応しては騒擾《そうじょう》罪、脅迫罪、恐喝罪、往来妨害罪、公務執行妨害罪、強要罪、傷害罪、業務妨害罪、恐喝未遂罪、暴行罪、監禁罪、詐欺罪、脅迫未遂罪、毀棄《きき》罪、他の法令に対応しては爆発物取締規則違反、銃刀火薬類取締法違反、暴力行為等処罰ニ関スル件違反、新聞紙法違反であった。

これを反映するかのように、『水平運動並《ならび》に之に関する犯罪の研究』を執筆した福岡地方裁判所検事でもあった長谷川寧は、法律的な観点から「水平運動対策」として「私は、彼等の所謂糺弾権の存在を否定する者である。従来彼等の為し来った所謂糺弾権の行使状態を見るに、恰然《こうぜん》差別言動者に対する復讐であり、直接行動であり、私刑であった。又一面からみると、世間に対する挑戦的態度であるかの様に思われた」と述べて憚《はばか》らなかった。

†社会からの危惧

ここで注目すべきは、徹底的糺弾の対象となった差別言行の内容である。まず差別言行の内容であるが、多様な諸史料によると、単なる「穢多」「新平民」「特殊部落民」「長吏」「四つ」

「四つ足長吏坊」などの使用による侮辱だけでなく、「お前は穢多の癖に」「ド穢多は致し方ありません」「其様《そのよう》な事をする者は穢多なり」「此特殊部落の者めが」など「侮辱ノ意志」を表現した差別発言が多かった。また部落民に不利益をもたらす「特殊部落民に対し家屋を貸与すべからず」、水平社同人を侮辱する「水平社の人間は何処《どこ》かに卑劣な処がある」「水平社もクソもあるものか」との差別発言があり、部落民に対して四つ足の動物を表すために四本の指を示すなどの差別行為もあった。しかし地域社会で実際に使われた差別呼称は、例えば奈良では「穢多」が圧倒的に多かったという。

地域社会において日常的に起こる差別言行は部落民から怒りを買ったため、各地水平社による徹底的糾弾の対象となった。差別した多くの者は謝罪することになったが、これに必ずしも納得していない者も存在していた。例えば協調会史料によると、一九二三年一一月に大阪では雇用していた竹という少女による「おじさん、下駄の鼻緒は西浜の穢多がつくるものですね」との差別発言によって、雇用者が新聞に謝罪広告を掲載した。しかし雇用者は「謝罪広告に、百円七十銭も費し馬鹿を見たが、あれで事なく済めば結構です。水平社の人は、恐しい人ですね。あれでは世間の人は、水平運動に対して同情しません。あんな問題で竹を解雇する様な狭量な男ではありません」と密かに述べ、「案外平気」であったという。

このような影の声で収まることなく、徹底的糾弾闘争が大きな事件を引き起こすこともあった。いわゆる水国《すいこく》争闘事件と呼ばれる契機は、一九二三年三月一八日に奈良で嫁入り道具が部落に運ばれるのを見ていた近隣の住民が、四本指を出して部落を侮辱するという差別事件であり、これを水平社が糾弾したところ大日本国粋会が仲裁を申し出たものの会談が決裂したことにあった。そして水平社と大日本国粋会双方の多数が武装し、ついに衝突して多大な犠牲者を出したが、主として水平社側が騒擾罪に問われる結果となった。

また一九二五年一月には群馬の世良田《せらだ》村で水平社による差別糾弾闘争があり、これを恐れた周辺住民は部落に対する差別意識を保持して、水平社が組織された部落を襲撃し、放火、略奪、婦女子への暴行など暴挙のかぎりを尽くした、いわゆる世良田村事件である。この二つの事件は新聞で大きく報道され、水平社と差別糾弾闘争は社会から大きな注目を集めるようになったが、水平社に恐怖心を抱かせることにもつながった。

徹底的糾弾によって差別した者が謝罪に応じなかった場合には、調停によって解決に導かれた。調停を担ったのは主として所轄警察署の署長と警察官、市長や村長、町長、学校長、それに融和団体などであった。これらの人びとと団体は地域社会における秩序を安定的に維持するため、徹底的糾弾を警戒しつつも否定することなく、差別した者を説得して軽微な謝罪によって解決に至るよう、ことが拡大して騒擾化もしくは社会問題化するのを嫌って最大限の注意を払うことになったのであろう。これと関連して、徹底的糾弾を危惧する見解が相次いだ。

融和運動の立場に近い歴史研究者の喜田貞吉は、『民族と歴史』第七巻第四号（一九二二年四月）の「学窓日誌」で、全国水平社創立大会で可決された徹底的糺弾の決議について「実際上、団結の力よく之を為すではあろうが、それは単に公衆又は是等諸氏の面前に於いてのみ、其の表示を禁止し得るものであって、蔭にあっては却《かえ》って一層其の甚《はなはだ》しきを加えるの虞《おそれ》あることも顧慮せねばならぬ。議論や腕力はよく他の言語行動を束縛することが出来るが、未だ以って其の意思を束縛するの力はない」と述べた。これは、徹底的糺弾によって表面的には差別的言行を抑制できても、侮辱の意思をなくすことは不可能であることを危惧したものであった。

中央社会事業協会地方改善部の三好伊平次は『融和』第一巻創刊号（一九二五年二月）の「糺弾の一考察」という論説で、「表面に現れた糺弾の行為、其儘《まま》を直ちに讃美するものではない。団結の力によって要求することを、最善の方法と云うのではない」と述べ、「今尚《いまなお》差別意識に捉われているものにして、真個《しんこ》に此差別に悩んでいる人々の遣《や》る瀬《せ》ない此悩みの深刻味を知ることができるならば、如何《いか》に冷酷の人と雖《いえど》も、どうして侮辱の行為をし得られよう。侮辱さえしなければ、糺弾事件は起り得ないのである」との危惧を示した。

2　社会的糾弾への転換

†社会的糾弾の論理

徹底的糾弾が展開されるとともに、これに対する疑問が共産主義派の全国水平社青年同盟から呈されるようになった。全国水平社青年同盟は、『選民』第九号（一九二四年一〇月一五日）の「徹底的糾弾の進化―二期運動の神髄―」という論説で、「徹底的糾弾は、単に部分的闘争にのみ行われるゝものとは限られていない。支配階級に対する全部落民の大衆的抗議、これが吾々の糾弾行為の最後の帰着点である」との大胆な見解が示されることになった。

この全国水平社青年同盟の主張は、全国水平社に対して影響を及ぼさずにはおれなかった。まず全国水平社が『水平新聞』第四号（一九二四年九月二〇日）に載せた「戦線を俯瞰《ふかん》して―水平運動と糾弾の意義―」という論説で、「徹底的糾弾を積重ねた丈《だ》けで、差別が撤廃されると思うのは、甚だ早計だ」と述べ、「水平運動は『糾弾』以外に、もっと大きな使命を有している事を忘れてはならない」とした。

また『水平新聞』第四号（一九二六年二月一日）の「徹底的糾弾の一考察―賤視観念の絶滅

に関する我等の態度―」という論説では、「我等は部分的なる個人の糺弾を徹底せしめると同時に、その個人に斯《かく》の如き生活をなさしめる社会制度の欠陥を糺弾して、そこに賤視観念の存続すべき余地なきまでに改造せねばならぬ」と力説された。つまり徹底的糺弾は、重視されつつあった資本主義のもとでの部落民の生活難や階級支配などを打破しようとする階級闘争として位置づけられ、差別した個人だけでなく差別と生活難をもたらす社会組織と社会制度をも対象とし、賤視観念の撤廃のためには社会改造をも目標にするという新しい論理に組み替えられていったのである。

一九二六年五月二・三日に福岡市で開催された全国水平社第五回大会では、「第五回大会宣言（草案）」（『水平新聞』第七号、一九二六年五月二〇日）は保留となったものの、ここでは「水平運動は、今や旧指導精神より脱せんとする嵐と悩みの中より更生した。展《ひら》け行く第二期闘争の曠野を前にして、我等はその糺弾をたゞに個々の差別的事実に止《とど》めず、それを支持し容認せる不合理なる社会組織に迄徹底せしめる」という差別糺弾に関する新たな方向が示された。

そして一九二六年八月五日に大阪府水平社本部で開かれた全国水平社第一回中央委員会では、「各地の差別事件頻出に就て」という議題が議論され、「個人的糺弾よりも、社会的糺弾をなすこと」（『水平新聞』第一〇号、一九二六年九月一日）が可決された。このように徹底的糺弾を意味する「個人的糺弾」に対比して、必ずしも内容が明確でないものの「社会的糺弾」という新しい命名が登場するようになったのは、差別糾弾闘争の新たな段階を画する認識として極めて象徴的であろう。

一九二七年一二月三・四日に広島市で開催された全国水平社第六回大会では、『第六回全国水平社大会議案綴』の「水平運動第五年度／一般運動経過報告」で、「青年団に加盟さゝないとか、病院の薬剤師に採用せないとか、祭典に参加させぬ、区を統一せない等の団体的差別待遇、軍隊内、学校等に於ける差別事件、村長、区会議員、村会議員、県会議員、さては女学校教師、軍事教官、刑務所長、政府自身等が差別する等の問題が次々と起され、之《これ》に対する我等の徹底的糾弾の闘争に対し、支配階級は陰に陽に妨害、圧迫を加え、之に対して亦《また》我々も単なる個々の差別に対する個々の糾弾なり、全部落民的な大衆的糾弾の必要性が叫ばれ、更に政府の弾圧政策、懐柔政策と闘うために、全階級的な政治闘争に迄進出して来た」と報告された。

一九二五年からの徹底的糾弾に対する反省をふまえ、社会組織と社会制度を対象として階級的意義を鮮明にして闘う、本来的な意味において社会運動団体としての全国水平社が担うに相応しい社会的糾弾という新たな命名による闘争形態に転換していくことになった。しかし差別糾弾闘争の階級的意義を重視しつつ、一方では奈良の共産主義派が中心の大福水平社のように、従来からの徹底的糾弾が穏健化しつつも継続され、他方では新たな社会的糾弾が登場するようになり、いわば従来からの徹底的糾弾と社会的糾弾との併存もしくは二重構造という新しい傾向が顕著になっていった。

†軍隊内の部落差別

社会的糺弾闘争の代表例となった福岡連隊差別糺弾闘争を見ていくが、その前に軍隊内での部落差別について述べておくことにしよう。明治維新政府は富国強兵を実現するため、国民皆兵を基本とする徴兵令を一八七三年一月に発した。このもとで男子は満二〇歳になると徴兵検査を受けて選抜され、三年間にわたって軍隊に入営する義務が課せられることになった。部落民も徴兵検査で選抜されると、同一地域の他の国民とともに同じ軍隊で共同生活を送らなければならなかった。しかし部落民の兵士は自らの出身を容易に暴かれ、他の兵士から苛酷な差別を受けることが多く、また厳しい規律を重んじる軍隊では上官が部落差別に加担することさえあった。

全国水平社が創立された年である一九二二年一〇月二三・二四日の二日にわたって、内務省によって各府県主任者を集めて部落改善協議会が開かれ、そこに内務省の依頼を受けて陸軍省からも参加した。陸軍省歩兵少佐の大村豊輔による一〇月二五日の「部落改善協議会に関する報告」では、「軍隊宿営の際、部落（旧称特種部落、以下仝《おな》じ）に宿営を忌避し、甚しきに至りては設営終了後に於て、更に設営を変更し、宿泊せざることあり」「身上明細簿中、部落出身者に付箋、或《あるい》は欄外に赤○印をなす等取扱上差別せらるゝ中隊あり」「部落出身者にして水平社に出入したる為、上等兵候補者を免じ靴工卒を命ぜられたる者あり、此等《これら》は部落出身の故を以て虐待せらるゝの感想を生ずるを以て、人事取扱上注意を望む」などの部落差別が紹介された。

一九二八年五月三〇日に近衛師団長の長谷川直敬から陸軍大臣の白川義則（一八六八〜一九三二）に報告された「要注意兵卒に関する件報告」によると、大阪市の部落出身である近衛歩兵第三連隊第一一中隊歩兵二等卒は、五月四日の第三大隊特別射撃訓練の際に「兵卒相互間の談話中、偶然にも特種部落民に関し話題に上りたる」ことを聞いて、「軍隊内にありても、今尚《いまなお》部落民に対し賤視差別の観念を有するものあるを想い、寂莫無情の感をおこし、茲《ここ》に一時的感情の激変を生じ、直訴せんとの念慮を抱」いた。そして小学校時代の無二の親友に手紙を書き、これが新聞に発表されたため大きな問題となった。この兵卒に対しては「真に改悛《かいしゅん》の域に達するまでは、守衛勤務は勿論、単独勤務に服せしめ、適切なる監督をなす」「通信其他外出、外来人に対しても細密なる注意を為す」という厳しい監視下に置いた。

陸軍省に関する二つの報告を紹介したが、これらからは軍隊内の部落差別とは、第一に軍隊による部落に対する宿営の忌避と拒否、第二に部落民兵卒の特定による差別的な取り扱い、第三に部落民兵卒を進級させない、もしくは進級を遅らす、第四に部落民兵卒の靴工卒への懲罰的な配属、第五に軍隊内での兵卒による差別発言、という五つの形態であった。

いずれにしても、当然のごとく軍隊内での兵卒による差別発言が最も多かった。これは同一地域から軍隊という密閉されかつ狭い空間に顔馴染みのものが共同生活を営むだけに部落民であることが容易に知られることになるので、軍隊は学校と同じく地域社会における部落差別の縮図としての意味をもち、それ故に暴かれることを極度に恐れた部落民にとっては苦痛に耐えがたい場所であった。

†福岡連隊差別糾弾闘争

水平運動において軍隊内差別が初めて議論されたのは、一九二三年三月二日から三日にかけて京都市で開かれた全国水平社第二回大会であった。三重県水平社と兵庫の龍野水平社から提案された「軍隊に於ける差別に関する件」と「軍隊内差別に就き陸海軍大臣に反省を促すの件」では、「陸海軍隊内に於ては今尚《いまなお》差別観念存し、特殊民なるが故に蔑視せらるゝ実例、枚挙に遑《いとま》あらず、斯《かく》の如きは先帝陛下の五ケ条の御誓文に反するものにして、遂《つい》には吾人特殊民の徴兵忌避者を続出し、進んで徴兵制度を否定するに至らしむる虞《おそれ》あり」と説明され、満場一致の賛成によって陸海両大臣に反省を求めることになった。

そして木村京太郎と高橋貞樹が起草した両大臣に対する抗議書が発表され、大会後の三月九日から一五日にかけて、中央執行委員長の南梅吉と中央執行委員の平野小剣、栗須七郎は、総理大臣の加藤友三郎（一八六一〜一九二三）や内務大臣の水野錬太郎ら政府関係者を訪れ、抗議書を手渡した。

また一九二六年五月二・三日に福岡市で開かれた全国水平社第五回大会において、水平社青年同盟福岡県連合会から「軍事教育反対の件」が提出された。山本作馬《さくま》（一九〇三〜一九六六）は「支配階級は軍教の名の下に、無産階級の青少年をブルジョアの勢力下に統制せんとしている。吾々は、之に対して大いに反対せねばならぬ」（『水平新聞』第七号、一九二六年五月二〇日）と説明し、満場一致で可決されることになった。

全国水平社による軍隊内差別に対する糾弾闘争として確認できる最も早いものは、一九二四年三月の熊本県の在郷軍人会での差別発言であり、糾弾した水平社員が暴行に及んだため傷害罪に処せられた。七月には奈良の福本義乗が京都の伏見工兵第一六連隊で差別撤廃の講演をおこない、奈良県水平社は入営中の部落兵士を調査し、軍隊内の差別事件を糾弾しようとした。この年には兵庫の篠山歩兵第七〇連隊で大阪出身の部落兵士が差別発言を受け、大阪など近畿圏の水平社が糾弾闘争をおこなった。

それでは、本題の福岡連隊差別糾弾闘争を述べることにしよう。一九二六年一月、水平社青年同盟福岡県連合会の井元麟之《りんし》（一九〇五〜一九八四）ら約一五人の部落民の兵士が福岡歩兵第二四連隊に入営し、軍隊内差別と闘うため密かに兵卒同盟を組織した。入営早々に機関銃隊で差別を受けた部落民の兵士は地元水平社に連絡し、水平社は地元の在郷軍人会と協議のうえ二月六日に機関銃隊隊長に抗議するなど、福岡連隊差別糺弾闘争を開始した。これに対応して、隊長は「連隊長と相談のうえ差別撤廃講演会を開くようにし、その結果は追って通知する」と答えた。しかし通知がなかったため水平社は抗議と交渉を繰り返し、ようやく七月二日に七月下旬までに福岡市記念館で連隊主催の融和促進講演会を開くことを約束した。

ところが七月一八日になって、憲兵隊長と連隊長は「全国水平社本部、水平社九州連合会の名によって、謝罪講演会を開くなど軍隊を侮辱する意味の文書を撒く事実があったので、約束した条件は破棄する」と一方的に通告してきた。この文書とは七月五日の全国水平社本部と全国水平社九州連合会の連名によるビラのことであり、そこには「勝利解決」「連隊当局の屈服」「謝罪講演会」などの表現があったため、それを水平社側の背信行為と見た憲兵隊長と連隊長は軍隊の威信のために約束を破ったのであった。

そこで水平社は福岡連隊に抗議するため、糺弾講演会や部落民大会の開催だけでなく、在郷軍人会や青年団、処女会、青年訓練所からの脱退、福岡連隊への入営拒否などの運動をおこなおうとした。この運動に対して労働農民党福岡県支部連合会や日本労働組合評議会九州連合会、日本農民組合福岡県連合会なども支援し、無産階級の反軍的な一大闘争として発展していった。

しかし一一月一二日、福岡地方裁判所や関係府県の警察部は「福岡連隊爆破陰謀事件」の容疑により、突如として全国水平社中央委員会議長の松本治一郎、本部理事の木村京太郎ら一五人を検挙した。この「福岡連隊爆破陰謀事件」とは、明らかに闘争の発展と反軍的な意識の高まりを恐れた軍部をはじめとした支配層の水平社や無産階級団体に対するデッチあげかつ弾圧であった。一九二七年五月二日から福岡地方裁判所で第一審の公判となり、水平社は福岡連隊に対する差別糺弾闘争とともに、福岡地方裁判所での公判闘争を闘うことになった。しかし一九二七年六月六日、「治安を妨ぐる目的を以て爆発物を使用せんことを共謀したる」として松本ら一一人が有罪判決を受けることになった。

この福岡連隊差別糺弾闘争は、明らかに社会的糺弾闘争の典型例であった。そして福岡連隊差別糺弾闘争を契機として軍隊内差別を訴えるために引き起こされ、社会を大きく震撼《しんかん》させたのが、一九二七年一一月九日の北原泰作による天皇直訴事件であるが、これについては第4章で述べる。また一九三〇年の四月から八月にかけて、愛知で豊橋連隊差別糺弾闘争が闘われ、基本的に勝利することによって終息した。

†陸軍省の差別糺弾認識

このように福岡連隊差別糺弾闘争が闘われたが、問題は陸軍省が軍隊内の部落差別と水平運動をどのように認識していたかである。さきに近衛師団長から陸軍大臣に宛てた「要注意兵卒に関する件報告」という報告を紹介したが、部落出身二等卒は「水平社及《および》其他の団体に加入しあらず、寧《むし》ろ水平社運動を否認」していたが、連隊長は今後の処置として「将来、本事件より惹《ひ》いて水平社対軍隊との葛藤を生ぜざることに関しては、細心且《かつ》深甚の注意を払うこと」を強調していた。すなわち陸軍省は、軍隊内で差別事件が発覚した場合は、部落出身の兵卒を監視するとともに、これを水平社が察知して軍隊に対する差別糾弾闘争へと発展させないように最大限の注意と警戒を怠らなかったのである。

また陸軍省は「日本将校の外《ほか》閲覧を禁ず」と表紙に書かれた『調査彙報《いほう》』第一五号(一九二九年一〇月)に「水平運動の概況と対軍部問題」を載せた。ここでは、「軍隊の差別待遇撤廃と云うことが、水平社同人に依って叫ばれる。併《しか》し之は大変な誤りであって、軍隊は決して何人《なんぴと》に対しても差別待遇はして居らぬ。構成分子たる軍人が其身分の上より、一切無差別平等であることは、軍成立の根本であり、之に基きて教育せられ指導せられて居る」と主張した。

そして結論として、「軍は、又水平運動に限らず、種々の事件に関しては、自立的に適切なる処置を講ずべく、断じて外部の要求により、其の作用を受けて動くべきものではないことを忘れてはならぬ」との基本方針を断固として堅持することを強調し、「已往《きおう》の軍隊対水平運動の実際を通観するに、軍隊の処置適切であったところは能《よ》く軍の威信を保つと共に、真に軍隊の実情を諒解せしむることが出来たが、之を誤ると益々対手《あいて》の反感を募《つの》らしむるものである。其適切と認められるのは、要するに軍存立の根本義に立脚し、正しく軍の方針に基いて水平社に対したものであって、一定の方針なく徒《いたず》らに憤慨し、濫《みだ》りに同情したところは概《おおむ》ね失敗に終って居る」との歴史的な総括を付け加えることも忘れなかった。

さらに陸軍省は『調査彙報』第三五号（一九三四年三月）でも「国内思想（社会）運動概観 其一」を特集し、「水平運動」に注目した。そのなかの「既往に於いて軍に及せる影響」では、「軍内差別事件に基くもの（大部分）」と「反軍策動（一部、近来）」に注意を促した。そして軍隊内の差別事件を、一九二一年が一件、一九二二年が三件、一九二三年と一九二四年が一六件、一九二五年が一七件、一九二七年が二一件、一九二八年が三件と報告した。

結論的に「現在の動向」では、「反軍的策動が著しく目立って来た。是は今後共産系の活躍と共に愈々《いよいよ》、激成されるものと思われる」と述べ、共産主義による反軍運動を警戒した。この認識をふまえ、具体的には「反軍策動に於ても、特に軍組織に対する積極的策謀が、近来の其指導方針なるが如き動向あるは注意を要する。即ち在郷軍人団並《ならび》青年団に対しても、真正面より之が存在反対を唱えていた従来の態度を改めて、其組織中に積極的に侵入するの戦術に出て来たことは、此間に於ける彼等の方針を物語るものである」と述べられ、注意と監視を継続することが促された。

3　人民融和的糺弾への再転換

†結婚をめぐる部落差別

人民融和的糺弾と呼ばれる闘争の典型例は、全国水平社史上で最大の全国闘争となった高松結婚差別裁判糺弾闘争であるが、これを述べる前にその前提となった結婚をめぐる部落差別について説明しておこう。日本社会が明治維新によって婚姻を含めて近世身分制を廃止したといっても、部落民衆の結婚は実態的に部落民衆同士に限られていた。しかし部落民衆が密かに非部落民衆と結婚することも生じてきたが、これが明るみになった場合は、大きな問題とならざるを得なかった。

一九〇〇年二月、部落民衆の男性は自らの立場を明かさず非部落民衆の女性と結婚したが、女性が男性のことを知るに及んで婚姻取消を提訴し、これを一二月に広島地方裁判所は判決で認めた。『法律新聞』(一九〇三年三月一六日)によると、その理由は「旧穢多の家に生まれたる者にてありながら、其事実を告げざる」、つまり男性が部落民衆であることを女性に告げなかったことが判決の根拠とされたのである。この背景には、近代天皇制の成立と軌を一にして成立した一八九六年の民法と関連して、血統意識と深く結びついた家意識の濃厚さが指摘されている。

全国水平社創立直前では、部落女性から結婚をめぐる部落差別について、公然と批判が投げかけられるようになった。まず『青十字報』第三号（一九二一年七月二八日）に掲載された大阪の部落女性である中西千代子による「物心覚えてより自覚する迄」という談話によると、中西は大阪市内の西浜部落の裕福な家庭で育ち、親の反対を押し切って非部落青年と結婚して子どもまでもうけたが、部落民であることが知れて結婚は破局となった。そして家族からも「親を嫌い、一族を嫌う不孝者だ」と責められ、「人生最大の悲劇」を味わうことになったが、木本凡人と出会うことによって「泣いている場合ではない」と決心し、自らの被差別体験を語ることによって、部落差別がいかに不幸をもたらすものであるかを社会に訴えようとした。

また『主婦之友』第五巻第七号（一九二一年七月）に掲載された「淡路島・悲しき女性」による「新平民と知れて離婚された私」という論説では、一八歳で神戸に出て京都生まれの非部落男性と結婚して二年間は幸せな家庭を築いていたが、自らが「新平民」であることが周りに知れて離婚せざるを得ず、二人の子どもを引き取ったが、それでも離婚してから七年を経た現在も夫は人目を忍んで会いに来て、陰から慰めてくれた。そして「なぜ世の人は、このように身分を隔てるのでしょうか。同じ人間として生まれながら、人の世が厭わしくなります。なぜ今の世に新平民などという悲しい身の上を迫害するのでしょうか」と嘆くばかりであった。

中西も淡路の女性も、部落差別によって離婚せざるを得なかった。内務省社会局が一九二二年六月にまとめた『部落改善の状況』によると、一九二一年三月現在で、結婚数では「部落民間の婚姻」が一万一九二一件であったのに対し、「普通民との婚姻」はわずか四二七件と三・五％にすぎず、部落民衆と非部落民衆との結婚はきわめて少なかった。しかも「普通民との婚姻」の場合でも、部落に生まれ育ったことが知れると往々にして離婚の憂き目に遭わなければならない場合が多く、しかも部落男性よりも非部落男性に嫁ぐ部落女性の方が深刻であったように思われる。

†高松結婚差別裁判糺弾闘争

それでは、高松結婚差別裁判糺弾闘争について述べることにしよう。高松市の部落に住んで古物商を営む兄弟は、一九三二年一二月一五日に一般女性と知り合い、弟は女性と結婚の約束を交わして同棲するにいたったが、八日後の二三日に誘拐の容疑で高松警察署に逮捕された。この二三日に女性は結婚相手が部落民衆であることを高松警察署から知らされて結婚の意思を翻し、これを知った父親は二人を告訴した。

高松警察署は二人が結婚のために女性を誘拐したと判断し高松地方裁判所に送り、予審判事によって二人は訊問を受け、「特種部落の出身」を隠して結婚しようとしたとの予審終結決定により、公判に付されることになった。高松地方裁判所でおこなわれた公判で、検事は「抑々《そもそも》結婚をするには互いに身元調をし身分、職業、その他総てのことを明し合い、双方納得の上、結婚するのが世間の習慣である」「特殊部落民でありながら自己の身分を隠し」などとの論告をおこない、結婚誘拐罪による懲役一年六カ月を求刑した。そして一九三三年六月三日、判事は結婚誘拐罪であると認定し、一人に懲役一年、もう一人に懲役一〇カ月という判決を下した。しかし二人は控訴しなかったので、結婚誘拐罪という判決は確定し、裁判費用の一切を支払うとともに懲役刑に服することになった。ここで何よりも問題とされたのは、検事自らが「特殊部落」と表現して憚らなかったことである。

この裁判に対して全国水平社香川県連合会は早くから取り組んだが、内部で意見対立があり、全国水平社は六月二四日から現地に乗り込んで、闘争を指導するようになった。そして全国水平社は、部落民が身分を隠したことによる結婚誘拐罪という差別裁判の取り消しを求めて全国的闘争を呼びかけ、これを受けて全国水平社府県連合会では演説会などを開いて闘争が全国化していった。またスローガンのひとつとして「差別裁判を取消せ！　然らずば解放令を取消せ！」を採用し、「『特殊部落』という名は、差別され迫害されることが当然であるかの如く合理化するため、支配階級が勝手に付けた呼称である」「我々は支配階級から圧迫を被《こうむっ》て来た部落だから、当然「被圧迫部落」と呼称することが正当である」と述べ、自らに対して「被圧迫部落」という呼称を用いることになった。

全国水平社は裁判の部落差別という側面に対しては糾弾闘争で闘ったが、有罪が確定したという裁判の側面に対しては、法的に闘いを進める必要があった。全国水平社中央委員会議長の松本治一郎らは自由法曹団と労農弁護士団を訪ねて協力を取りつけ、司法大臣の小山松吉（一八六九〜一九四八）を訪ねて抗議し、調査を約束させた。何よりも重要であったのは、確定判決に法令違反があるとして、検事総長に非常上告を要求して大審院に違反部分を破毀させることであった。そして従来から全国水平社に支援を惜しまなかった労農弁護士団の布施辰治の紹介によって、マルクス主義法学者として著名な平野義太郎（一八九七〜一九八〇）が八月中旬に「非常上告に関する上申書」を書き、検事総長の林頼三郎《らいざぶろう》（一八七八〜一九五八）に提出された。

これらの要求へ世論を盛り上げるため、全国水平社は全国的に署名活動を展開し、さらに米田富を団長とする請願隊を組織して一〇月一日から一九日まで博多から東京に向けて列車で移動しながら行進をおこなった。そして全国水平社は、一〇月二〇日と一一月八日に司法大臣の小山松吉と会見をおこない、四万筆に及ぶ署名を差し出して調査結果の回答を求めた。しかし小山は「判決文の中には差別的字句及び、差別的な態度で判決したということは見られない。

だが、予審決定書や訟訴事実の中に差別用語のあったことは遺憾に思う」としつつも、結局のところ「いまその調書によれば、差別判決ではないと思う」と述べ、全国水平社の主張を聞き流すだけで誠実に対応しようとはしなかった。

全国水平社は一一月八日に検事総長の林頼三郎とも会見をおこない、非常上告を要求した。しかし林は「今度の問題は判決書も、一切の書類も取り寄せて、主任検事が調べたところ、判決中には法律に違背した点はない。それに就いて沢山な書面が来ているが、どれも判決中の個所に法律違背の点があるという事を言っていない。それで此の事件は、非常上告は出来ない」と回答し、いくら全国水平社が追及しても姿勢を変えようとしなかった。それでも一一月一二日になって一人が一四日の刑期を残して、もう一人も一二月七日に四七日の刑期を残して、それぞれ仮釈放された。また一二月二六日に検事の白水勝起《しろうずかつおき》は京都の福知山区検事局に転任となった。これらの司法省による一連の措置は、明らかに全国水平社による高松闘争の終息を図ろうとしたものであった。

しかし高松闘争が現地の香川にもたらしたのは、地元での警察権力の厳しい弾圧による水平社の壊滅であり、多くの水平社は融和団体になっていった。そして全国水平社は一九三三年一一月二〇日に差別判決の取り消しと部落改善費を要求して、納税や兵役、就学など三大義務の拒否を基本とする「要求貫徹闘争方針書—第二段の闘争戦術—」を提起したが、闘争は思うようには進まなかった。それでも全国水平社は一九三四年に入って検事に対する自決を要求したが成功せず、闘争は実質的には終息してしまった。

†司法省と融和団体の対応

高松結婚差別裁判糺弾闘争については、司法省と融和団体も対応を余儀なくせざるを得なかった。まず讃岐昭和会は日頃から部落差別の撤廃と融和の実現を主張しつつも、「普通民が部落民と結婚するということがあるか」と部落民衆と非部落民衆との結婚に否定的であった。また全国水平社香川県連合会が裁判での検事、裁判長、判事らの姿勢を糺弾しようとしたが、讃岐昭和会は「相手が相手だから、謝罪させるわけにはいかない。余り騒ぐと弾圧されるぞ。それより我々におとなしく任せれば、県内三ヵ所程で差別撤廃講演会をやるから任せてほしい」と調停をもちかけた。

この調停の背景には、全国水平社香川県連合会の穏健派と讃岐昭和会との密接な協調関係があった。また全国水平社が当初、指導のために香川へ乗り込んでくると、高松警察署は「君達が来て居れば、香川県の公安を害する恐れがあるから、すぐ引返して貰いたい。若し、それでないと気の毒だが検束するよりほかにないから」として県外退去を命じ、瀬戸際で闘争の鎮静化を図ろうとした。

全国水平社の指導によって闘争が全国的に盛り上がってくると、地方融和団体の統轄機関である中央融和事業協会も静観していられなくなり、『融和時報』第八二号（一九三三年九月一日）に「今尚《いまなお》反省懺悔の秋《とき》―香川県下に於ける差別事件を顧て―」という主張を発表せざるを得なかった。ここでは「最も神聖なるべき法廷に於て、かゝる差別問題を惹起せられたる事は、寔《まこと》に痛歎に堪えざるところである」と述べられたが、高松結婚差別裁判の具体的内容や対策にはまったく触れられず、ただ闘争の盛り上がりに押されて関係者の反省と懺悔が述べられたに過ぎなかった。

いくつかの地方融和団体でも、高松結婚差別裁判に抗議する動きが現れた。例えば八月二八日に開かれた広島県共鳴会の総会で、「高松地方裁判所差別事件は、実に吾等の遺憾に堪えざる所なり、この際至急事件の真相を極め、之が適切なる対策を考究、善処せられんことを望む」（『共鳴』第二四号、一九三三年九月二五日）という電報を司法・内務両大臣、中央融和事業協会会長、高松地方裁判所所長に送った。そこで中央融和事業協会会長で国家主義者の平沼騏一郎は、九月一九日に司法大臣の小山松吉に対して「結婚誘拐被告事件審理上に関する件」という陳情書を送り、「法制上に現存せざる特種部落なる身分の存在を表示せられたることゝもなり、其の及ぼす影響、極めて甚大なる」ため「適切の御措置」を求めるだけであった。

これを受けて、司法省は九月二五日に司法事務次官の名で「国民融和の実を挙ぐる為検察裁判上支障なからしむるの件」との通達を、大審院院長、検事総長、控訴院院長、検事長、地方裁判所所長、検事正ら指導的な司法関係者に送った。ここでは裁判において、「偶々《たまたま》差別的用語の表示ありたりしことより、検察並裁判の職員が差別的僻見に捉われ居れりとの物議を醸すに至り、従前折角順調に発達し来りたる融和事業に悪影響を及ぼしたるは、司法の威信の為にも遺憾」と述べられたが、中央融和事業協会と同様に高松結婚差別裁判での判決の問題点については全く触れられなかった。

これら中央融和事業協会と司法省の対応を、直後に全国水平社は「中央融和事業協会に与う!!」というビラで、「物すごく奮起した全国部落大衆の差別裁判に対する糺弾闘争を、最もインケン巧妙なる手段でギマンし去ろうとするものであり、このことは支配階級の手先—否、別働隊である中央融和事業協会の正体をロコツに自らバクロしたものである」と厳しく批判した。また高知県公道会の北代実は『融和時報』第八三号「四国各地版」(一九三三年一〇月一日)の「講習所感」で、前号に掲載された中央融和事業協会の「今尚反省懺悔の秋」を批判して、「希《ねが》わくば、十月号《(マヽ)》には意のある処を全国同愛の士に示してもらいたいものだ」と注文をつけるほどであった。

†人民融和的糺弾の論理

すでに述べたように徹底的糺弾は継続され、社会的糺弾は階級的意義を鮮明にしながら社会組織に対する部落民を動員した大衆的かつ反権力的な闘争として展開されていた。しかし徹底的糺弾と社会的糺弾を遂行することによって非部落および社会との距離が生じたため、新たな糺弾の方法が模索されていくことになった。そこへ登場したのが高松結婚差別裁判糺弾闘争であり、この闘争を闘った全国水平社は、あらためて差別糺弾闘争の重要性を認識することになった。

一九三四年四月一三・一四日に京都市で全国水平社第一二回大会が開かれ、高松結婚差別裁判糺弾闘争に対して総括された。『第十二回全国大会議案』の「一九三三年度における闘争報告」によると、「創立当時、全国水平社に参加した部落数は八百、最も沈滞したときには二百をも算しなかったが、今日では三府三十三県に亘《わた》り、約千百の部落——人口に於て全部落の約六割と称せらる——を影響下に結集した」と成果を誇った。

しかし同時に、「部落民の支配階級に対する全面的全国闘争にまで発展さすことが出来なかった」「全部落民の種々なる具体的要求を百パーセント組織することに成功しなかった」「従って差別裁判取消闘争を契機に部落民のあらゆる闘争を取り上げ、部落内活動を組織し強化し、その圧力によって此の重大なる闘争を発展させず、単に講演会や請願行進等の街頭的闘争のみに終始した」などの問題点も指摘せざるを得なかった。また差別糾弾闘争そのものについても、「全国を通じて、差別に対する闘争は交渉主義、解決主義、幹部任せ等で極めて観念的な所謂「糾弾」の域を脱していない。差別に対する闘争をお役目的に取扱い、或いは経済問題に比して軽視したりする誤りが各地に於て見受けられる」と述べ、安易な解決と形式的な闘い方を反省した。

このような差別糾弾闘争に対する真摯《しんし》な反省から全国水平社は、一九三四年に日活映画『女人曼荼羅』と新興キネマ映画『愛の天職』の糾弾闘争に取り組み、各地でも活発に差別糾弾闘争が展開された。とりわけ重要な意義を有したのが、佐藤中将差別糾弾闘争であった。陸軍中将の佐藤清勝（一八七七〜?）は、『万朝報』（一九三四年一一月二三日）に「貴人と穢多」という差別論説を載せた。これに対して全国水平社は、陸軍省に対しては軍隊内での融和政策の確立、内務省に対しては検閲制度での差別絶滅方針の確保を求めた。また佐藤が退役将校を中心として組織されたファシズム団体である明倫会の幹部であったため、この闘争は反ファシズム闘争としても闘われた。

一九三五年五月四・五日に大阪市で全国水平社第一三回大会が開かれ、中心的議案として中央委員会から「差別糾弾方針確立に関する件」が提案された。これは第二回中央委員会での

「差別糺弾方針確立に関する件」が具体化されたものであり、「差別糺弾闘争の意義、その糺弾闘争を通じて、被圧迫部落大衆の生活を擁護伸張せしめ、これを人民的融和の重要なるモメントとし、かくして被圧迫部落大衆の解放条件たらしめる」と規定された。とりわけ重要な変更は「人民的融和の重要なるモメント」であり、融和団体が用いる「融和」を使っているものの、この「融和」は実質的には「結合」もしくは「連帯」を意味し、また「階級的融和」であれば左翼的に理解される恐れがあったので、より広い意味での反ファシズム闘争でもあることを意識して「人民的融和」へと変更されることになった。

このように差別糺弾闘争は「人民的融和」という目標のもとに位置づけられることになったので、従来からの社会的糺弾に対して人民融和的糺弾という新たな段階を表現するものであった。そして全国水平社は「全水啓蒙パンフ第一号」として『人民融和への道』(一九三六年九月)を発行し、部落問題を人民融和という観点から分かりやすく説明した。しかし現実的には差別糺弾は徹底的糺弾の域を超えるものではなく、また後に述べるように部落改善費獲得闘争などの生活擁護闘争に集中し、必ずしも人民融和的糺弾が展開されたわけではなかった。それを反映して、最後の発刊となった『水平新聞』第二三号(一九三七年二月一日)には、「全水運動の上から/糺弾偏重を清算せよ/全方向を生活経済問題に」という、人民融和的糺弾さえも否定しかねない記事が掲載されるほどであった。

第 4 章

日本と世界への発信

天皇直訴を決行した北原泰作(1927年11月)
軍法会議で北原は自らの潔白を主張した[解放出版社提供]

1　近代天皇制と身分制

†天皇制と錦旗革命

第1章で述べたように、全国水平社創立にあたっては多様な思想が大きく影響していたが、近代天皇制については必ずしも明確に述べられたわけではなかった。しかし一九二三年の初期水平運動の時期には、各地の水平社で明治天皇に感謝の意思を表すような動きが生じるようになった。このことはまた、日本の近代天皇制が国民国家の形成と深く関係していたことを如実に表現するものでもあった。

京都の東七条水平社は、一九二三年八月に「解放令」が発布されてから五〇年が過ぎたのを記念して明治天皇（一八五二〜一九一二）の追悼会《ついとうえ》を計画し、これに全国水平社中央執行委員長の南梅吉も賛成するが、結局は二三日に約一〇〇人が参加して提灯行列と桃山陵参拝となった。同年八月に、愛媛県水平社が「解放令」発布五〇年記念祭と明治天皇追悼会、大阪府水平社が明治天皇追悼会、山口県水平社が「解放令」記念会《きねんえ》、愛知県青年水平社が「解放令」発布五〇年を記念した明治天皇追悼会、翌年七月には京都府水平社が「解放令」に感謝するため桃山陵参拝などの行動をとった。

このような事例は初期水平運動に多く、一九二三年から翌年にかけて各地の水平社にとっては、「解放令」を発布した明治天皇に対する感謝の念には絶大なものがあった。このことは、各地の水平社が徹底的糾弾闘争に際して謝罪を要求する場合、往々にして「解放令」を発布した明治天皇の意思に背くという論理を採用したことにも表れていた。

天皇への期待は、全国水平社の幹部でも例外ではなかった。『大阪毎日新聞』(一九二三年三月一五日)によると、中央政官界を訪問した南梅吉、栗須七郎、平野小剣は、三月一四日に宮内大臣の牧野伸顕に会い、その時に牧野は「差別行為の撤廃に努めることは、決して人後に落ちぬ」と述べたという。また『大阪毎日新聞』(一九二三年四月七日)の記事によると、南らは中央政官界を訪問した際に宮内大臣の牧野伸顕との間で、全国水平社から摂政宮に上奏文を提出することを約束し、四月中旬の提出を目途に中央執行委員会を開いて上奏文を西光万吉が執筆することを決めていた。しかし京都府警察部は秘密裏に南を呼びつけ、結局は全国水平社に対して上奏文の提出を断念させることになった。

極めつけは、一九二三年九月一日に発生した関東大震災に際して、全国水平社が大正天皇(一八七九〜一九二六)を京都に迎え入れようとした錦旗《きんき》革命の計画であった。この「錦旗」とは天皇の旗を表していたように、錦旗革命とは天皇制に立脚した国粋主義的な色彩がきわめて強い考えであった。関東大震災が発生すると、すぐさま南は宮中警固を名目に多数の水平社同人を東京に動員しようとしたが、隠された目的は大正天皇を京都に迎え入れ、国粋主義的な革命によって部落解放を実現しようとすることであった。しかし危険を察知した京都府警察部は東京の混乱を理由として、これを阻止してしまった。

しかし南の命を受けた西光万吉、阪本清一郎、三重の田中佐武郎（一九〇〇～一九八一）の三人は、関東大震災の状況を把握するため四日から東京に赴いたが、警視庁から即座に退去を命じられ、東京の平野小剣宅にいた山田孝野次郎とともに帰郷した。このことを西光らは南に報告し、被災地の救援を名目に再び大挙して東京に行くことを決めたが、これを危険と判断した京都府警察部が絶対に許すことはなかった。

そこで全国水平社は「全国婦人水平社有志」とともに被災した子どもを救うため義捐金《ぎえんきん》を募集することに切り替え、結果的には二七〇円を集めて支援することになった。このように錦旗革命の計画は挫折したものの、これは全国水平社の幹部でさえ近代天皇制に立脚していたことを、顕著に示すものに他ならなかった。

†天皇直訴事件の衝撃

岐阜県水平社の北原泰作は、福岡連隊差別糾弾闘争に対する軍部の弾圧に憤慨して軍隊内の差別と闘う決意で、一九二七年一月一〇日に岐阜歩兵第六八連隊に入営した。入営した北原を待ち受けていたのは苛酷な部落差別であり、その不当性を上官に訴えたが善処されることはなかったので、ことごとく軍隊の規律に反抗することになった。

そして一九二七年一一月一九日におこなわれた陸軍特別大演習終了後の名古屋練兵場での昭和天皇による閲兵中に、北原は昭和天皇に直訴状を手渡そうとして取り押さえられた。直訴状の内容とは、軍隊内での差別事件の頻発と福岡連隊差別糾弾闘争に対する弾圧をふまえて、その解決を天皇に請い願うものであった。しかし北原は二五日に第三師団の軍法会議にかけられ、翌日には弁護権さえ認められず、天皇への直訴を禁止した請願令違反によって懲役一年に処せられた。これに抵抗するため北原は上告したが棄却され、一九二八年一月から兵庫の衛戍監獄に収監されることになった。

天皇直訴事件の直後である一九二七年一二月三日から四日にかけて、広島市で全国水平社第六回大会が開かれた。この大会では頻発する各種の差別事件に対する対応が中心の議題となったが、そのなかでも軍隊差別がもっとも重要な議題となった。そして福岡県水平社の「軍隊内の差別対策の件」、長野県水平社の「福岡連隊事件対策の件」、愛知県水平社の「北原君直訴問題対策の件」が可決された。このように大会では、共産主義派と無政府主義系が弾圧に抗しながら共同して軍隊差別に対して闘うことを決定し、陸軍当局に差別糾弾の自由を求めつつ、軍法会議での弁護権の蹂躙《じゅうりん》を問題にしたのである。

しかし全国水平社内では、北原が決行した天皇に対する直訴という方法の是非に関して、全く触れられることがなかった。しかし『法律戦線』第七巻第八号（一九二八年八月）に載せられた小田隆「最近頻発する直訴事件の社会的意義」という論説に見られるように、左翼陣営からは天皇制に期待をかける天皇直訴という方法自体が批判されることになった。つまり北原が無政府主義系の活動家でありながら、政治と軍事を統轄して支配の頂点に立つ昭和天皇に対して軍隊差別の撤廃を期待したことが、厳しく批判されたのである。

天皇直訴事件は、全国水平社のみならず支配権力にも大きな衝撃をもたらした。『大阪朝日新聞』（一九二七年一一月二三日）によると、事件直後の一九二七年一一月二二日に陸軍省は、「北原の所持せる訴状なるもの丶内容は、皇室に対し不敬の意味を有せず、単に軍隊内において今なお差別待遇行わるとなし、当局の態度を非難するのを、辞をもって聖察を乞う旨を記述しあるものなり」と発表した。

また陸軍大臣の白川義則は「水平社員と自称し、故意に自ら差別を設けるの所為に出づるが如きことを慎み、上官ならびに全隊全員とよく親しみ、意思の疎通に努め、自他をして差別的観念を消滅せしむるよう企図すべきである」との訓示を全国各地の軍隊に発し、総理大臣の田中義一（一八六四〜一九二九）も「敬虔《けいけん》な態度をもってしたとはいえ、請願令のあるにもかゝわらず、これによらず直訴するということは困ったことである」という談話を発表した。

政府は天皇直訴事件を不敬に関わる「重大事件」として新聞報道を差し止めていたが、二二日になって解除され、翌日には各新聞は大々的に天皇直訴事件を報じた。例えば最も大きくかつ詳細に報じた『大阪朝日新聞』(一九二七年一一月二三日)が「何ら不敬の意味なし」「畏《おそ》れ多い直訴の刹那《せつな》」「当局を手古ずらした直訴兵」「連隊の武勲と栄誉を傷つけ」などの見出しをつけたことに象徴されるように、天皇直訴事件直後の多くの新聞記事の内容は陸軍当局の発表に基づくものばかりであり、直訴の背景や軍隊内の苛酷な差別などを報じるものは極めて少なかった。

しかしイギリスで世界最古の日刊新聞として影響力が強かった『タイムズ』(一九二七年一二月二八日)は、「日本のアウトカースト/エタの誇り/反抗の階級」(『融和事業研究』第一一号、一九三〇年七月)という記事で、天皇直訴事件について報道することになった。この記事では、「北原兵卒が抗議したところの差別待遇の観念は、封建時代からの遺物であって、法律も宣伝も未だ其《そ》れを根絶することは出来ないところのものである」と述べ、日本に部落差別が存在することを批判的に報じた。

†封建的身分制の廃止

一九二七年七月一五日に共産主義インターナショナル、いわゆるコミンテルンは日本共産党に対し「日本に関する決議」（二七年テーゼ）を作成した。これは一〇月になって日本で公表されたもので、「日本国家それ自体が、日本資本主義の最大の要素である」としつつも、「古い封建的諸形態」や「封建的特質と遺物」が残存していると指摘された。この二七年テーゼは、日本共産党のみならず左翼的な社会運動に大きな影響を与えるものであった。

そして『水平新聞』第五号（一九三〇年五月三〇日）の「再組織を前に」という主張では、全国水平社の新たなスローガンとして「封建的身分制の廃止」を掲げることが呼びかけられた。そして一九三〇年一二月五日に大阪市で全国水平社第九回大会が開かれ、この大会で採択された宣言では、「日本の資本主義は、成立の初期に於てより封建的絶対専制勢力と野合して、その支配権を確立したのであった。吾々に対する「賤視観念」の物質的基礎は、こうした封建的残滓としての遺制の中にこそあるのである」と述べられ、「生活権奪還と封建的身分制廃止の旗じるしを高く掲げ」（『水平新聞』第九号、一九三一年一月二六日）ることが主張された。この宣言によって、制度としての封建的身分制に対する廃止の闘いが全国水平社の重要な課題として位置づけられることになった。

この封建的身分制廃止の意味を明確化しようとしたのが、思想的立場を無政府主義系から新共産主義系へと転換させ、一九三〇年一一月一日に全国水平社常任委員となった北原泰作であった。北原は「稲葉敬」のペンネームで、『共栄』第四巻第四号（一九三一年四月）に「水平運動と融和運動の指導方針より観たる差異」という論説を載せ、差別観念の基礎を封建制社会のみに求めて現在の資本主義社会に求めない融和運動は、必然的に観念的運動に終始せざるを得ないのに対し、水平運動にあっては差別観念がただ単なる封建的イデオロギーとして遺存するのみでなく、その基礎を現在の資本主義社会組織の中に織り込まれている封建的ないし半封建的生産関係に見出すのであると述べた。つまり北原は、部落差別を封建的身分制の残存物として捉えたうえで、資本主義のなかにある封建的または半封建的な関係を重視したのである。

†華族制度廃止の要求

全国水平社第一一回大会が一九三三年三月三日に福岡市で開かれ、大阪の泉野利喜蔵によって説明された「闘争方針書」では、「封建的身分の残存物としての部落の存在」が強調された。また部落民を束縛している封建的身分関係を粉砕するため身分闘争の意義が明確にされ、その具体化としての大衆闘争の形態である部落民委員会活動では、「部落民委員会活動は封建的身分制廃止！のスローガンと結びつけて闘わねばならない」と主張された。この主張に大きな影響を及ぼしたのが、天皇制や寄生地主制など半封建的関係を重視するコミンテルンが作成した「日本における情勢と日本共産党の任務に関するテーゼ」（三二年テーゼ）であった。

身分闘争としての部落民委員会活動が具体化されたのが、一九三三年の夏から闘われた高松結婚差別裁判糺弾闘争であった。ここでは差別判決の原因として、「解放令」が出されたにもかかわらず色濃く社会に残存している封建的な身分賤視観念が重視され、「身分的賤視観念による差別判決を取り消せ！」と「身分制を支持し部落民を反動化せんとする政府の手先融和運動を撲滅せよ！」が中心的なスローガンとして掲げられた。まさに高松結婚差別裁判糺弾闘争は、封建的身分制廃止の闘いでもあった。

第2章で述べたように、一九三六年二月二〇日の衆議院議員選挙で、全国水平社中央委員長の松本治一郎が当選した。五月一日に第六九特別議会が開かれ、松本は五月一六日の衆議院予算委員会で地方改善費についての質問に立った。松本は地方改善費を全額国庫負担として増額することを要求し、あわせて華族制に対しても矛先を向けた。

質問に立った松本は、「部落大衆に対する差別観念の如きも、上層身分たる華族に対する尊敬の観念の反対表現として、下層身分に対する賤視観念となって表わるに外なりませぬ。故に差別観念の撤廃は華族制の廃止なくしては、到底望み得ない事実であります」と主張した。ここでは天皇制については触れられなかったが、明らかに近代天皇制を問題にしようとする身分制廃止の論理が貫かれていた。しかし内務大臣の潮恵之輔《しげのすけ》（一八八一〜一九五五）は、「国家の極めて重大な制度でありまするので、只今の御質問に対しては十二分に慎重に考究をしたうえでないと、御答を致し兼ねます」と逃げる始末であった。

また五月二〇日に松本は、秘書の北原泰作と労農無産協議会の鈴木茂三郎《もさぶろう》（一八九三〜一九七〇）が作成した「華族制度改正に関する質問主意書」を特別議会に提出した。ここでも「華族に特権を与えたる政府は、反対に解放すると称して被圧迫部落大衆には一片の空文を与えたるのみである。而《しか》して、このことが対峙《たいじ》する二つの封建的身分の遺制を今日の社会に残す処の原因となっている」と述べ、華族制度と関連する諸制度の改正を強く求めた。しかし潮は五月二六日に「答弁書」を示したが、「華族に関しては宮内省の管掌するところなるを以て、政府は答弁を差し控えたし」と明確な回答を避けるだけであった。

2　日本の被差別マイノリティ

†在日朝鮮人に対する支援

日本は一九一〇年八月の軍事力を背景とした「韓国併合」によって朝鮮を自らの植民地とし、

これと相俟って経済的に疲弊していた朝鮮から朝鮮人が仕事を求めて日本にやってきたが、大阪に多くの朝鮮人が集住するようになった。

このような状況のもとで、全国水平社が在日朝鮮人運動を支援した最初は、関西朝鮮人連盟の結成であった。早くから大阪朝鮮人組合長の李善洪《イソンホン》は、既設の朝鮮人団体を合併しようと計画していた。これを知ることになった、全国水平社創立にも協力した青十字社の木本凡人が、全国水平社中央執行委員の泉野利喜蔵、米田富と相談し、三人は一九二二年一二月六日に大阪市南区の日本橋にあった朝鮮人組合の事務所で打ち合わせ会に参加した。ここには約三〇人が集まり、木本が全国水平社を真似て起草した宣言、綱領、決議が朗読されて、関西朝鮮人連盟が結成されることになった。

最も詳しく紹介した一九二二年一二月五日の内務省警保局『水平社運動情況』によると、関西朝鮮人連盟の宣言では「吾々は吾々自身の自ら尊敬に於て、其の人間としての偉大さを造り上げ得べく、而も人類としての生存が許され得べき(よき日)の来る事を信ずる」と述べ、「おお人の世に熱あれ／人間に光あれ／全国に散在する吾々同胞よ団結せよ」と結ばれたように、全国水平社創立大会で可決された宣言と酷似していた。

綱領は三項目あったが、第一項と第二項は全国水平社創立大会で可決された綱領と酷似していた。むしろ興味深いのは、第三項で「吾々は朝鮮独立運動と交渉なく、専念以て人来至上の幸福を完全ならしめんが為めに猛進す」と述べられたように、朝鮮独立運動との関わりを否定したことであったが、おそらくこれは官憲の弾圧を避けるためのものであったと思われる。そして決議の第一項で「吾々は、朝鮮人は、亡国民的賤思《(視)》観念に基く差別を為したる者に対しては、徹底的に糺弾をなす」とされたように、全国水平社と同様に差別に対する徹底的糺弾が基本的な闘争形態とされた。

この関西朝鮮人連盟の結成に参加した泉野は「鮮人《(ママ)》解放運動は水平運動と其の趣意を同うするものなるを以て、本会は吾水平社の姉妹団体として大《(おおい)》に提携努力せんことを望む」、米田は「朝鮮人は吾等部落民と同祖同族なること、不断の努力を以て多少の犠牲を払うとも、飽く迄、目的貫徹に進むべきこと」を力説した。これは官憲史料からの引用なので、泉野が本当に「鮮人」と述べたかは不明であるが、米田が「朝鮮人は吾等部落民と同祖同族なること」と述べたことは、部落民衆の朝鮮人起源説もしくは「日鮮同祖論」という臆説《おくせつ》に囚われていた可能性があろう。

一九二三年三月二・三日に京都市で開かれた全国水平社第二回大会では、木本の勧めによって泉野が緊急議案として「水平社と朝鮮人の提携に関する件」を提案した。提案理由は、「現今、我が官憲は水平運動並に朝鮮独立運動に対し過酷なる圧迫を加え居れるが、吾が水平社の主張は正義人道に立脚し、差別待遇の解放を叫ぶに在りて、朝鮮人の主張する処と相合致するが故に、将来朝鮮人と合体して相共に人類解放運動の目的を達成せんとす」というものであった。

しかし泉野の提案に対し、「朝鮮人の運動は独立に在りて、政治運動なり。吾が水平運動とは根本を異にするのみならず、朝鮮人と提携するが如きは世人の誤解を受け、水平運動の支障となるべし」との反対意見が出て、会場は野次で騒然となった。また「人類は凡《すべ》て平等なる為めに、無産者と無産者、虐《しいた》げられたるものと虐げられたる者と相提携し運動に従事するは自然なり、本件に反対する者は、資本家政府に追従する堕落者と認めざるべからず」との賛成意見も出され、場内は再び騒然となった。そこで保守的立場をとる議長の南梅吉は自らの権限によって議案を握りつぶし、日本帝国の朝鮮に対する植民地支配に目をつぶろうとしたのであった。

一九二四年三月二・三日に京都市で開かれた全国水平社第三回大会では、奈良の小林水平社が「内地に於ける鶏林《けいりん》同胞の差別撤廃運動を声援するの件」を提案した。「鶏林」とは古代朝鮮の国家である新羅の都の呼び名のひとつであったが、朝鮮および朝鮮人の全体を意味していた。説明に立った木村京太郎は、「内地に居住しておる鮮人《ママ》は、内地人から差別的の待遇を受けておるのだ。彼等は人間らしい待遇を受けておらないのだ。我々はこんな不合理な事をなくす様にせなければならぬ。此の意味に於て彼等の差別撤廃運動に声援したいのである」と説明した。しかし九州の参加者からの「彼等は白丁《ペクチョン》を虐めておるのだから、彼等に白丁を虐めてはならぬと警告文を発したい」との意見が出され、これを含めて可決された。「白丁」については、後ほど述べることにしよう。

†在阪沖縄人からの注目

近世において独立を保っていた琉球王国は、一八七九年四月の「琉球処分」によって強制的に沖縄県となり、日本国家に編入された。第一次世界大戦後の戦後恐慌によって、ただでさえ疲弊していた沖縄経済は大きな打撃を受け、「ソテツ地獄」と呼ばれる慢性的不況による極度の窮状を呈することになった。この事態を打開するため、一方では沖縄人はハワイ、フィリピンなどへの海外移住、他方では「本土」への移住などに活路を求めていった。しかし「本土」に移住した沖縄人に待ち受けていたのは、厳しい肉体労働、低い賃金、そして蔑視と排除を伴う差別であった。

このような状況のもとで、一九二〇年代に在阪の沖縄人が自らの生活を擁護して親睦を深めるため、自主的な団体として関西沖縄県人会が組織された。関西沖縄県人会が結成される経緯は、阪神圏で労働運動を経験していた真栄田三益（一九三八年から松本三益、一九〇四〜一九九八）と、東京で沖縄出身の弁護士である徳田球一（一八九四〜一九五三）らが知り合って、日本共産党にも入党していた井之口政雄（一八九五〜一九六七）と出会ったのに始まる。この真栄田と井之口が中心となって、一九二三年から始まる赤琉会と呼ばれる社会主義研究の学習会を定期的に開くようになり、このメンバーを中心として沖縄出身の青年労働者を組織する日本労働総同盟予備倶楽部も結成され、各地のストライキを支援するなどの活動をおこなった。

このような活動のなかから、在阪の沖縄人を組織する必要を感じた真栄田と井之口らは、一九二四年二月に大阪市内の九条で関西沖縄県人会の結成大会を開いた。会員数は明確でないものの新入会員でみると、一九二四年三月現在で二九人、四月現在では五二人であったことからすると、相当数の会員が集まったと思われる。これを反映するかのように、市岡支部、石田町支部、鯰江支部、大和田支部、稗島支部、北大阪支部、堺支部、岸和田支部の八支部が結成された。

関西沖縄県人会は、結成の当初には事務所宿泊、住所案内、職業紹介などの活動をおこなった。しかし次第に、①災害、病気、不幸の慰問、②失業防止、就職紹介、沖縄人の保護、③沖縄県人の社会状況を調査して対策、④講演会を開いて知識の向上、⑤定期的な会報の発行、⑥身の上相談、⑦沖縄との連絡、など具体化されていった。とりわけ特徴的なことは③であり、具体的には沖縄人女性が勤めることが多かった紡績会社に対して、解雇された場合の復職や手当の支給を交渉することもあった。また⑤の会報とは、機関紙の『同胞』であった。

また大阪の沖縄人は伝統的な生活文化の違いによって、社会から差別を受けることが少なくなかったが、その場合には抗議行動も辞さなかった。機関紙『同胞』によると、『沖縄タイムス』（一九二五年四月三〇日）に掲載された関西沖縄県人会と会長への中傷記事に対しては、五月七日の緊急評議委員会で「県人会の実力を示す可《べ》く、徹底的に糾弾する必要があるとの意見が一致し、熱狂的に可決」され、後に円満に解決することになった。ただし関西沖縄県人会が糾弾でまとまっていたわけではなく、支部によっては注意することを基本とすることもあり、糾弾か注意かいずれにせよ、自らに対する差別に抗するため沖縄人自身が、団結することの必要性が強調されることになった。

このような沖縄人自身が団結することの必要性が強調されるなかで、『同胞』第六号（一九二五年三月一日）に「茂理比路」というペンネームで比嘉《ひが》盛広の「近時雑感」という論説が掲載された。ここでは「是非とも、県人の組織されたる団結力を必要とする」という観点に立ち、「私は日本の水平運動に見る。彼等の間からは世界的偉人を出さずとも、団結と民族的情熱とは設立四年足らずの今日、日本社会運動の一大勢力となったではないか」と水平運動に言及された。水平運動に対する「民族的情熱」という表現が使用されたように、比嘉は沖縄人に襲いかかる差別を跳ね返すため、全国水平社という組織に表現された部落民自身の「民族的情熱」による「団結」に注目することになった。

一九二五年九月一八日に全国水平社青年同盟は全国水平社無産者同盟に改組され、一〇月には新たに共産主義派の青年を組織する大阪青年同盟が結成されるが、その創立委員には全国水平社青年同盟の中心メンバーであった松田喜一、岸野重春、高橋貞樹、木村京太郎らとともに、真栄田三益が名前を連ねて委員長になった。このことからすると、真栄田と井ノ口のみならず「近時雑感」を執筆した比嘉らは、大阪に本部が置かれた全国水平社を知っているだけでなく、自らの共産主義的な思想傾向から全国水平社青年同盟の中心メンバーと親交があり、水平運動の内容と意義を詳しく聞いていた可能性が高い。

†アイヌ民族からの賛意

アイヌ民族は、近代以前では和人から「蝦夷地」と呼ばれていた、アイヌモシリ（人間の静かなる大地）の先住民族であった。しかし日本政府によって一八六九年八月に「蝦夷地」は北海道と改称されて、アイヌ民族は日本国民となったものの「旧土人」と差別的に呼ばれることになった。そして一八九九年三月に「北海道旧土人保護法」が制定されたが、保護とは名ばかりなものであった。実際には狩猟や漁撈などを奪って農業を強制するだけでなく、学校で日本語を強制することによってアイヌ語の使用を禁止するなど、アイヌ民族の伝統的な生業、言語、文化、生活習慣などを否定して、厳しい民族差別と極度の貧困をもたらすことになった。

一九二六年一〇月、北海道の旭川でアイヌ民族の解放を掲げて解平社が創立された。その中心となったのは、この時点で砂澤市太郎（一八九三〜一九五三）、門野惣太郎（一八九二〜?）、松井國三郎（一九〇九〜?）、小林鹿造（一九〇七〜?）という若い四人であり、砂澤がリーダー格であった。この四人に共通するのは、アイヌ民族の歴史や文化、言語を否定する近代学校での教育を受容したことであり、強制された日本語と日本文字をアイヌ民族解放運動の手段として逆用することにした。そして解平社は、二〇〇人あまりのアイヌ民族を組織することになった。

リーダー格の砂澤は、かつて山室軍平（一八七二〜一九四〇）が主宰する救世軍の一員として活動したことがあり、一九二三年にアイヌ民族の優良青年として表彰されたことがあった。砂澤は一九三〇年一二月に、札幌の時計台楼上で「北海道旧土人保護法問題」と「アイヌ差別撤廃打破」をテーマとして大演説会を開いたが、この時に作成されたポスターは大阪人権博物館に所蔵されている。砂澤は一九三二年には、アイヌ民族の代表として、荒井源次郎（一九〇〇〜一九九一）ら五人とともに、内務大臣の鈴木喜三郎、同愛会会長の有馬頼寧らの支援を受けて、内務省、大蔵省、内閣法制局などに対する陳情活動を展開した。

また砂澤は一九三二年頃に、アイヌ語研究者の金田一京助（一八八二〜一九七一）らの支援によって、全国各地で講演会を開いてアイヌ民族に対する正しい理解に努めた。さらに砂澤は一九三三年には、川村兼登《かねと》（一八九三〜一九七七）とともに旭川でアイヌ文化資料参考館（現在の川村カ子《ネ》トアイヌ記念館）を開設させ、アイヌ民族の彫刻技能者を養成するためアイヌ農民美術協会を結成した。この砂澤を父親にもつのが、アイヌ民族の彫刻家として活躍した砂澤ビッキ（一九三一～一九八九）である。

砂澤らは解平社を創立するとともに、一九二六年一〇月に結成された日本農民党に参加して農民運動を担い、旭川合同労働組合にも関係した。解平社が創立された当時の綱領、宣言、規約などは残されていないが、『東京朝日新聞』（一九二六年一〇月二三日）によると「民族の水平運動」「アイヌ族解放の運動」などが掲げられていたから、水平運動との類似性がうかがわれる。解平社が最も力を入れて取り組んだのが、アイヌ民族にとって生活を維持するために大きな課題となっていた、一八九九年に制定された「北海道旧土人保護法」に基づく国からの無償の下付をめぐる給与地問題であった。

この解平社の創立に期待をかけたのが、『北海タイムス』（一九二六年一二月二日）に「解平運動」という論説を寄せた白老の森竹竹市（一九〇二～一九七六）であった。この論説で注目されるのは、「覚めよ同族！　我等は何時迄も昔のアイヌ人であってはなりません。かの水平社大会の決議綱領に『吾々は人間性の原理に覚醒し人間最高の完成に向かつて突進す』との一項があったと記憶するが、我々も此の意気、此の覚悟を持って生存競争の激しき社会に起ち、虐げられ劣等視せられつゝ居る我アイヌ民族を、社会の水平線上に引上げねばなりません」という文章である。解平社は水平社と名前が酷似しているだけでなく、森竹が少しは間違いがあるものの全国水平社綱領の第三項を引用していることからすると、おそらく解平社は全国水平社から大きな影響を受けて創立された可能性が高い。

またアイヌ民族の歌人であった余市の違星《いぼし》北斗(一九〇二〜一九二九)は、一九二五年三月に開かれた第二回東京アイヌ学会で、「私は此頃、天下の耳目を聳動《しょうどう》させている水平社運動を尊敬しています」と述べていた。そして一九三一年八月に札幌で開かれた第一回全道アイヌ成年大会では、白老の貝沢藤蔵《とうぞう》(一八八八〜一九六六)が「私等が嘗《かつ》て新聞紙上で読んだ事のある水平社大会に於ける悲痛な叫び、激越なる呪いの声こそ無かったけれど、何《いず》れも熱と力の籠った正義の叫びが挙げられました。其《そ》れは社会に向ってと云うより、眠れるウタリに伝う覚醒の暁鐘《ぎょうしょう》と云う様なものです」と述べ、全国水平社に対して最大級の賛辞を表現することになった。

ただし砂澤、森竹、貝沢らは、全国水平社と直接的に関係したわけではなかった。また全国水平社は情報の決定的な不足から、砂澤らの解平社と森竹、貝沢らの共感と賛意を知っていたわけではなく、ましてやアイヌ民族に対して関心を寄せることができなかったと思われる。

†ハンセン病患者への影響

近代日本における政府のハンセン病対策は、経済的理由で自宅治療が困難な患者を隔離の対象とする、一九〇七年三月に公布された「癩予防ニ関スル件」に始まる。一九二〇年代になると日本民族の資質向上という優生思想の大きな影響によって、国策としてハンセン病患者に対する絶対的隔離の必要が主張され、それは一九三〇年代になって具体化されていった。そしてハンセン病患者は公私の療養所に収容され、生活全般の隅々にわたって監視と監督を受けることによって、人間としての権利は極度に侵されていくようになった。

このような状況のもとで、ハンセン病患者が直面した課題は、療養所内での自らの自治権を獲得することであり、あわせて療養所での患者に対する差別的待遇、きわめて劣悪な医療の実態を告発し、その改善を要求することであった。一九三一年一月一四〜一六日に第一回療養所協議会が開かれ、「患者に自治を許すべき程度如何《いかん》」などが議論されたが、大阪で一九〇九年四月に開設された外島保養院で一九一五年四月に患者自治会が発足していたことに対して、家族主義の立場から反対する意見が集中することになった。

また外島保養院の患者自治会では、一九二八年三月に結成された全日本無産者芸術連盟（ナップ）の機関誌『戦旗』『ナップ』などが読まれ、療養所で患者に対する管理統制を担っていた既成宗教に見切りをつけて反宗教闘争に親近感をもつなど、絶対隔離そのものに反対していこうとする共産主義の影響力が徐々に浸透するようになっていた。そして一九三一年二月に外島保養院でマルクス主義を学ぶ地下組織が生まれ、五月には公然組織として反宗教を掲げる五月会が結成された。この五月会の内部には社会問題研究会が設置され、政治、経済、宗教、文学の四部も設置されたが、五月会は短期間で解散してしまった。

しかし一九三二年二月になると、外島保養院では全国的患者団体を結成するための準備が進み、一一月二〇日に日本プロレタリア癩者解放同盟の全国代表者会議、翌日に結成大会を開くため、文書が作成された。綱領草案は、「本同盟は大衆的組織力を以って、癩者解放のため戦う」「本同盟は癩者大衆の利害を代表し、政治的・経済的自由獲得の為に戦う」「本同盟は資本主義諸制度を打倒し、因襲的差別観念粉砕の為に戦う」という三項であった。また政策草案では二二項目の政策が掲げられたが、そのなかには「因襲的差別観念打破」と「差別者に対する徹底的糺弾」があり、ハンセン病患者に対する差別との闘いが重視されることになった。

日本プロレタリア癩者解放同盟の綱領草案と全国水平社第五回大会で改正された綱領を比較してみると、きわめて酷似していた。すなわち第一項では「大衆的組織力を以って、癩者解放のため戦う」と「部落民自身の行動に依つて絶対の解放を期す」、第二項では「政治的・経済的自由獲得の為に戦う」と「経済の自由と職業の自由を社会に要求し以て獲得を期す」、第三項では「資本主義諸制度を打倒し、因襲的差別観念粉砕の為に戦う」と「賤視観念の存在理由を識《(し)》るが故に明確なる階級意識の上にその運動を進展せしむ」が、見事に対応する。

また日本プロレタリア癩者解放同盟の政策草案にある「因襲的差別観念打破」と「差別者に対する徹底的糺弾」は、全国水平社創立大会で可決された決議の第一項「吾々ニ対シ穢多及ヒ特殊部落民等ノ言行ニヨッテ侮辱ノ意志ヲ表示シタル時ハ徹底的糺弾ヲ為ス」に対応する。しかし結局のところ、日本プロレタリア癩者解放同盟は正式な結成大会を開くことができず、グループで活動したものの外島療養所の自治会では少数派にとどまり、一九三三年夏には壊滅することになった。

3　海外の被差別マイノリティ

†水平運動の国際化と海外の新聞報道

一九二二年三月三日に全国水平社が創立されたが、その際に綱領、宣言、決議、則などが採択された。とくに水平運動の原則と目標を示した綱領の第三項は「吾等は人間性の原理に覚醒し人類最高の完成に向つて突進す」という全国水平社創立を象徴する理念のひとつであり、主語が「特殊部落民」ではなく「吾等は」となっていることから、日本のすべての人びとが実現すべき目標を意味し、国際連帯にもつながる可能性を秘めていた。

第1章で述べたように、全国水平社創立は、人種差別撤廃提案と民族自決論の影響を受けていたが、阪本は全国水平社機関誌『水平』第二号（一九二二年一一月）に、「英王国に於ける二大水平運動（上）」という論説を寄せた。阪本がいう「二大水平運動」とは、「暴力的なアイルランドのシン、フェン運動」と「非暴力的なインドのスワラジー運動」であった。

阪本が述べたアイルランドの「シン、フェン」は厳密には「シン＝フェイン」と呼ばれ、アイルランド語では「我ら自身」という意味をもち、シン＝フェイン党は一九〇五年に結成された民族主義的な政党であり、二〇二二年現在でも存続している。イギリスでは第一次世界大戦の最中である一九一四年にアイルランド自治法が成立し、アイルランドはイギリスの植民地となった。そこでアイルランド独立を目指す急進派は、一九一六年二月にイースター蜂起と呼ばれる武装闘争を起こした。これにシン＝フェイン党が参加したわけではなかったが、イギリスの弾圧が過酷であったため、反発したアイルランド人の多くがシン＝フェイン党を支持することになった。

また阪本が述べたインドの「スワラジー」は厳密には「スワラジ」と呼ばれ、ヒンディー語では「自己の支配」という意味であったが、これが一九〇六年の国民会議派カルカッタ大会でスローガンとして採用されてから、広く自治、独立、解放を意味するようになった。独立運動を主導した国民会議派は日本でも知られていたマハトハ・ガンディー（一八六九〜一九四八）によって指導され、インド全土を巻き込んで植民地からの独立を目指して非暴力的な運動を展開していた。

このように、この二つはともにイギリス帝国の植民地支配に対抗する被抑圧民族の反植民地運動であり、この時期に世界的に知られるようになっていた。そして、これらの民族独立運動は、阪本にとって部落民の水平運動と共通する性格をもつものと認識されたがゆえに、多大な関心を示さざるをえなかったのである。

このような阪本の認識と関心をふまえて、一九二三年三月二・三日に京都市で開かれた全国水平社第二回大会では、阪本が属する奈良の柏原水平社から「水平運動の国際化に関する件」との議案が提出された。その内容は、「国際的劣等人種として差別待遇を受くるものを見るに、日本に於いては吾々同族あり、英国に於いては愛　蘭愛蘭《アイルランド》及印度《インド》に、米国に於いては黒奴《マヽ》あり、又我国に於ける朝鮮人亦然《またしか》り。近来之等《これら》の弱者は各国共に吾々同様水平運動を起しつゝある。故に我が水平社は之等各国の解放運動と連絡を取り、相共に提携して水平運動の達成に努めんとす」というものであった。

ここでは一括して劣等人種とされているが、部落民とは異なって、アイルランドとインド、朝鮮人は植民地とされた地域および民族、黒人は奴隷としての人種であり、実際は差別を受けていて歴史的経緯も異にする多様な存在であった。阪本と柏原水平社にとって、これら民族と人種との連絡と連携は、綱領の第三項に謳《うた》われた「人間性の原理」と「人類最高の完成」のためには必要不可欠なものと認識されていた。しかし議案に対して、「先ず英国の愛蘭、印度、及《および》朝鮮の独立運動者と通信交換位に止むることに修正」して可決されることになった。ともかくも「水平運動の国際化に関する件」の可決は、全国水平社における国際連帯の幕開けとして画期的な意義をもつものであった。

このような動きと対応するかのように、海外の新聞では、全国水平社と水平運動が報じられることになった。日本の植民地となっていた朝鮮では、『東亜日報』（一九二三年三月二一日）は水国《すいこく》争闘事件を報じたうえで、「水平運動とは何か」については日本の革新運動の「先鋒」と見なした。翌日には社説で荊冠旗《けいかんき》に注目して、「彼らの一千有余年にわたる骨髄にしみた受難をあらわし、地下に呻吟する幾千万の祖霊をとむらう血戦に殉じることを意味する」と説明した。

ロシアでは、共産党機関紙の『プラウダ』（一九二三年七月一九日）が、第3章で述べた水国争闘事件の衝撃を受けて、「水平社の運動は現代日本にとって重要な出来事である」としたうえで、共産主義の立場から「労働者階級が水平社運動を支持しているという状況は、水平社に重要な意義を与えた。水平社同人の中に、労働者階級は、ブルジョア階級と資本家との闘争における強く組織された同志を得た」と述べた。

アメリカでは、『ネイション』（一九二三年九月五日）が部落民の生活状況を説明したうえで、全国水平社の宣言と綱領、第二回大会までの運動を紹介し、一九二二年末の全国水平社中央執行委員長の檄文が載せられ、これが『愛国新聞』第八・九号（一九二四年五月一一・二一日）に再録された。また『サンフランシスコ・クロニクル』（一九二五年六月二八日）は「社会線の引かぬ若き日本／婚姻上の因習打破と身分の度外視」という記事で、結婚差別の厳しさと水平運動について報じた。

イギリスでは、『タイムズ』（一九二七年一二月二八日）が北原泰作天皇直訴事件の衝撃を受け、「一九二二年三月、エタ部落からの代表者二千五百人が京都に集合し、水平社を組織した。其の綱領として、同運動によって解放を齎《もたら》し、且《か》つ経済的及び職業的自由を得ることを定め、一般部落民に対して、其の権利の獲得に向って猛進するように説いた」（『融和事業研究』第一一号、一九三〇年七月）と説明し、綱領を基本とした差別糺弾など水平運動の展開だけでなく、官憲の対応なども報じた。

†労農ロシアの承認

一九一七年一〇月に、社会主義革命のロシア革命が成功し、世界史における初めての社会主義国家が誕生した。これに衝撃を受けた寺内正毅内閣は、アメリカとともにシベリアに軍を出兵させ、社会主義国家のロシアを潰そうと躍起になったが、結局は失敗に終わった。社会主義国家のロシアは、一九二二年一二月にソビエト連邦（ソ連）となったが、敵意が露わな日本はソ連を国家として承認せず、当然のように国交さえ結んでいなかった。

このような状況のもとで、全国水平社第二回大会では、奈良の小林水平社から「労農ロシアの無条件承認の件」との議案が提出された。この提案では「労農露西亜《ロシア》は、我が水平社の為めには先覚者なり。露西亜の無産者は吾々無産者と殆《ほと》んど同一の境遇にありたるも、彼等は早く解放運動を起し之に成功したるものなり。此の意味に於て吾々は無条件にて承認するものなり」と説明した。ちなみに当時は「ソビエト連邦」もしくは「ソ連」と呼ばれることは少なく、「労農ロシア」もしくは単に「ロシア」と呼ばれることが多かった。

しかし小林水平社による提案に対して、「吾々の境遇は労農露西亜と同一なる意味に於て承認するときは、今後吾々の運動其のものを当局者は危険視するは勿論《もちろん》、一般社会より誤解を招き、為めに水平運動の妨害となるを以て反対す」との反対意見が出て、賛否両論が相次いで場内は喧噪《けんそう》をきわめた。そこで議長の南は委員会への付託としたが、委員会は「現在、兄弟の大多数は労農ロシアの実情を知るもの少なく、且つ労農露西亜を無条件に承認するは、一般の誤解を招く虞《おそれ》あり」という理由によって保留にしてしまった。

共産主義派の全国水平社青年同盟にとって労農ロシアの承認は、水平運動の階級闘争化にとって焦眉の重要な課題であった。そこで一九二四年三月三・四日に京都市で開かれた全国水平社第三回大会で、小林水平社は再び「労農ロシヤ即時承認の件」を提案した。この提案を説明した木村京太郎は、「日本の国家は、ロシヤの国家に対して差別的眼で見ておる。我々の運動の精神から見て、日本の国家が露国に対してそんな色眼鏡で見ておるのに対しては、我々は断々乎として反対せなければならぬ」との理由を述べた。しかし「労農ロシヤを承認するとか何とか云うよりは、我々は部落解放の為に働く方が、我々のとるべき道ではないか」などの反対意見があり、これに対して賛成意見も相次いだ。

そこで賛成する全国水平社青年同盟の高橋貞樹は、「我々は、ユダヤ人が解放されたと云うことを考えなければならぬ。我々無産階級は即時にロシヤを承認せなければならぬ」と述べたが、「ロシヤを承認することは、政治的色彩を帯ぶるものである。水平運動は政治的色彩を帯びては駄目だ」との反対意見も出された。そして最後に奈良の少年である山田孝野次郎が登場し、「我々がロシヤの承認云々を議論するのは悠暢《ゆうちょう》過ぎるのである。マルクスはプロレタリヤに祖国がないと云うたが如く、穢多には祖国がないのだ。我々は人間の完成を考えて、ユダヤ人の国家を承認せなければならぬ。これ即ち人間礼讃である」と気炎をあげ、満場一致で可決されることになった。

ただ注目すべきは、全国水平社において労農ロシアが承認されたといっても、社会主義国家のロシアを真正面から承認するものではなかった。ロシア革命によって民族問題が解決されたわけではなかったが、この時点で全国水平社はロシア革命によって部落民と同じく差別された境遇にある民族としてのユダヤ人がロシア国家を樹立したと好意的に理解し、この立場からロシアを承認したのであった。つまり「人間の完成」と「人間礼讃」という全国水平社創立の理念から、労農ロシアが承認されたのである。なお日本政府は遅れて一九二五年一月にソ連を承認して国交を結んだが、これを機に全国水平社の活動家の一部は、日本に来たソ連の社会主義者と連絡をとるようになった。そして歴史の皮肉というべきか、ソ連ではヨシフ・スターリン(一八七八〜一九五三)の独裁体制が確立していくにしたがって、少数民族のユダヤ人に対する集団的迫害行為(ポグロム)が激しさを増していった。

†朝鮮衡平社との連絡と提携

全国水平社の国際連帯の試みが最も具体化されようとしたのは、旧「白丁」を中心に創立された衡平社《ヒョンピョンサ》との関係であった。「白丁」身分は朝鮮王朝において最も厳しい身分差別を受けていた被差別身分であり、主として屠畜、皮革製造、皮靴製造、柳器製造などに携わり、身分差別の様相は近世日本の「穢多」身分と酷似していた。そして一八九四年の甲午改革によって朝鮮の身分制が廃止されて「白丁」身分は形式的には存在しなくなったが、人口が約一〇万人程度で集落規模が日本の部落より極めて小さく、また朝鮮半島の南部に多かった旧「白丁」は、依然として厳しい差別を受けることになった。

一九二三年四月二五日に植民地朝鮮の慶尚南道晋州《キョンサンナムドチンジュ》で、張志弼《チャンジピル》ら旧「白丁」を中心として差別を撤廃するために衡平社が創立された。衡平社の目的は、創立にあたって発表された「衡平社主旨」で述べられたように、「階級を打破し、侮辱的称号を廃止し、教育を奨励して、我らも真の人間になること」であり、その理念は全国水平社と同様に人間主義的自主解放を基本としていた。なお、ここでいう「階級」とは、厳密には身分を表現していた。

一九二四年三月二・三日に京都市で開かれた全国水平社第三回大会で、群馬県水平社から「朝鮮の衡平運動と連絡を図るの件」という議案が提案された。この議案は、「衡平社の綱領は水平社の綱領と似ておる。我々は衡平社と連絡をとりたいのである」と説明された。しかし九州の者から「君は衡平社の内容及びその性質を知っておるのか」との意見が出されたので、憤慨した提案者は「馬鹿」と一喝してしまった。

そこで興奮した参加者は総立ちとなって場内は騒然となり、提案者は「馬鹿」という失言を取り消した。ようやく場内が静まったところで、平野小剣は「朝鮮衡平社から東京朝鮮労働同盟の金氏を通じて水平社に厚意を寄せた」との紹介があった。平野が述べた「東京朝鮮労働同盟」とは、正式には一九二二年一一月に結成された東京朝鮮労働同盟会であり、「金氏」は実際には李憲《イホン》であったと思われるが、いずれにせよ李憲を通して衡平社が全国水平社に好意をもっていることが紹介されたため、議案は多数の賛成で可決された。

これに基づいて全国水平社は、一九二四年四月二五日に開かれた衡平社第二回大会に「衡平社同人諸君、人間礼讃の佳《よ》き日の為めに、水平社同人は衷心より諸君の清栄を祈り、第二回大会の開催を祝す」という祝辞を送った。これに対応して五月一日のメーデーに際しては、衡平社は「水平社同人諸君、我々は国境を超越し、世界同胞主義に立脚して、我々の理想社会を建設しようではないか」という決議とともに、全国水平社に謝辞を寄せることになった。ここに全国水平社と衡平社との間に連絡が実現したが、第5章で述べる一九二四年一〇月に発覚した遠島スパイ事件によって全国水平社内部が混乱に陥ったため、連絡が継続することはなかった。

一九二五年五月七・八日に大阪市で開かれた全国水平社第四回大会から、全国水平社は労働組合や農民組合との連携を基本とした階級的政治闘争を志向するようになった。かたや一九二四年八月に内部の分裂を克服した衡平社は朝鮮衡平社を名乗るようになり、一九二五年八月に慶尚北道醴泉《キョンサンプクトイエチョン》で労働者と農民が反感を抱いて朝鮮衡平社を襲撃した醴泉事件などの反衡平運動に対抗するため、社会運動団体との連携を模索し、また運動論の一部に全国水平社の論理を採用することになった。

そして一九二七年一月に香川県水平社の高丸義男が朝鮮衡平社を訪問し、これまでの連絡に代わって全国水平社と朝鮮衡平社との提携を新たに提案した。これに呼応するかのように、一九二七年三月には朝鮮衡平社の李東煥《イドンファン》が提携を実現するため、京都、大阪、香川の水平社を視察するとともに京都の菱野貞次らと話し合い、四月から朝鮮衡平社の二人が水平運動を学ぶため京都に来ることになったという。しかし四月二四日の朝鮮衡平社第五回大会で福岡県水平社の松本清が祝辞を述べたものの、全国水平社と提携するという提案は保留になってしまった。

それでも一九二八年四月二四〜二六日の朝鮮衡平社第六回大会で、全国水平社と提携するという議案が賛成多数によって可決されたが、具体的な方向は示されなかった。そして愛媛県水平社の徳永参二（一八八三〜一九三五）が「天皇陛下は一視同仁と仰せられたのであります」「水平社員と衡平社員とが互に握手して、共に日本帝国の国勢を四海に発揮する様に努力されんことを御願いします」と天皇制に立脚して日本の植民地支配を正当化する祝辞を述べたため、謝罪に追い込まれて可決された提携に対して水を差すことになった。

全国水平社との提携が可決されたことをふまえ、李東煥は一九二八年五月二六・二七日に京都市で開かれた全国水平社第七回大会で祝辞を述べたが、官憲によって途中で中止に追い込まれた。また大会では、「一、朝鮮衡平社へ代表派遣／二、衡平社との緊密なる共同闘争を図るために代表者会議の開催／三、大会の名を以てメッセージ発表」という具体的方針を伴う「朝鮮衡平社提携の件」という議案が徳永を擁する愛媛県水平社から提案される予定であったが、官憲によって解散させられたため提案さえ叶わず未決に終わってしまった。

このように全国水平社と朝鮮衡平社との提携が進展することはなかったが、その原因として、日本の官憲と朝鮮総督府の厳しい監視と弾圧、全国水平社と朝鮮衡平社は歴史的条件、思想傾向、運動目標、闘争形態における相違、全国水平社の朝鮮衡平社に対する優越感と植民地とされた朝鮮に対する帝国主義的意識、などが指摘されている。それでも全国水平社と朝鮮衡平社の双方は、一九三四年に至るまで双方の大会に祝電を送り、最低限の交流を続けた。

そして朝鮮衡平社は一九三五年四月二四日に大同社《テドンサ》と改称することになり、朝鮮総督府に対して協力に転じつつも衡平運動を継続させた。しかし一九四〇年に再び朝鮮衡平社を名乗るようになったが、アジア・太平洋戦争直後に制定された日本の言論出版集会結社等臨時取締法にあたる朝鮮臨時保安令によって、一九四一年二月には法的消滅を迎えることになったと思われる。そしてアジア・太平洋戦争が終結した解放後の朝鮮において朝鮮衡平社は再建されなかったが、食肉販売業者の組合が結成されて旧「白丁」に対する差別の解消を求めた取り組みが進められた。全国水平社と朝鮮衡平社の連絡と提携は大きな成果を生み出さなかったとはいえ、それを実現しようとした双方の努力は貴重な歴史の一齣と評価することができよう。

†排日移民法反対運動

一九二四年四月の二日と一五日、アメリカの下院と上院の両議会で移民法が可決され、日本に大きな衝撃を与えた。この移民法は本来的にはアジア出身者の移民を制限しようとするものであったが、来るべき日本とアメリカの対立を想定して、日本のアメリカへの経済的進出を阻止しようとするため移民を制限しようとする意図が明確であったので、日本では排日移民法と呼ばれることになった。この排日移民法が日本に伝わると、経済界だけでなくマスコミ、多くの団体と個人が相次いで反対の声を挙げ、排日移民法反対運動は全国的な広がりをもつようになっていった。

早くも四月二五日、全国水平社の中央執行委員である阪本清一郎、米田富、平野小剣はアメリカ大使のサイラス・ウッズを訪ね、英文と和文の決議文を手渡した。決議文は、「人間礼讃を「モットー」とする吾等三百万水平社同人は、茲《ここ》に貴国の排日態度に抗議し、且《か》つ斯《か》くの如き非法に同意せんとする米国市民諸君に反省を促す」という内容であった。また平野は、三重県水平社と日本農民組合三重県連合会の合同機関紙『愛国新聞』第一〇号（一九二四年六月一日）に「米国大使を訪問の日」という論稿を寄せ、「吾等は飽くまでも、吾等の人類愛を徹底的に全日本人に知らしめると共に、世界的にも知らしめなければならぬ」と主張した。

全国水平社は四月二七日に、排日移民法反対だけを目的とした臨時大会を大阪で開催した。この臨時大会には約二五〇〇人が参加し、決議文では「一、今回米国上下院を通過したる排日移民法案は、ただに日本民族に対する暴虐的行為に止らずして、全亜細亜《アジア》民族に対する征服的挑戦と認め、全亜細亜民族の蹶起《けつき》を促す。一、吾人は屈辱的外交に甘んずる政府当局の軟弱なる態度を糺弾する」と主張された。そして決議文と宣言が、朝鮮の衡平社、インドのスワラジ運動本部、中国の大アジア協会に送られた。

しかし共産主義の立場をとる全国水平社青年同盟は、機関誌『選民』第四号(一九二四年五月一五日)で排日移民法反対運動を批判することになった。名前こそ出さないものの阪本、平野らを「国粋論者」と呼び、アメリカ大使訪問を「殆《ほと》んど狂の字を以て評すべきである」と批判し、全国水平社臨時大会を「大亜細亜主義者、帝国主義者の宣言に非ずして何ぞ」と断定した。そして「諸君は大亜細亜の団結を図って、日本軍閥とブルジョアジーを支持しようとするのか、取って付けたような『人類愛』の立場!それでは『人類愛』が泣き出すだろう」と大いなる疑問を投げかけた。

この排日移民法反対運動の以前に、一九二三年三月の水国争闘事件と関係して、アメリカとカナダから全国水平社にメッセージが寄せられた。その一つは、片山潜らがアメリカで組織した共産主義系の全米日本人労働協会紐育中央委員会から一九二三年四月付で全国水平社に送られた決議文で、カナダの邦字商業新聞『大陸日報』(一九二三年五月五日)に載せられ、そこでは「壮烈なる水平運動にある民衆は、結束して新時代を作るべき準備としての、組織と運動を怠らざらんことを嘱望す《(しよくぼう)》」と呼びかけられた。もう一つは、一九二〇年七月に結成された加奈陀《カナダ》日本人労働組合から一九二三年五月一日付で全国水平社に送られた決議文であり、また『和歌山日日新聞』(一九二三年六月三日)にも載せられたが、そこでは「特権階級から人間として享有し得る権利を奪還するまでは、諸君もまた我等も連続的突貫を試みなければならぬ」と主張された。

また部落民を含めて多くの日系移民が在住していたロスアンゼルスの松本本光は、日本の部落差別とアメリカの排日運動を批判するため、部落民だけでなく水平運動に共鳴する者を糾合した北米水平社を結成し、『水平時報』創刊号(一九二四年八月)出した。これを読んだ平野小剣は「遠慮するな、世界にこの不合理な差別と迫害と圧政の事実を高らかに叫べ、そして人類の為めに異郷にあって、その自由と平等と幸福を獲得せよ。そのことは決してそれ自身の幸福ではない。全人類への幸福の為めなんだ」(『自由』第一巻第三号、一九二四年一〇月)と述べ、松本を励ました。

さらにハワイに在住していた部落民の岡村護《まもる》は、『悪因習を滅絶せよ』(一九三〇年)というパンフレットを出版し、日本人移民の二世に対して部落差別の撤廃を訴えた。ここで岡村は、

「其水平運動とは、即ち人間が人間を賤《いや》しめる人間冒瀆《ぼうとく》、同胞が同胞を辱かしめる血液冒瀆の陋習《ろうしゅう》を打破して、四民平等の社会を建設しようという意味の運動であります」と水平運動を理解し、ハワイで自ら水平運動を展開することになった。

第 5 章

思想的潮流と路線対立

全国水平社第10回大会（1931年12月）
全国水平社解消論をめぐって激しい論争になった［水平社博物館提供］

1　共産主義と無政府主義

†共産主義派の全国水平社青年同盟

一九二三年二月四日に千葉の市川で非合法である日本共産党の第二回大会が開かれ、政治部、産業部、農民部、青年部、婦人部、教育調査部、出版部、朝鮮係とともに、「水平運動を総括せんがための部門」として水平部が設置されることになった。この水平部は、「①水平運動より優秀な分子を抜きて党員に加える事、②水平運動の内部に共産的分子を結集して、水平共産党なる特殊の秘密結社をつくり、JCPと密接な連絡を保つ事、③外部的に水平運動の発達を助ける事等を主要任務」と定められ、委員長の高橋貞樹と委員の山川均と佐野学の三人で構成された。なお「JCP」とは、日本共産党を英語で表記した「Japan Communist Party」の頭文字である。

これが具体化されて、三月二日から三日にかけて京都市で開かれた全国水平社第二回大会では、共産主義的傾向の青年によって結成された少壮水平社が登場することになり、これに属する各地の活動家によって議論がリードされることになった。しかし六月五日に日本共産党員が一斉に検挙されたことによって日本共産党は壊滅的な打撃を受けたため、その後は普通選挙運動などの合法的な場面での運動に力を注ぐことになった。

　この方向にしたがって、一九二三年一一月一日に大阪の糸若柳子《りゅうこ》（一八九〇〜一九八四）宅に大阪、奈良、京都、兵庫、和歌山、三重などから約三〇人が集まり、全国水平社青年同盟が結成された。当初の全国水平社青年同盟は自らの規約で示されたように、「特殊部落民の解放と、新しき文化の建設を目的とする部落の青年を以って組織する」（『選民』第一号、一九二四年二月一五日）という穏健なものであった。しかし全国水平社青年同盟は、次第に自らの共産主義が顕著な主張を展開するようになった。

　委員長に大阪の松田喜一、中央委員に高橋貞樹、大阪の岸野重春、奈良の木村京太郎と中村甚哉《じんや》（一九〇三〜一九四五）が就いた。そして、『特殊部落一千年史』（更生閣、一九二四年）を著す二〇歳の若い高橋貞樹が、全国水平社青年同盟の理論的な指導を担当することになり、ここに水平運動において共産主義派が成立した。そもそも共産主義派とは、資本家と労働者という階級の対立を基本として歴史を捉える階級的視点から部落問題を把握し、水平運動を労働運動と農民運動と結合させて階級的政治闘争として展開させ、天皇制を中心とした資本家と地主が支配する国家を打倒し権力を奪取する共産主義革命を実現させようとする最左翼の政治集団であった。

一九二四年三月に京都市で開かれた全国水平社第三回大会の後には、第4章で述べたように、水平運動において排日移民法反対運動など国家主義的潮流が顕著になってくるとともに、水平運動は分散的傾向が顕著になった。そこで全国水平社青年同盟は徐々に共産主義の主張を強め、また全国水平社を中央集権的組織に再編するため、部落青年を中心とした教化と訓練に力を注ぐことになった。

しかし一九二四年一〇月には全国水平社に激震をもたらした、情報ブローカーの遠島哲男が警視庁のスパイであるとする遠島スパイ事件が起こり、全国水平社青年同盟はスパイ事件に絡んでいたとする、中央執行委員長の南梅吉、中央執行委員の平野小剣と米田富を激しく攻撃するようになった。そして一二月一日から三日にかけて大阪市で開かれた全国水平社府県代表者会議では、南の引退、平野の除名、米田の陳謝が決定され、全国水平社青年同盟は西光万吉、阪本清一郎、泉野利喜蔵ら全国水平社創立以来の「旧幹部」、そして福岡の松本治一郎、岡山の三木静次郎らとともに、全国水平社連盟本部の一角を担うことになった。

そして一九二五年五月七日から八日にかけて大阪市で全国水平社第四回大会が開かれ、全国水平社青年同盟によって共産主義が濃厚な宣言も提案された。しかし泉野利喜蔵の提案によって法規委員会の付託となり、その後の法規委員会で大いに議論となったが、結果的には反対が多かったために保留となった。

†無政府主義系の全国水平社青年連盟

全国水平社青年同盟による影響力の拡大に危機感を抱いたのが、全国水平社青年同盟に反対する諸勢力であった。全国水平社第四回大会から一週間後の一九二五年五月一五日、名古屋市で全国水平社自由青年連盟を結成する準備会が、約二〇人余りの参加者を得て開かれた。

ここで提案された申合では、「吾々は確固不抜のエタ意識の上に基礎を置き、我等同人の徹底的解放運動の戦線に起《た》つものである」「醜悪な社会運動へ手を差伸べるものではない」「吾等の使命は、唯心と唯物との統合を促進し、人類最高完成の領域に突進するものである」「吾等は明確なる意識の上に立脚し、自由と平等と平和の水平新社会建設の為め、飽迄《あくまで》邁進するものである」（『自由新聞』第一号、一九二五年六月一〇日）などが主張された。これは共産主義派の主張を批判し、全国水平社創立の理念である人間主義と部落民アイデンティティを継承しようとするものであった。

そして一〇月一八日に京都市で、名称から「自由」を除いて全国水平社青年連盟第一回協議会が開かれ、ここでは共産主義派の主張する政治運動に反対する姿勢を強く打ち出した。この全国水平社青年連盟は水平運動における無政府主義系の成立を意味していたが、本来的に無政府主義とは、共産主義派と同様に部落問題を階級的に捉え、労働運動や農民運動との連帯を承認したものの、それは経済闘争に限定するものであり、政治に関わると腐敗するとの認識のもと、決して政治闘争の必要性を認めず、無産政党さえ否定するほどであった。

とりわけ問題になったのが、共産主義派の指導者である高橋貞樹に関する「不純分子一掃の件」であった。高橋は出自からすると非部落民であり、このことは「特殊部落民は部落民自身の行動によって絶対の解放を期す」という全国水平社綱領に違反するから全国水平社から追放しようと提案され、可決されることになった。そして最終的には翌年の一九二六年五月一日に開かれた全国水平社中央委員会で、高橋に対する全国水平社からの除名処分が決定されることになった。

ただし全国水平社青年連盟は政治運動を否定し、共産主義派に対抗したものの、生活擁護に関わる意見が統一されているわけではなかった。全国水平社青年連盟第一回協議会では、例えば「協議機関設置の件」については賛否両論あって討論は熾烈《しれつ》を極めたが、「反帝国主義、反資本主義の団体と青年連盟が利害関係共通の場合にのみ、青年連盟協議機関を設置する」という限定のもとで可決された。

また岐阜の北原泰作によって提案された政治行動を否認する「政治行動に関する件」についても、結局は「ブラク無産大衆を経済的に解放するならば、経済的直接抗争を日常に於てなすことがより実際的なりとして、政治行動は保留の意味で否決する」ことになった。つまり、経済や生活に関わる政治運動まで否定することに対しては、完全に意見が一致することはなかったのである。

全国水平社青年連盟に参加したのは、京都、福井、愛知、静岡、岐阜、長野などの活動家とともに、一九二五年四月一七日に結成されていた全関東水平社青年連盟に結集する平野小剣ら関東の活動家であった。これらは無政府主義の立場に立つ者だけではなく、共産主義派に対抗しようとする人びとも含まれ、その意味では純然たる無政府主義者だけではなく、反共産主義としての無政府主義系の結集と言えるものであった。

この全国水平社青年連盟の中心を担ったのは、全国水平社から除名されて全関東水平社青年連盟を拠点としていた反共産主義の平野小剣とともに、無政府主義的傾向が濃厚な東京の深川武、岐阜の北原泰作、長野の朝倉重吉、静岡の小山紋太郎、愛知の鈴木信（一九〇四〜？）と生駒長一（一九〇五〜一九四五）、京都の菱野貞次らであった。

†熾烈なアナ・ボル対立

一九二五年九月一八日、大阪市で全国水平社青年同盟の創立二周年大会が開かれた。この直前の八月から『選民』は『青年大衆』と改題されて全日本無産青年同盟準備会の機関紙となっていたが、この大会では高橋貞樹の指導によって、全国水平社青年同盟を解体したうえで、一方で全日本無産青年同盟、他方では全国水平社無産者同盟に改組されることになった。これは共産主義派として明確に全国水平社無産者同盟を名乗って純化させ、全国水平社から保守主義系、無政府主義系を放逐して共産主義化を図り、資本主義に対して経済闘争と政治闘争へ進出しようとするものであった。

一九二六年五月二日から三日にかけて、福岡市で全国水平社第五回大会が開かれた。この大会では、アナキズムと呼ばれる無政府主義系とボルシェビキと呼ばれる共産主義派との路線対立、すなわちアナ・ボル対立が全国水平社の統一と団結を大きく乱すことになった。その激しい路線対立を象徴するのが、創立大会で可決された綱領を改正しようとする、全国水平社本部が提案した「綱領改正の件」をめぐる議論であったので、『水平新聞』第七号(一九二六年五月二〇日)によって紹介しよう。

提案した共産主義派の中央委員である松田喜一は、「過去の漠然とした小ブルジョア的綱領を代えるに、明確なる無産階級意識の上に立った行動の綱領が必要です」と説明し、徹底的糾弾、融和運動の排撃、弾圧法令の撤廃、麻痺させる教化の反対、部落無産者の擁護など共産主義的傾向が顕著な具体的行動を提起した五項目の綱領案を示した。しかし無政府主義系の立場からは、小山紋太郎が「綱領は、変るべきものではない」、北原泰作が「敢《あえ》て綱領を改正する必要はないと思う。水平運動は民族意識の上に立って徹底的に闘ったらよいではないか」、愛知の生駒長一が「綱領は目的を示すもので、新綱領は行動を現してある。故にこうした新綱領は、決議とされるべきである。決議としてなれば賛成だが、綱領とする事に極力反対するものである」との反対意見を述べた。

なお関連して、ここで北原が述べた「水平運動は民族意識の上に立って」の意味について触れておこう。この時期まで部落問題の独自性をふまえて、部落を「民族」、水平運動を「民族運動」と規定する場合があった。しかし社会科学的知識が深まってくるにしたがって、次第に部落は「身分」であると見なされるようになった。そして第4章で述べたように、全国水平社は『水平新聞』第五号（一九三〇年五月三一日）でスローガンとして「封建的身分制の廃止」を初めて掲げ、これ以降から部落問題の独自性を考慮して、部落を「身分」、水平運動を「身分闘争」と規定する認識が一般化していくようになった。

そして松田の提案に賛成する共産主義派の立場からは、大阪の下阪正英が「指導方針である綱領を、ハツキリとした無産階級的なものにしなければならぬ」、熊本の岩尾家定（一九〇四～一九四〇）が「吾々の目標を定めたる新綱領には、双手《もろて》をあげて賛成するものである」、奈良の山田孝野次郎が「ハッキリとした無産階級的指導方針を持つことが必要である。私は改正案に対し絶対賛成です」と述べて本部提案を支持した。このような激しい討論を経て法規委員会に付託されることになり、二日目に法規委員会委員長の西光万吉から提案された、共産主義派と無政府主義系の双方の主張を取り入れた、「一、我等は賤視観念の存在理由を識《し》るが故に明確なる階級意識の上にその運動を進展めしむ」を含む新しい綱領が可決されることになった。

また全九州水平社から「水平社青年団体統一の件」という緊急動議が提案され、中立的立場に立つ花山清は「吾々の力は、団結より外にない。水平社内部に、青年団体が幾つもある。之を統一して、力を集中したいと思う」と説明した。この青年団体とは、明らかに全国水平社青年連盟と全国水平社無産者同盟を指していた。そこで共産主義派である奈良の本田伊八が「その方法は」と質問したのに対し、花山は「先ず各団体代表者の懇談会を開きたいと思う」と答えた。

そして中立的立場に立つ高知の国沢亀《すすむ》（一八九四〜一九三四）らが「もろ手を挙げて賛成します」と述べたが、共産主義派の本田は「実行不可能だから、来年迄保留にしたい」、無政府主義系の北原も「私も不可能と思います」と述べ、最終的には採決によって保留となった。このようなアナ・ボル対立を憂慮した中立的立場に立つ活動家は、全国水平社の統一と団結のため青年団体を統一したいと努めたが、共産主義派と無政府主義系の双方は全く聞く耳をもたなかった。なお奈良県水平社が提案した「無産政党支持の件」をめぐってでも、共産主義派と無政府主義系との間で激しい議論が展開された。

†統一と団結の回復

全国水平社青年連盟の内部では、全国水平社創立の理念によって水平運動の統一を模索しようとする平野小剣らと、より無政府主義の立場を鮮明にしようとした小山紋太郎や北原泰作らとの間で徐々に分岐が生まれてくるようになり、一九二六年九月一日に小山や北原によって名古屋市で全国水平社解放連盟が結成された。全国水平社解放連盟は無政府主義の立場を純化させた団体であり、これに長野、埼玉、東京、静岡、愛知、岐阜、京都、兵庫、大阪、広島、山口に及ぶ活動家が参加した。そして一九二七年七月二五日に機関紙『全国水平新聞』を創刊して、より立場を鮮明にした無政府主義派と呼ばれるにふさわしい団体に転換した。

全国水平社第六回大会をめぐっては、共産主義派を中心とした全国水平社本部は京都市で開こうとしたが、無政府主義派は自らの拠点である名古屋市で開こうとした。しかし結局のところ共産主義派と無政府主義派との間に妥協が成立し、一九二七年一二月三・四日に広島市で開かれた。共産主義派と無政府主義派は激しく対立していたものの、この大会では差別糾弾闘争など一定の課題について共同歩調をとることになった。

そして第2章で述べたように、一九二〇年代後半から普通選挙法に基づいて全国水平社が議会へ進出するようになると、共産主義派が勢力を広げることになった。これまでの共産主義派は全国水平社無産者同盟に結集する日本共産党員を基本としていたが、全国水平社の活動家が共産主義派との関係が良好な労働農民党を基盤として各議会議員選挙に立候補し、労働農民党に加入するようにもなった。つまり全国水平社には純然たる共産主義派とともに、共産主義派に同調する共産主義系とも言うべき活動家が新たに生まれるようになったのである。

しかし一九二八年三月一五日、田中義一内閣は前月の衆議院議員選挙での活動を通して日本共産党が勢力を伸長させていることを恐れて、約一六〇〇人の日本共産党員と同調者を一斉検束する、いわゆる三・一五事件を起こした。これによって、松田喜一、木村京太郎、中村基哉、本田伊八、そして西光万吉らの共産主義派は、全国水平社内において影響力を失うことになった。それでも残った活動家によって、五月二六・二七日に京都で全国水平社第七回大会が開かれた。しかし無政府主義派は不参加の意向を示し、大会に参加した無政府主義派の京都の梅谷新之助（一九〇六〜一九五七）は、壇上に駆け上がって「我々は、大会を認めない」と叫んだため会場は混乱に陥り、警官から解散を命じられてしまった。

それでも後に述べる社会民主主義系の阪本清一郎、泉野利喜蔵、それに井元麟之の尽力によって、七月一五日に奈良の高田町で全国水平社第七回大会に代わる全国水平社府県代表者会議が開かれ、全国水平社の統一と団結を乱してきた共産主義派と無政府主義派の双方が厳しく批判された。このような状況のなかで、全国水平社解放連盟内でも全国水平社に合流していこうとする小山紋太郎、生駒長一らと、あくまでも純然たる無政府主義派として結集することに固執する大阪の山岡喜一郎（一九〇四？〜？）や梅谷らとに分岐した。

一九二九年一一月四日、名古屋市で全国水平社第八回大会が開かれ、北原、小山、生駒ら全国水平社に合流していこうとする全国水平社解放連盟に属する多くの活動家が参加して、大会議案の提案と討論をおこなった。この時点で共産主義派は三・一五事件によって壊滅していたので、この大会は阪本、泉野らを中心として新たに台頭してきた社会民主主義系と、柔軟な無政府主義派との連携によって成立したものであった。

大会が終了した直後の夜、北原、小山、生駒らによって名古屋市の愛知県水平社本部で全国水平社解放連盟の全国委員会が開かれ、全国水平社解放連盟を解体して戦線統一に邁進することを決定した。そして声明書を発表し、「我等は水平運動現下の状勢に鑑《かんが》み、全国水平社戦線統一の為め、茲《ここ》に、我等の全国水平社解放連盟を解体す」（『水平新聞』第二号、一九三〇年一月一日）と宣言した。これによって一九二〇年代後半において水平運動に大きな混乱をもたらした熾烈なアナ・ボル対立は基本的に終止符を打つことになり、全国水平社は統一と団結を回復したのであった。

2　新共産主義と社会民主主義

†新共産主義系の全国水平社解消論

全国水平社は統一と団結を回復したものの、今度は新たに共産主義に基づいて水平運動を展開しようとする新共産主義系が登場し、新たな組織的分岐が表面化することになった。ただし新共産主義系といっても結集したのは日本共産党員ではなく、朝田善之助、井元麟之、北原泰作、野崎清二《せいじ》（一八九七〜一九六二）らを中心とする日本共産党の同調者となった活動家であり、とくに朝田と北原は無政府主義系からの転身であった。

一九三一年一二月一〇日に奈良の桜井町で開かれた全国水平社第一〇回大会では、中央常任委員会が提出した「運動方針書に関する件」が中心的な議案となった。説明に立った常任委員である大阪の泉野利喜蔵は、世界経済恐慌に端を発した日本経済の危機的状況、そのもとでの民衆の生活不安、政治と社会のファシズム化などを強調し、部落差別を生みだす封建的な社会的政治的基礎の徹底的な改革と一般労農階級の自覚、一般労農階級の理解と提携による部落民の生活権奪還、一般無産団体との結合による共同闘争団体の組織化などを提案した。

議論に入って福岡の井元は「泉野君によって説明された運動方針は、全部落民を同胞だとする水平主義の思想で貫かれており、身分の組織たる水平社を階級組織の一翼として規定している。それは、全然誤謬だ」(『水平新聞』第一四号、一九三三年二月二七日)と前置きし、運動方針書に対抗して全国水平社九州連合会常任理事会の「全国水平社解消の提議—第十回全国水平社大会への意見書—」、つまり全国水平社解消論を説明することになった。

この全国水平社解消論とは、日本資本主義の没落とファシズム化の急激な進行という認識をふまえて、全国水平社を解消して部落民を日本共産党が指導する革命的な労働組合や農民組合などに組織し、これらの革命的な階級的基本組織によって身分闘争を闘い、それによって共産主義革命を実現していこうとするものであった。

これが全国水平社解消論であり、都市での労働組合、農村での農民組合との連携もしくは連帯に現実的な基盤をもっていた。そして理論的な根拠になったのは、一九三一年に共産主義インターナショナル(コミンテルン)が作成した「日本共産党政治テーゼ草案」(三一年政治テーゼ草案)と赤色労働組合インターナショナル(プロフィンテルン)が作成した「日本における革命的労働組合の任務」という決議であり、とくに三一年テーゼ草案では、急激な日本資本主義の没落と社会民主主義勢力のファシズム化などが強調されることになった。

大会での全国水平社解消論をめぐる議論について『水平新聞』第一四号で紹介すると、まず社会民主主義系の泉野が「私はその理論に対して階級的には敬意を表するが、全部的に承認出来ない」と述べつつ、二つの疑問を呈した。第一は「身分闘争は認めるが、水平社の存在は反動的だというのはどうか」とし、「労農組合によって身分闘争が闘われねばならぬというが、組合は前衛の組織でなく大衆団体だ。大衆は意識の水準が低い。差別闘争をやるどころか、差別観念を抱いているのだ」という組織論を述べた。そして「プロフィンテルンの決議に現れた「排外主義」と水平社の「水平主義」とを同一意味に扱うことは正しくないと思う。水平社の何処にも、排外主義はない」と述べ、全国水平社が排外主義に陥っているという論理を厳しく批判した。

しかし新共産主義系の本田伊八は「全水解消意見に賛成する」という立場から、かつて全国水平社に排外主義が存在したことを述べ、「泉野君の運動方針では、部落民は益々反動化し、遂《つい》には融和運動に転落するだろうことは明かだ」と批判した。また全国水平社解消論の作成に加わった野崎も、「差別糺弾闘争によって、如何《いか》に階級的な指導によっても、水平社としての闘争である以上、部落労働者農民と一般の労働者農民との間に身分的感情対立による分裂が深まる」と述べ、また泉野ら社会民主主義系の活動家が社会ファシズムになる危険性にも警戒した。

これらの全国水平社解消論の賛成意見に対して、社会民主主義系である長野の朝倉重吉は

「唯物弁証法の立場から、左翼小児病的な観念的な解消意見に絶対反対する」と反対意見を述べた。それは「現在ファシズムの波の高まっている時に全水を解消することは、部落民を反動へ追いやることだ」という認識からであり、「野崎君も未組織の部落民はもとより、組織化された部落民さえ反動化したと云ったが、左翼の野崎君の影響下にある大衆さえそうなのだ。故に解消は尚更《なおさら》反対だ。部落民反動化を食い止めるのが、水平社の役割だ」と反論した。

しかし新共産主義系の生駒長一は「朝倉君の弁証法とは敗北主義の哲学であり、臆病者の泣言だ！」と批判し、「私は解消意見が絶対に正しいと認める」としつつも、運動方針書についての協議を新しい中央委員会に付託することを提案した。また全国水平社解消論の作成に加わった北原泰作も「全国水平社の解消は、必然である」としつつ、「水平主義とは、身分闘争における排外主義に外ならぬ。朝倉君は唯物弁証法（？）から解消に反対されたが、私は唯物弁証法の立場から必然なものとして賛成する」と述べ、生駒と同じく運動方針書についての議論を新しい中央委員会にゆだねることを希望した。ここで議論は打ち切られ、運動方針書についての議論は新しい中央委員会に付託されることになった。

†新共産主義系の非現実性と破綻

この全国水平社解消論に対して、全国水平社の外部から意見が寄せられた。まずマルクス主義経済学者として著名であった河上肇（一八七九〜一九四六）は、『社会運動通信』第六六三号（一九三二年一月一日）に載せた「水平社解消運動について（一九三二年度社会運動展望の重要なる一契機）」という論説で、「水平社解消運動が充分効果的に行われ、国内における統一戦線の樹立の上に大きな貢献をなすであろう」と期待した。

しかし全国水平社解消論を批判したのは、中央融和事業協会に勤めていた融和運動の理論家である広島の山本正男であった。山本は『社会福利』第一六巻第七号（一九三二年七月）に載せた「全国水平社の解消闘争批判」という論説で、「尠《すくな》くとも部落の未組織大衆を組織化することは、困難であると思う。解消派はよし全水内の闘争において成功するも、部落における左翼の運動として急激な展開を見ることは至難であろう」という批判的な展望を示した。

そして、第3章で述べた「福岡連隊爆破陰謀事件」によって下獄していた中央委員会議長の松本治一郎が仮出獄したのを待って、一九三二年三月二三日に大阪市の総本部で全国水平社第一回中央委員会が開かれ（『水平新聞』第一六号、一九三二年七月三日）、第一〇回大会で新しい中央委員会に付託された運動方針書と全国水平社解消論をめぐる再度の議論がおこなわれることになった。しかし議論は言葉尻を捉えた批判の応酬に終始したので対立は全く解消されず、結果的には討議委員会で議論されることになった。

このように全国水平社解消論に賛成した活動家は日本共産党員ではなかったが、日本共産党の同調者であったので新共産主義系と呼ぶにふさわしい存在であった。かつて北原、朝田、生駒らは無政府主義系であったが、北原は社会民主主義系に移行し、最終的には新共産主義系に行き着いた。また全国水平社解消論に反対した朝倉も同じく無政府主義系であったが、この時期には社会民主主義系に立場を移行するようになっていた。つまり全国水平社解消論をめぐる論争は無政府主義系の分裂によって生じた、新共産主義系と社会民主主義系との新たな対立の様相をも呈するものであった。

そもそも全国水平社を革命的な労農組合に解消させようとした全国水平社解消論は、それ自体が困難な現実に直面していた。全国水平社解消論が想定した革命的な労農組合とは、日本共産党の指導のもとに一九二八年一二月二五日に結成された日本労働組合全国協議会、一九二八年五月二七日に結成された全国農民組合に対する日本共産党の革命的反対派結成戦術によって、一九三一年八月一五日に結成された全農改革労農政党支持強制反対全国会議、いわゆる全農全国会議派であった。

しかし、これら革命的な労農組合は、権力の厳しい弾圧もあって争議などにおいて十分な闘いを展開できずに組織的沈滞をきたし、ましてや全国水平社解消論が主張するような身分闘争を独自に闘えるだけの問題意識と組織的力量を決して持ち合わせていなかった。それでも日本共産党は『赤旗』第七六号（一九三二年五月三〇日）に掲載した「全国水平社解消闘争委員会を組織—全協及び全農全国会議派へ—」で、「今や全国的に革命的解消闘争は、拡大強化しつつある」との楽観的な認識を示し、全国水平社解消闘争が行き詰まっていることを決して認めようとはしなかった。

全国水平社解消論は全国水平社内に亀裂と対立を生みだし、水平運動を停滞させるばかりか、全国水平社への期待や関心さえ低下させていくことになった。その結果、七月三日の第二回中央委員会と一一月三〇日の第三回中央委員会は出席者が少なく、また全国水平社総本部は機能停止の状態に陥った。まさに全国水平社解消論は全国水平社に大きな衝撃をもたらしたが、その現実的な実現性はきわめて低く、広範な支持を得ることが困難な左翼セクト主義の産物にほかならなかった。

†社会民主主義系の形成

全国水平社解消論に対する反対を契機として台頭してきたのが、社会民主主義系であった。社会民主主義系とは、非合法の日本共産党のように共産主義の立場を鮮明にして、水平運動を共産主義革命のための階級的政治闘争として展開しようとするような、確固たる思想的集団ではなかった。しかし基本的には既成政党とつながろうとする保守主義を拒否し、労働組合、農民組合、無産政党と連帯しながら、日本社会を合法的かつ民主主義的に漸進的な変革を実現するために水平運動を展開しようとする潮流が、まさしく社会民主主義系であった。

この全国水平社における社会民主主義系の淵源を辿れば、全国水平社創立に行き着くことになる。第1章で述べたように、全国水平社創立の思想は内実において多様性を帯びていたが、基本的には全国の部落民を結集させて自由と平等を基本とする部落解放を実現しようとする、きわめて民主主義的な思想を軸としていた。しかし一九二四年一〇月に起こった遠島スパイ事件を契機として、これら全国水平社の創立者は影響力を失い、共産主義派と無政府主義系の台頭によって、全国水平社内で傍流の位置に追いやられるか、全国水平社を去ることになった。そして全国水平社に残った西光万吉、阪本清一郎、米田富、泉野利喜蔵らは「旧幹部」と呼ばれ、熾烈《しれつ》さを増していったアナ・ボル対立のなかで、折に触れて全国水平社の分裂を避けて統一と団結を回復させるための努力を惜しまなかった。

一九二八年の三・一五事件によって全国水平社から日本共産党員が一掃されて共産主義派の影響力が弱まり、阪本と泉野が水平運動の第一線に登場するようになった。これを象徴するのが、中央委員の阪本と理事の泉野という二人の主導によって、一九二八年七月一五日に奈良で開かれた全国水平社府県代表者会議であり、ここでは共産主義派と無政府主義派が全国水平社の統一と団結を阻害したと見なされ、厳しく批判されることになった。

すでに述べたように、この無政府主義派であった活動家は、無政府主義が水平運動に適合的でないことを認識するようになり、次第に分化することになった。共産主義に期待を託そうとした北原泰作、朝田善之助、生駒長一らは新共産主義系となり、民主主義的に日本社会を変革しようとする朝倉重吉、小山紋太郎、菱野貞次、深川武らは社会民主主義系へ移行することになった。とくに新共産主義系の活動家は当初こそ阪本、泉野、米田らと連携を保っていたが、一九三一年一二月の全国水平社第一〇回大会で提案された全国水平社解消論をめぐって対立したことによって、新共産主義系と社会民主主義系の対立という新たな構図を呈するようになった。

しかし一九三三年三月三日に福岡市で開かれた全国水平社第一一回大会で、全国水平社解消論の破綻が明確になった。そして程なくして日本共産党員となった北原は治安維持法違反の嫌疑によって検挙され、朝田をはじめ井元、野崎らは共産主義に期待をかけつつも、社会民主主義系の活動家との共同歩調をとることになった。この時期には、社会民主主義系の松本治一郎が中央委員会議長として強い指導力を発揮し、また自らが経営する土建会社の利益によって全国水平社総本部の運動資金を側面から支えるようになり、全国水平社は全体として社会民主主義系の活動家によって主導されるようになった。

†社会民主主義系の行動

社会民主主義系は系が付くだけに、共産主義派のように明確な論理が統一されていたわけではなく、個々の活動家において差異があった。それでも社会民主主義系と名づけられるからには、一定の行動は共通していた。それでは社会民主主義系は、どのような行動をとったのか、中心人物の阪本清一郎と泉野利喜蔵に即しながら述べていくことにしよう。

全国水平社創立者の一人であった阪本は家業の膠《にかわ》製造に携わり、性格的には冷静沈着であり、組織をまとめあげることに長《た》けていた。やがて無産政党に関しては左派の労働農民党に深く関わり、労働組合と農民組合との連携を志向したものの、階級闘争のみを重視することはなかった。また共産主義派と無政府主義系の何《いず》れにも与《くみ》することはなく、激しいアナ・ボル対立という路線対立からは完全に距離を置いていた。

それ故に、三・一五事件によって共産主義派が影響力を失った後に水平運動の前面に立つようになり、一九二八年七月一五日に奈良の高田町で開かれた全国水平社府県代表者会議では、中心的役割を担うようになった。すなわち自らが執筆した「水平社の運動方針に就いて」という議案を奈良県水平社として提出し、水平運動を停滞させ混乱を生じさせた共産主義派と無政府主義派を厳しく批判し、部落民衆の厳しい生活状況をふまえて新たに生活擁護闘争を提起することになった。その生活擁護闘争の中心となったのは、「水平運動の要綱と政策」で示された「政府の融和政策に反対し、徹底的部落民施設を政府に要求する」という、後の部落委員会活動の部落改善施設費要求闘争に引き継がれる論理であった。

また阪本は一九二九年五月の市町村会議員選挙に社会民主主義政党の大和無産統一党から立候補し、最高位で掖上《わきがみ》村会議員に当選した。とりわけ阪本が村会議員として注目されるのは、一九三一年一月六日に起こった、南葛城郡医師会会長の舟木大三郎《だいざぶろう》による差別発言に対する対処であった。全国水平社総本部の北原泰作は大衆的闘争による差別糺弾闘争として発展させようとしたが、それを十分に理解しつつも阪本は、差別事件を掖上村会にもち込んで議論によって社会的世論を形成し、医師会に対しては部落問題についての研究座談会を開催させた。また舟木に対しては自らが執筆した『扉を開く』（全国水平社奈良県連合会、一九三四年）に対して資金を出させて啓発に役立てるなど、後の人民融和的糺弾につながるような部落差別の残酷さと部落問題の重要性を広く社会に訴えるよう努めた。

第3章で述べた福岡連隊差別糺弾闘争に関連して、いわゆる「福岡連隊爆破陰謀事件」によって中央委員会議長の松本治一郎が下獄すると、阪本は中央委員会議長代理に就任した。そして自らと同じく社会民主主義系として、筆頭格の常任委員の任にあった全国水平社の中心人物であった泉野を、積極的に支援することになった。しかし第6章で述べるように、一九二八年の三・一五事件によって下獄していた盟友の西光万吉が転向して一九三三年二月に仮釈放され、一九三四年に日本国家社会党に入党すると、西光とともに『街頭新聞』を発行し、軸足を日本主義的な国家社会主義に移すようになった。

阪本と同じく全国水平社創立者の一人である泉野は、水平運動の理論と実践の双方において優れた能力を発揮した。泉野の思想的な輪郭が少しでもうかがえるようになるのは、全国水平社青年同盟という共産主義派が登場してからであった。泉野は理論的には全国水平社青年同盟と近く、高橋貞樹が主宰する研究会に堺の自宅を提供するほど、高橋をはじめ全国水平社青年同盟の活動家とは親しい関係にあったが、全国水平社青年同盟には加わらず、実践的には一定の距離を保つことになった。

そして第3章で述べた水国《すいこく》争闘事件によって、泉野は一九二六年一月に下獄し、出獄してから一九二七年九月二六日の全国水平社拡大中央委員会に出席した。この時期には、日本共産党の全国水平社フラクションで外郭に位置する対策委員会のメンバーとなり、共産主義派に近い立場で水平運動を担うようになった。そして一九二八年一月二五・二六日に開かれた第一回中央委員会で、泉野は本部理事に選ばれた。

しかし三・一五事件を契機として、泉野は全国水平社から一掃された共産主義派とは距離を置くようになり、地元の堺で新労農党、社会民衆党、日本労農党などが関係した堺無産クラブに参加するようになった。さらに泉野は一九二九年一月の堺市議会議員選挙では、一九二八年一二月に結成された社会民主主義政党の日本大衆党から立候補して当選し、社会民主主義の立場を鮮明にするようになった。

また泉野は、全国水平社解消論に対しては先頭にたって反対の論陣を張り、理論的には新共産主義系と一致する点があったものの、実践的には決して相容れず、社会民主主義系の立場を堅持した。そして泉野は、全国水平社では一九二八年から理事、一九二九年から常任委員、一九三四年からは常任中央委員など、筆頭格の重要な役職を歴任し、運動方針の作成や各地での闘争の指導などで遺憾《いかん》なく能力を発揮することによって、全国水平社における社会民主主義系の活動家として中心的存在であり続けた。

3　保守主義・国家主義・中間的潮流・部落民

†保守主義の南梅吉

創立された全国水平社では南梅吉は中央執行委員長を務めたものの、その思想的立場は保守主義に近いと言えるものであった。したがって社会主義的潮流から距離を置いて、もっぱら憲政会の衆議院議員である片岡直温《なおはる》（一八五九〜一九三四）や京都市議会議員とつながり、また第2章で述べた政友会の衆議院議員である横田千之助とも親交を結ぶほどであった。また部落改善費を水平社に下付するよう中央政官界に繰り返し陳情し、京都の融和団体である京都府親和会と華族の本多譲によって設立された融和団体の公平会とも密接な関係をもっていた。

しかも南は、小説家で戯曲家の倉田啓明《けいめい》（一八九二?〜?）らが一九二三年三月三一日に設立した演劇水平社に協力したが、演劇水平社が各地の会社や銀行に対して寄付金を強要したため、全国水平社は演劇水平社と南に対して注意を促すほどであった。とりわけ南は横田との親交から情報ブローカーの遠島哲男と深く関係するようになり、遠島が一九二四年一月に創刊した『同和通信』への協力を惜しまなかった。

このように南の保守主義が顕著になるにつれて南に対する批判が続出し、一九二四年一〇月には遠島が警視庁のスパイであるという遠島スパイ事件が発覚することによって、全国水平社に激震がもたらされることになった。そして一二月一・二日に全国水平社府県代表者会議が大阪で開かれ、これに南は参加しなかったものの、南の中央執行委員長勇退、平野小剣の同人待遇停止、米田富の陳謝が決定され、この決定を受け容れた南は一九二四年五月五日に中央執行委員長を辞任することを発表して全国水平社から去ることになった。

全国水平社と関係を断った南は、一九二五年六月二日に大阪で開かれた第二回近畿府県融和事業協議会に参加し、融和運動の進め方と部落の子どもに対する育英奨励について積極的に発言した。また南は一九二六年一月に『正義之声』と題する雑誌を発行したが、これに寄稿したのは東本願寺の梅原真隆、西本願寺の武内了温、歴史研究者の喜田貞吉、中央融和事業協会の三好伊平次、全国融和連盟の山本正男ら、多くが融和運動の関係者であった。

そして南は満を持して一九二七年一月五日に二府一五県の有志を集めて京都市の自宅で全国協議会を開き、日本水平社が結成された。日本水平社は自らが全国水平社創立当時の本旨を継承するとして綱領、宣言を採用し、部落差別に対しては糾弾ではなく道徳的説諭、共産主義と無政府主義の排斥を基調とすることになった。そして執行委員長には南、顧問には京都府水平社委員長であった寺田清四郎ら、準備委員には三重県水平社委員長であった北村庄太郎らが就き、関東からは平野小剣に近い川島米治《よねじ》（一八九八〜一九七二）、坂本清作《せいさく》（一八八八〜一九八四）、山口静（一九〇〇〜一九七〇）ら全国水平社と距離を置く活動家が参加した。

結成された日本水平社が精力を注いだのが、全国水平社を掌握していたとする共産主義派に対する敵意むき出しの激しい批判であり、一九二八年五月二五日には南の息子である南啓介が「共産党撲滅声明書」というビラを広く配布するほどであった。また日本水平社は普通選挙に対応して政界進出を図ろうとして相次いで保守政党を結成したが、結局は失敗に終わった。しかし当然にも、このような日本水平社は、全国水平社から厳しく批判された。

一九三一年九月一八日に勃発した関東軍による中国東北部への侵略である「満州事変」を契機として、軍部と民間右翼を中心とした国家主義勢力が台頭してきた。これに伴って日本水平社は保守主義から国家主義へと軸足を急速に移すようになり、政府と軍部の中国への侵略政策を露骨に支持するようになった。しかも日本水平社が部落問題に取り組まなくなると、ただでさえ乏しい影響力はますます減退するようになった。そして一九四二年一月一七日に南は所轄の西陣警察署に解散届を提出し、日本水平社は一度も大会を開くことさえなく、自発的な意思によって解散することになった。

†アジア主義的国家主義の平野小剣

全国水平社が創立されてから平野は中央執行委員に就き、関東における水平運動の最高指導者となった。平野は一貫して部落民の自覚と決起を訴え、労働運動での労働争議の経験から差別糺弾闘争を強調した。しかし共産主義派は、一九二四年一〇月に発覚した遠島スパイ事件を契機として平野に対する排撃を強めることになり、結果的に平野は全国水平社から去らなければならなくなった。ちなみに平野と懇意であったジャーナリストの吉井浩存は、外部からの観察ではあったものの、遠島スパイ事件を共産主義派が全国水平社連盟本部を掌握するための策略と明確に見なしていた。

平野は全国水平社から去ってから、群馬の世良田《せらだ》村事件による関東水平社の内紛を契機として、群馬の坂本清作、川島米次、山口静らとともに、一九二五年四月一七日に全関東水平社青年連盟の結成に参加し、五月一五日には無政府主義系である全国水平社青年連盟の結成に参加したように、水平運動の戦列から離れたわけではなかった。このように平野は無政府主義系に属していたものの、平野なりにアナ・ボル対立の最中に大同団結を訴えることになったが、これが実現せずに失望してしまって水平運動には関わらなくなっていった。

　これと軌を一にするように、平野は政友会後援者で実業家の辻嘉六《かろく》（一八七七〜一九四八）、思想家の橋本徹馬（一八九〇〜一九九〇）との出会い、そして一九二八年三月の日本共産党員一斉検挙の三・一五事件、さらに四月の日本による軍事的挑発である山東出兵に衝撃を受け、八月一日に国家主義団体の内外更始倶楽部を結成し、機関紙『革新時報』を創刊した。内外更始倶楽部は綱領に「被圧迫者の社会的、政治的、経済的の解放」とともに「覇道《（はどう）》文化を克服し全アジア民族の解放」を掲げ、平野は外務省から資金を得て、視察と称して再三にわたって朝鮮と中国を訪れた。このように平野の思想とは、端的にはアジア主義的国家主義であったと言えよう。

　平野は一九三一年九月に起こった「満州事変」にも深く関与したと思われ、一九三二年一二月一三日に結成された国家主義団体による国体擁護連合会の常任委員となり、著名な国家主義者の頭山満（一八五五〜一九四四）、蓑田胸喜《むねき》（一八九四〜一九四六）らと親交を結んだ。また平野は、一九三五年には憲法学者の美濃部達吉（一八七三〜一九四八）が唱えていた天皇機関説に反対を表明し、国体明徴運動にも参加して日本のファシズム化に加担した。一九三七年七月七日に勃発した日中戦争に対しては一貫して政府と軍部の戦争政策を支持するとともに、アメリカとイギリス、この両国に援護を受けた中国の国民党政府に対して激しい敵意を露わにし、一九四〇年一〇月二五日に亡くなるまで、アジア侵略の役割を果たすアジア主義的国家主義を貫いた。

†独自路線の栗須七郎と中間的潮流

全国水平社創立には関係しなかったものの、一九二三年三月二・三日の全国水平社第二回大会では和歌山の栗須七郎は、水平運動における重要人物の一人として役割を果たした。栗須は一九二二年五月二八日に和歌山で全国水平社中央執行委員の平野小剣、西光万吉、泉野利喜蔵らと会って水平運動に参加する決意を固め、六月には大阪の西浜に居住を移し、八月五日の大阪府水平社創立に奔走した。また栗須は「水平の行者」と呼ばれたように全国各地で熱弁をふるって大きな人気を博し、一九二三年七月に大阪府水平社出版部から『水平運動の精神』を出版するなど執筆活動も実に旺盛であった。

栗須の思想は当初こそ親鸞の教えを基本として部落民の自覚を強調するものであったが、やがて融和運動を批判し、差別糺弾闘争だけでなく階級的な政治闘争を強調するように転換していった。そして栗須は大阪府水平社を拠点として、北井正一（一九〇〇？〜一九三八）らとともに一九二四年一一月二一日に機関紙『水平線』を創刊し、これを引き継いだ『西浜水平新聞』と『大阪水平新聞』で論陣を張った。

栗須は、度重なる弾圧によって水平運動を進めることが困難になったが、一九二八年一二月二〇日に結成された日本大衆党に入党して、社会民主主義の立場を鮮明にするようになった。また一九三〇年一月一五日に大阪無産大衆党の顧問となり、二月二〇日の衆議院議員選挙に立候補したが落選し、一九三一年七月には全国労農大衆党の中央委員となった。

しかし栗須は、一九三〇年一〇月二五日に全国水平社大阪府連合会の顧問に就任したものの、大阪府水平社を名乗って独自の活動をつづけた。そして栗須は、一九三一年一二月から姫路で闘われた北中皮革争議を支援し、一九三三年一月一六日には関西労働総同盟に結集する大阪皮革労働組合の顧問となるなど、労働運動に深く関わった。それでも栗須は全国水平社を快く思っていなかったためか、全国水平社を軸とした水平運動の戦列に加わることはなかった。

全国水平社は、まさしく全国の部落民が結集する自主的かつ組織的な部落解放運動の中心的存在であった。しかし地域によっては思想的かつ運動的な方向の相違から必ずしも全国水平社に結集することなく、また官製的な融和運動とは明らかに論理と行動が異なる、中間的潮流とも言うに相応しい、部落民も参加する自主的な部落差別撤廃運動が生まれることになった。

その第一は、一九二六年五月一一日に福岡県京都郡行橋町で結成された自治正義団であった。中心人物は戦後に衆議院議員も務めた吉川兼光《かねみつ》（一九〇二〜一九七三）であり、当初こそ穏健な保守主義を標榜《ひょうぼう》して部落問題の宣伝活動に精力を注いでいたものの、差別事件が起こると調停に入って差別した者から謝罪を獲得するほどであった。

しかし一九三〇年代にはいると、吉川の兄である田原春次《はるじ》（一九〇〇〜一九七三）が自治正義団を指導するようになり、自治正義団からは社会民主主義政党の全国労農大衆党に入党する者も出てくるようになり、全国農民組合総本部派の農民運動に参加しながら、全国水平社福岡県連合会とも協調しつつ、生活擁護闘争、差別糾弾闘争などを闘うようになった。

第二は、一九二七年七月に高知市で植村省馬《しょうま》（一八八七〜？）らによって結成されたと思われる高知県自治団であった。この時期に高知県では融和団体の高知県公道会が影響力をもっていたが、これに植村らは決して満足せず、高知県自治団によって部落民の自覚を促すため、穏健な合理的手段によって新たな文化運動を起こそうとした。

わずかに植村が高知県水平社に関係したことはあったが、高知県自治団は高知県水平社と交わることはなかった。しかし高知県自治団が授産事業に取り組み、差別事件に対しては調停を基本として解決に臨んだことは、自主的な部落差別撤廃運動に相応しい存在であったことを如実に示すものであった。

第三は、一九三二年四月に高知の非部落民である岡崎精郎《せいろう》（一八九八〜一九三八）によって結成された高知県差別撤廃期成同盟であった。岡崎は若くして部落問題を知るようになり、一九三〇年一二月に高知県初の隣保館を建設し、高知県差別撤廃期成同盟を拠点として差別言動取締令制定運動を展開した。

また岡崎は一九三二年七月に結成された全国農民組合高知県連合会の委員長になり、「因襲的差別絶対反対」を農民運動の方針として掲げ、一九三六年には県会議員となり、県当局に部落問題に対する積極的な取り組みを求めた。さらに岡崎は、一九三四年四月一三・一四日に京都で開かれた全国水平社第一二回大会にも参加するなど、水平運動との緊密な連携を保った。

†部落解放を望む部落民

思想的潮流と路線対立に大きく関係したのは、全国、中央、府県において水平運動を担う主要な活動家であり、必ずしも全国水平社に結集する水平社同人、言い換えれば部落解放を望む多くの部落民ではなく、ましてや部落差別を諦観して部落解放の意欲をもち得ない日常生活に追われる圧倒的大多数の部落民衆ではなかった。このことを意識しながら、水平社と多くの部落民との関係を探ることが重要であろう。

全国水平社創立に対して、各地の部落民から全国水平社連盟本部に送られてきた手紙が『水平』第一号（一九二二年七月）に「自発集団運動／反響」として掲載されたので、紹介することにしよう。兵庫県氷上《ひかみ》郡の岡田正之は、「此後、大に全国兄弟の為め、自分の為めに努力いたすことを誓います」との決意を示した。長野県埴科《はにしな》郡の高橋亥三郎は、「我々は、今が今まで自己の行くべき道程に迷うて居りました。何れに向うて歩むべき乎《（か）》を求めていました。或る時は権力の救いを求めました。或る時は相互の融合を求めました。結局は、吾等同族の団結する必要を感じました」と述べ、部落民の団結が必要であることを強調した。京都の小林安太郎は、「貴社が、先進的に三月三日午後〇時五十分創立大会を発会せられたるを新聞にて知り、其《（そ）》の記事をぬき取って居るので有ります。我等も水平社の一人に加入せられたい」と述べ、水平運動への参入を切望した。

　三重県度会《わたらい》郡の玉野周吉は、「恨むべきは六千余万の大和民族、奮起すべきは三百万の我々特種《（ママ）》部落民！我々の呪の炎は彼等大和民族に激越すべく、其の根底に熱中すべきである」と述べ、対抗すべき対象を明確にした。後に共産主義派となる大阪市南区の大西遼太郎（原文は「達太郎」）は、「貴社に加入致して、聖代の不祥事たる陋習を打ち破り度く、又人類の一員としての権利、国民としての正当なる権利を要求仕り度候」と述べ、近代天皇制を前提として権利の獲得に重きを置いた決意を述べた。また滋賀県蒲生《がもう》郡の山口与市は、「兎《（と）》に角《（かく）》、個人としても永久に暖き手を握りあわん事を切に希望します。そしてお互いに此の種の運動に力を尽くして下さい、お願いです」と述べ、全国水平社に大いに期待を寄せた。

創立された全国水平社が重視したのが、部落民に部落差別を理解させるだけでなく、水平運動に参加させるための、各地で開かれた演説会であった。例えば、一九二二年五月一〇日に奈良県水平社が創立されたが、この時にも演説会が開かれた。弁士となったのは、全国水平社中央執行委員長の南梅吉、中央執行委員の阪本清一郎、西光万吉、駒井喜作、米田富、平野小剣らとともに、奈良の部落を代表した部落民、そして少年の山田孝野次郎、少女の井上千代子ら二六人に及んだ。これらの弁士が一様に強調したのは、部落差別に対する激しい攻撃と部落民自身の団結であった。

この演説の内容を会場で筆記したのが「奈良県水平社創立大会演説筆記」であるが、これによって官憲さえ名前を把握することができなかった、無名の人物による演説の内容を知ることができる。「平田（?）」と記された者は「眠って居るものは目を覚まし大いに突進せよ。如何なる権力者と雖《いえど》も之を遮ることが出来ないのである。若《も》し蹂躙《じゅうりん》せんとするものがあるなら、命を賭けても突進するものである」、「新井」とだけ記された者は「諸君！吾々の祖先及び子孫を思うたびに、共鳴せられしことを希望しております」、「勇作（?）」と記された者は「吾々は団結をせなかったら、どのようにされるか分からぬ。吾々は今、泣の涙が一滴も出ない。血を見るとも改革せねばならぬ。己は、さ様に希望する」と述べた。

この演説会は聴いていた部落民を大いに刺激することになったことは、官憲によって特段の事実として記述されることになった。これによると、弁士の熱弁を聴いていた一人が「おれは、大福村の穢多じゃ、土方しとんのじゃ。いらぬことぬかしたら、片っ端から殺してしまうぞ」と舞台に立って叫び、また別の一人が弁士の演説中に「県庁の奴等は、俸給泥棒だ!! 旅費ぬすっとだ!!」と叫んだという。

これらの部落民にとって重要なのは、自らが部落民と名乗って団結し、いかにして部落差別に対抗するかということであった。これは部落解放の素朴な情熱と評価されるもので、政治や社会などに対する一定の認識と態度によって成立する、体系的な思想では決してなかった。とはいえ全国水平社に結集して水平運動に期待した多くの部落民にとって、思想的潮流と路線対立は自らの部落解放の望みを満足させるものではなく、現実から遊離した出来事として冷ややかに眺めるしかなかった。

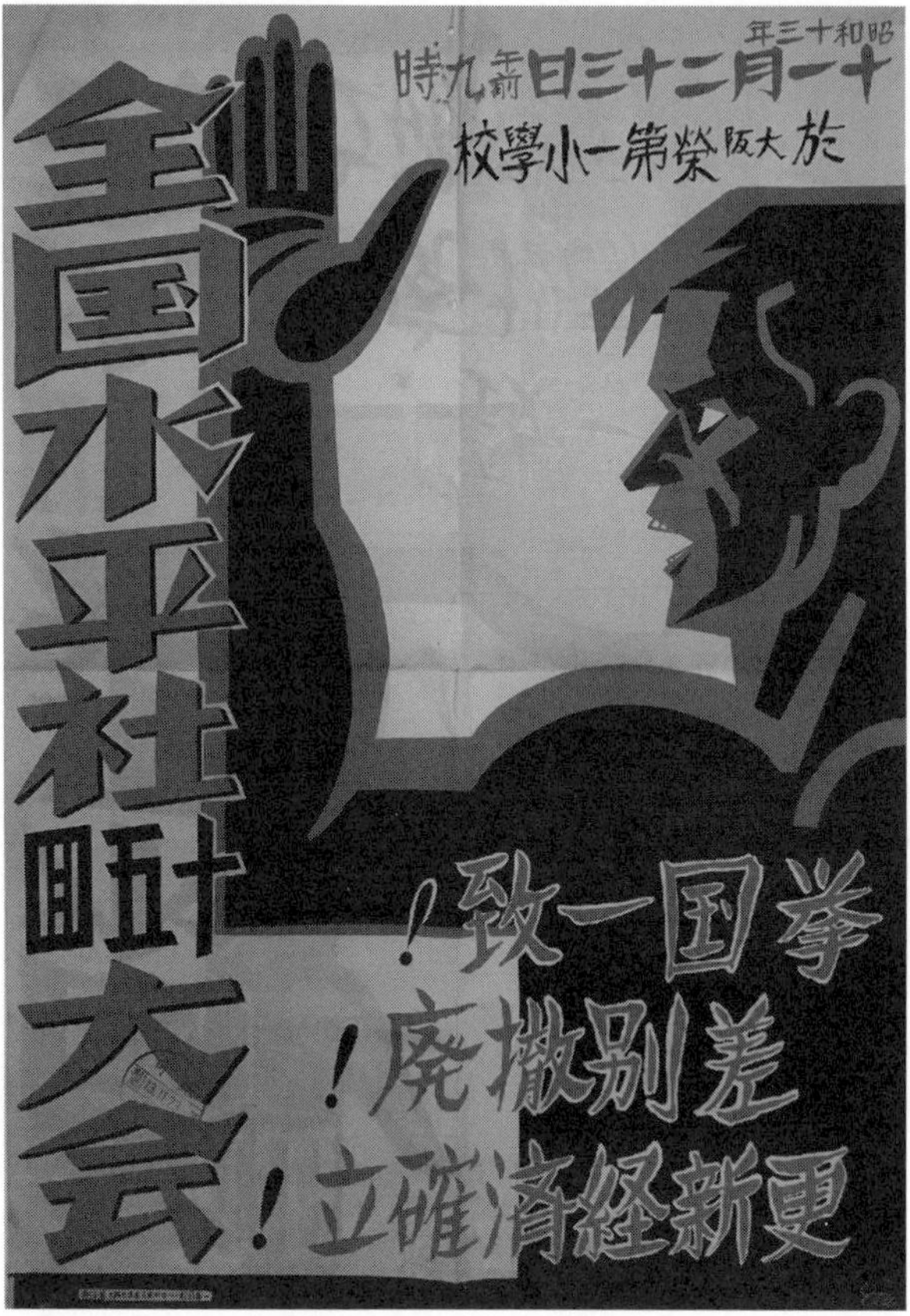

第 6 章

全国水平社の消滅

全国水平社第15回大会ポスター(1938年11月)
日中全面戦争に対応して、スローガンに「挙国一致！」がある[水平社博物館提供]

1　「満州事変」と反ファシズム

†帝国主義戦争反対

一九三一年九月一八日、中国東北部の柳条湖付近で日本の軍隊によって南満州鉄道が爆破される「柳条湖事件」という謀略が引き起こされた。これを契機として「満州事変」と呼ばれた日本の中国への侵略戦争の開始は、日本の政治や社会などを戦争とファシズム化へと急速に転換させる役割を果たすものであった。

日本は一九三二年三月一日に中国東北部に傀儡《かいらい》国家である「満州国」を発足させたが、国際連盟から厳しい非難を受け、一九三三年三月二七日に国際連盟を脱退して国際的に孤立することになった。そして日本は中国侵略のために中国各地に軍事行動を拡大させていったが、中国国民党と中国共産党による抗日闘争をはじめとして中国民衆の激しい抵抗を受けることになった。しかし日本においては政府、軍部と一体となったマスコミが対外危機を煽るようになると、民衆の間に戦争熱と排外主義が蔓延していくことになった。

このような状況のもと、労働組合右派の日本労働総同盟は「満州事変」を支持し、日本労働総同盟と連携する無産政党右派の社会民衆党は軍部と結びつき、「日本国民大衆の生存権確保」と「満蒙の社会主義的国家管理」の名において「満州事変」への積極的な支持を表明することになった。無産政党の中間派と左派を糾合《きゅうごう》した全国労農大衆党は全体としては「満蒙軍事干渉反対」や「帝国主義戦争絶対反対」などのスローガンを掲げて「満州事変」に反対したが、党内の一部の者によって「満州事変」が支持されたため、わずかに反戦を掲げた演説会を開くにとどまった。非合法の日本共産党と、その影響下にあった日本労働組合全国協議会や反帝国主義民族独立支持同盟日本支部などは戦争反対を訴えたが、官憲の激しい弾圧もあって反戦闘争は広がりを見せることはなかった。

この「満州事変」の勃発から約三カ月後の一二月一〇日、奈良の桜井町で全国水平社第一〇回大会が開かれた。中央常任委員会から「帝国主義戦争反対の件」が提案されたが、官憲によって議案そのものが握り潰され、岡山の野崎清二が議案について述べようとしても中止を命じられるだけであった。「帝国主義戦争反対の件」の主文は「本大会は、ブルジョアジーの利益擁護と、植民地再分割のための、また労働者農民の祖国ソベェート同盟に対する反革命のための、帝国主義戦争に絶対反対する」というものであり、実行方法は「一、青年団、青年訓練所、在郷軍人会、消防組、処女会等の一切の官制（製）団体からの同盟脱退、反帝同盟への積極的参加／一、満州駐屯軍慰問金の強制的寄附反対！／一、演説会、座談会、研究会、印刷物の配布等によって反戦のアヂ、プロをすること」を提案したものであった。また「運動方針書に関する件」や可決された宣言でも、「満州事変」や帝国主義戦争反対などに関する部分は官憲の検閲によって削除された。

一九三三年三月三日に福岡市で開かれた全国水平社第一一回大会では、報告において「日本帝国主義の底知れず深まり行く恐慌からの活路を見出さんとして、中国における領土拡張戦×《(争)》を開始した。帝国主義日本の此の軍事行動は新《(あらた)》な世界戦×《(争)》をすぐ目の前へ接近させたのである」と述べ、「満州事変」を契機とした世界戦争への危機感を表明した。しかし第一〇回大会とほぼ同様の内容の中央常任委員会から提案された「帝国主義戦争反対の件」は議案そのものが官憲によって握り潰され、可決された宣言でも「植民地再分割のための、同時にソベェート同盟及び中国ソベェート破壊のための、帝国主義世界殺戮《(さつりく)》戦争の決定的切迫」の表現だけでなく、「ファシズム」「戦争」「植民地的」という言葉さえもが官憲によって削除される始末であった。そして一九三四年四月一三・一四日に京都市で開かれた全国水平社第一二回大会では、官憲の激烈な弾圧によって帝国主義戦争反対に関する議案は提案さえできない状況になった。

†部落委員会活動という闘争戦術

全国水平社第一一回大会では、松本治一郎からの信任が篤《あつ》い常任中央委員の泉野利喜蔵によって「闘争方針書（草案）」が提案された。まず「身分闘争とは、社会生活の凡《あら》ゆる領域において、今日猶《な》お部落民を束縛している封建的身分関係を決定的に粉砕せんとする、部落民大衆の反抗闘争である」と身分闘争の重要性が指摘され、そのうえで「再び新に身分闘争を真に六千の部落を基礎とし、広汎な部落勤労大衆を組織し直す為に、大衆闘争の形態である「部落民委員会活動」の戦術が採用されねばならぬ」と主張された。

また部落民委員会活動は、「部落勤労大衆の日常欲求を取り上げ、それを封建的身分制廃止！のスローガンと結びつけて戦わねばならない」ものとして位置づけられ、最後に地方改善費獲得のために具体的な課題も掲げられた。この「闘争方針書（草案）」についての具体的な議論はなく、緊急動議によって新中央委員会に一任されることになり可決された。そして翌日の四日に開かれた第一回中央委員会において、「闘争方針書」は承認されることになった。このように全国水平社の総意として、部落勤労大衆の日常的要求を基礎とする身分闘争としての部落民委員会活動という大衆闘争の戦術形態が採用されることになった。

この部落民委員会活動は、第3章で述べた一九三三年の後半に大きく盛り上がった高松結婚差別裁判糺弾闘争に適用され、大きな成果を獲得することになった。そして部落民委員会活動は部落委員会活動へと名称が変更され、一九三四年七月一日には井元麟之が中心となり米田富、朝田善之助、泉野利喜蔵も加わって作成した全国水平社常任中央委員会編『部落委員会活動に就いて——全国水平社運動を如何《いか》に展開するか——』が発行された。しかし三日後の七月四日に発禁処分を受けたように、官憲にとっては決して好ましい出版物ではなかった。

ここでは「部落委員会活動とは一口に云えば、社会生活の凡ゆる領域に亘《わた》って今日猶《なお》、被圧迫部落大衆を束縛しているところの封建的身分関係を、決定的に粉砕しようとする部落民の大衆的闘争形態のことである」と定式化したうえで、個々の部落における「世話役活動は部落委員会活動の基礎的活動である」ことが強調された。そしてさらには、部落委員会活動は大衆的闘争形態の重要な戦術として、地方改善費闘争のみならず差別糺弾闘争にも適用されるべきであると主張された。なお『部落委員会活動に就いて』は、戦後の部落解放運動では水平運動史における最良の文献と高く評価され、行政闘争に活《い》かされるようになったことでも知られている。

一九三四年から一九三五年にかけて、三重、京都、大阪などで多様な形態による部落委員会活動が展開されるようになった。とりわけ一九三四年の一〇月から一一月にかけて大阪の松田喜一の指導により兵庫で闘われた赤穂松茸《まつたけ》山入会権闘争は、部落委員会活動の典型的な模範例として大きな意義をもっていた。そして全国水平社は、一九三五年五月四・五日に大阪市で開かれた第一三回大会で部落改良施設費増額要求闘争を提起し、『水平新聞』第一一号(一九三五年九月五日)に「融和事業完成十ケ年計画の批判」という論説を載せた。ここでは中央融和事業協会が進めようとしていた「融和事業完成十箇年計画」を厳しく批判し、「差別迫害によって突落とされた部落を改良する一切の経費を、部落大衆自身の手に渡せ、全額国庫負担によって部落大衆の生活と部落の状態を完全に賠償せよ」と主張することになった。

†反ファシズムと人民的融和

一九二九年一〇月にアメリカから始まった世界大恐慌は日本にも及び、中小企業の倒産、大企業の人員整理による失業者の激増、賃金引き下げ、農村の疲弊などをもたらし、民衆の生活は極度に悪化するとともに、娘の身売りや欠食児童などが増加することになった。このような社会不安を背景として、井上日召《にっしょう》（一八八六〜一九六七）を中心とした右翼団体の血盟団は、一九三二年二月に前大蔵大臣の井上準之助（一八六九〜一九三二）と三井合名理事長の団琢磨（一八五八〜一九三二）を暗殺する血盟団事件を起こした。

一九三二年五月一五日に、国家改造を計画する海軍青年将校によって総理大臣である政友会の犬養毅（一八五五〜一九三二）が暗殺されるという、前代未聞の衝撃的な事件が起こった。この五・一五事件を契機として、「挙国一致」を掲げた海軍大将の斎藤実（一八五八〜一九三六）を首班とする内閣が五月二三日に成立した。これは政党内閣の崩壊を意味し、また台頭が著しい軍部との妥協を重ねることによって、政治と社会の軍国主義化とファシズム化を急速に進行させていくことになった。

一九三三年四月には、右翼の蓑田胸喜らの攻撃によって、京都帝国大学法学部教授の滝川幸辰《ゆきとし》（一八九一〜一九六二）が休職処分に追い込まれる滝川事件が起こり、学問と研究の自由を侵害しようとする思想統制が強化された。また獄中にいた日本共産党の幹部であった佐野学と鍋山貞親《さだちか》（一九〇一〜一九七九）が、天皇制の擁護とコミンテルンからの離脱を主張する転向声明書を同年の六月に発表したのを契機として、五四八人にも及ぶ転向者が続出し、大きな社会的衝撃を与えた。

このような厳しい状況のなかで、一九三三年三月三日に福岡市で開かれた全国水平社第一一回大会では、中央常任委員会によって「ファシズム、社会ファシズム反対闘争の件」が提案されて可決された。この延長線上に、全国水平社は高松結婚差別裁判糾弾闘争の最中の同年八月二九日に「ドイツ・ファシスト政府に対する抗議」を発し、ユダヤ民族を迫害したヒトラー率いるナチス・ドイツを厳しく批判した。また第3章で述べたように、『万朝報』（一九三四年一一月二三日）に予備役陸軍中将の佐藤清勝の「貴人と穢多」と題する差別的な論説が載せられると、全国水平社は佐藤の差別記事に対する糾弾だけでなく、軍隊に対する差別糾弾闘争として展開し、反ファシズム闘争として位置づけた。

一九三五年五月四・五日に大阪市で全国水平社第一三回大会が開かれ、中央委員会が提出した「差別糺弾方針確立に関する件」では「人民的融和」という用語が使用された。第3章で述べたように、この「人民的融和」は明らかに労働者、農民など勤労諸階層との結合によって、反ファシズム闘争の展開を強く意識した戦術的用語であった。

一九三六年二月二六日、陸軍の皇道派青年将校による大規模なクーデター、いわゆる二・二六事件が勃発し、軍部を中心としたファシズムの強化へと導くことになった。またコミンテルンによる反ファシズム統一戦線の呼びかけに応じて、一九三五年七月二五日から八月二〇日にかけて開かれたコミンテルン第七回大会に参加していた野坂参三（一八九二〜一九九三）と山本懸蔵が、一九三六年の二月に「日本の共産主義者への手紙」で人民戦線戦術を提唱し、二・二六事件に対する危機感から反ファシズム闘争の気運を盛り上げようとした。

全国水平社は『水平新聞』第一七号（一九三六年三月五日）に「二・二六［帝都叛乱《はんらん》］事件の展望」という論説を載せ、「強固な中央集権的戦線統一によって、歴史の逆行者たるファッショを粉砕することができる」との決意を示した。また三月二一日の全国水平社第四回中央委員会では、「ファッショ反対」と「階級的人民融和の確立」が提起された。

二・二六事件によってファシズムの現実的な危機が迫ってくると、全国各地では労働組合、農民組合、水平社などによる反ファシズム闘争が進展し、中央段階では一九三二年七月に結成された中間派の社会大衆党を中心として、反ファシズム統一戦線を実現しようとする気運も高まった。しかし一九三六年五月に社会大衆党とは別に左派の労農無産協議会が新たに結成されたため、これに反対した社会大衆党は態度を硬化させるとともに、各方面から労農無産協議会に批判が集中することになり、反ファシズム統一戦線の実現は暗礁に乗り上げてしまった。

そこで全国水平社中央委員長で無所属の衆議院議員でもあった松本治一郎は四月二六日に、社会大衆党から浅沼稲次郎(一八九八〜一九六〇)、麻生久(一八九一〜一九四〇)、安部磯雄(一八六五〜一九四九)、片山哲(一八八七〜一九七八)、杉山元治郎、水谷長三郎(一八九七〜一九六〇)、三輪寿壮《じゆそう》(一八九四〜一九五六)、労農無産協議会から加藤勘十(一八九二〜一九七八)、全国農民組合から黒田寿男を招いて無産議員招待会を開いた。しかし社会大衆党と労農無産協議会との対立の溝は容易に埋まらず、結果的には反ファシズム統一戦線の実現は挫折することになった。

それでも一九三七年三月三日に東京で開かれた全国水平社第一四回大会では、可決された宣言で「反ファッショ戦線の統一」のスローガンが掲げられた。また綱領は「我等は、集団的闘争を以て政治的、経済的、文化的全領域に於ける人民的権利と自由を擁護伸張し、被圧迫部落大衆の絶対解放を期す」と改正され、全国水平社が展開していた反ファシズム闘争にふさわしい内容となった。

†西光万吉の国家社会主義

全国水平社の帝国主義戦争反対、部落委員会活動、反ファシズム闘争という流れに対し、天皇を中心とした社会主義を実現しようとする国家社会主義の立場を鮮明にしたのが、ほかならぬ西光《さいこう》万吉であった。西光は全国水平社創立者の一人であり、その役割の大きさと清廉潔白と評価されてきたことから、これまでの水平運動史研究では、松本治一郎とともに人物研究としては最も進み、生涯を通じて鳥瞰《ちょうかん》することが可能な評伝も著されている。

周知のように、西光は全国水平社創立にあたって宣言を起草したが、その思想的核心は「人間を尊敬する」に象徴されるように、明らかに西洋的ヒューマニズムに基づく人間主義に貫かれる思想であった。そして西光は部落を解放するためには農民の変革が必要と考え、小作農民の生活を擁護するため一九二五年二月二〇日から日本農民組合の中央執行委員となり、水平運動とともに農民運動にも積極的に取り組むようになった。

また全国水平社青年同盟を軸とした共産主義派が台頭してくると、西光は全国水平社青年同盟のセクト主義的傾向には批判的であったものの、左派的姿勢を明確にするようになった。このような姿勢から、西光は一九二六年三月五日に創立された労働農民党に入党し、一九二七年九月の奈良県会議員選挙には労働農民党から立候補したが、当選には及ばなかった。

さらに西光は、一九二七年一〇月に春日庄次郎(一九〇三〜一九七六)の勧めで日本共産党に入党した。しかし西光が入党したのは共産主義に共鳴したというより、横暴な政府と政友会や民政党など既成政党に対する反抗からであり、日本共産党が主張として掲げる天皇制廃止には疑問をもち、天皇制支持の立場から党の上級機関に対して再検討を要求するほどであった。それでも西光は、一九二八年二月二〇日の普通選挙に基づく第一回衆議院選挙に労働農民党から立候補したが次点に留まり、三月一五日には治安維持法違反で検挙された。

これによって西光は獄中生活を送ることになったが、一九三二年に共産主義から転向し、一九三三年二月一一日には仮釈放された。

このように西光の転向は自らの天皇制支持と大きく関係していたが、西光は高松結婚差別裁判糺弾闘争を闘っていた全国水平社の戦列に復帰することなく、一九三四年三月一〇日に石川準十郎(一八九九〜一九八〇)によって結成された大日本国家社会党に入党して中央党務委員になった。大日本国家社会党は、天皇制を支持する日本主義的な国家社会主義を基調とする、きわめて右翼的な政党であった。

西光は阪本清一郎、米田富とともに、『街頭新聞』創刊号(一九三四年九月一〇日)を発行し、「高次的タカマノハラの展開」をスローガンとした復古的な天皇制論を展開し、大日本国家社会党が主張する日本主義的な国家社会主義と結びつけようとした。また西光らは既成政党ではなく軍部、革新官僚を支持し、一九三四年一〇月一日に軍事を軸とした国家総力戦体制の構築を主張する永田鉄山（一八八四〜一九三五）が主導して陸軍省新聞班が発表した、『国防の本義と其強化の提唱』を高く評価するほどであった。

さらに西光は右翼団体の大日本国粋会との協調を説き、第5章で述べた平野小剣の内外更始倶楽部と同様に、一九三五年には美濃部達吉によって主張されていた、天皇は国家法人の憲法に則る最高機関であり、天皇個人が主権者ではないとする天皇機関説の排撃と天皇絶対視強化を内閣に迫る国体明徴運動への支持を表明するようになった。また一九三六年二月二六日の二・二六事件に際しても、天皇の激怒にもかかわらず共感の意を隠さず、まさに西光の政治的立場はファシズム化の推進に他ならなかった。しかし西光は全国水平社創立者の一人として多くの部落民に慕われてきたため、この西光の姿勢には全国水平社は座視することができなくなり、「ファッショ西光を葬れ」などと激しい批判の声を挙げざるを得なかった。

2　日中全面戦争と水平運動の分岐

†戦争協力と新生運動グループ

一九三七年三月二五日、全国水平社書記局長の井元麟之と常任書記の酒井基夫が、日本共産党中央再建準備委員会に関係したとして治安維持法違反によって逮捕され、全国水平社総本部は大きな打撃を受けた。これを打開するため七月四日に松本治一郎宅で中央委員らの懇談会が開かれ、泉野利喜蔵は井元らの逮捕を「恂《まこと》に遺憾」としながらも、「全水の発展の為、今後左翼思想抱持者は全水組織内より一掃するの要あり」「左翼分子の『イデオロギー』云々を百遍聞くよりも、一個のパンを獲得することこそ目下の急務なり」「大阪府当局は全水の社大党支持を『コミンテルン』の指令に基く人民戦線運動なりと観察し居る旨の情報あるが、斯《か》くては全水運動の将来に大なる暗影を投ずるものなり」と発言した。これに対して北原泰作が反論しようとしたが、対立を憂慮した松田喜一が北原を制止し、その場は収まったという。このように全国水平社は、激しい弾圧を受けたため反ファシズム闘争を継続することが困難になった。

一九三七年七月七日、北京郊外の盧溝橋で日本と中国の軍隊が衝突した「盧溝橋事件」が勃発し、これを契機とする「支那事変」と呼ばれた日中全面戦争の開始は、日本の政治をはじめ経済や社会などを大きく変えることになった。当初は戦争の不拡大方針をとっていた総理大臣の近衛文麿(一八九一〜一九四五)は、八月一五日にいたって事実上の宣戦布告ともいうべき声明を発表し、政界をはじめ財界や言論界の代表に対して「挙国一致」への協力を要請した。これを受けて新聞各社は戦争協力を熱狂的に煽り、これまで曲がりなりにも勤労者の立場から反ファシズムの姿勢をとっていた社会大衆党も、日中戦争を遂行する近衛内閣への積極的な協力を誓うことになった。

そして九月一一日に全国水平社拡大中央委員会が大阪市内の総本部で開かれ、「非常時に於ける運動方針」が可決された。これは政府が強調する「挙国一致」を前提として「内国相克の原因となるが如き身分的賤視差別」を撤廃するため、出動兵士家族に対する生活を擁護すること、部落差別に対する糾弾を国民融和への契機として処理すること、部落問題の根本的な解決のため部落大衆の生活環境を向上改善させることなどが具体的に述べられた。ここにおいて全国水平社は、これまでの反ファシズムの姿勢を放棄し、戦争協力へと転換することになった。

この時点で全国水平社は日中全面戦争が早期に終結するという見通しをもち、この立場から政府の戦争政策への支持を前提としつつ部落差別の撤廃を図ろうとしたのであった。しかし、この時期には総動員体制の掛け声にもかかわらず、軍隊関係を中心として差別事件は後を絶たなかった。にもかかわらず、全国水平社は人民融和的糺弾から挙国一致的糺弾へと大きく転換させ、警察権力や融和団体などと連携して展開するようになったが、これは実質的には差別糺弾闘争の抑制を意味するものに他ならなかった。

そして全国水平社をめぐっては、厳しい状況が増していった。一つは、いわゆる人民戦線事件であり、一九三七年一二月一五日に人民戦線運動の姿勢を崩さなかった日本無産党と日本労働組合全国評議会の加藤勘十、鈴木茂三郎のほか、労農派系の山川均、荒畑寒村、猪俣津南雄《つなお》(一八八九~一九四二)、向坂逸郎《さきさか》(一八九七~一九八五)、大森義太郎《よしたろう》(一八九八~一九四〇)らが検挙され、一九三八年二月一日には、人民戦線運動と何ら関係がなかった大内兵衛《ひょうえ》(一八八八~一九八〇)、有沢広巳《ひろみ》(一八九六~一九八八)、美濃部亮吉(一九〇四~一九八四)までもが検挙されることになった。もう一つは、一九三八年一月一六日に近衛文麿内閣が発した「国民政府を対手《あいて》とせず」との政府声明であり、軍部に押されて中国の国民党政府との和平交渉を打ち切り、長期戦を想定して日中全面戦争を拡大させながら、中国に新たな傀儡《かいらい》政権を樹立するという方向が明確に打ち出された。

このような状況のなかで、一九三八年二月七日に東京で全国水平社中央委員会が開かれた。ここで常任中央委員の松田喜一は、全国水平社は国家的立場であることから反共産主義かつ反人民戦線の精神であること、長期戦争に備えるために協力一致して「大アジア建設」に貢献することを主張した。これらをふまえて全国水平社として、「全国水平社運動は、いつの場合でも国家的立場からなされるものであるは言うまでもない」とする新たな声明書を発表することになった。しかし中央委員長の松本治一郎は、全国水平社が人民戦線と無関係であることに反対であり、仕方なく声明書に同意しただけであったという。

一九三七年秋に松田は、全国水平社は右翼団体と連携すべきとの認識から、西光万吉らと連絡をとりながら、一九三八年一月には周辺にいた同志とともに大日本青年党に入党した。大日本青年党は陸軍軍人の橋本欣五郎（一八九〇〜一九五七）によって一九三六年一〇月一七日にドイツのナチス党を手本として結成された、日本を天皇を中心としたファシズム国家に改造しようとする急進的な国家主義政党であった。

松田が連絡をとっていた西光は、自身が大日本青年党へ入党しなかったものの良好な関係をもち、一九三七年秋には西光の同志で全国水平社から離脱していた奈良の木村京太郎、中村甚哉らが大日本青年党に入党した。そして西光らは大日本青年党の主張や政策などに沿って新たな運動を展開するため『新生運動』を創刊し、日中戦争に対応して全国水平社などを国家主義へと導こうとする新生運動を開始した。ここに西光を中心として新たな運動を展開しようとする、新生運動グループが誕生した。そして『新生運動』第一号（一九三八年三月五日）の「部落運動の新動向と其《そ》の基本問題」という論説では、全国水平社の声明書が国家的立場を鮮明にして近衛内閣の革新政策に期待をかけたことを好意的に評価した。

全国水平社が戦争反対から戦争協力に転換したのは、直接的には権力の弾圧を避けようとし、西光ら右派勢力に迎合しようとしたためであったが、より大きな原因は総力戦体制の構築に対応しようとしたためであった。すなわち、総力戦体制とは国家が有する政治、経済、社会、思想などの総力を高度化して戦争に一体化させるものであり、必要なかぎりにおいて社会的な格差や差別などを解消しようとするものであった。したがって全国水平社は戦争に協力することによって、部落差別の解消と部落民衆の生活擁護という課題を総力戦体制に託すことになったのである。

†天皇制に立脚した国民融和

一九三八年四月一五・一六日、大阪市内の総本部で全国水平社拡大中央委員会が開かれた。ここで松田喜一から私案として「綱領、運動方針、宣言に関する件」が提案された。とりわけ「綱領（案）」は「一、国体の本義に則《のっと》り国家の隆盛に貢献し以て国民融和の完成を期す／一、自奮自励、経済文化生活の充実伸張を期す／一、社会施設の徹底を期し、融和完成上一切の障害を芟除《さんじょ》す」とされ、「宣言（案）」では「我々は誰よりもよく真実の日本精神と、わが国家民族の最高使命を識っている」と述べられた。この松田の私案は大日本青年党の立場に立って、従来の国家的立場をより進めて天皇制への立脚を表明したものであり、また新生運動グループが目論んだ全国水平社を日本主義の軌道に乗せることでもあった。

ところが松本治一郎は、五月二〇日までに全国水平社第一五回大会を開くという松田の提案に反対し、一〇月に開くことに落ちついた。松本の目論見は、大日本青年党と新生運動グループを背景として主導権を握って影響力を強め、それを足場に全国水平社を日本主義へと一気に大転換させようと画策する松田らの動きに対して警戒することであった。しかし新生運動グループは『新生運動』第三号（一九三八年五月一五日）で中央委員会での綱領、運動方針、宣言の草案を紹介し、「部落運動の統一に就て」という論説で全国水平社の動向を好意的に受けとめた。

また松田と関係が良好な北原泰作は、三月七日に開かれた全国水平社長野県連合会の講演で、過去からの全国水平社の誤りを清算して、「天皇陛下の赤子《せきし》」という観念に立脚する新たな運動を展開し、「穢多魂」を発揮して国難に殉じるため、国家に尽くしたいという天皇赤子論を主張していた。このころから五月にかけて北原は、松田、西光らの新生運動グループ、常任中央委員の朝田善之助、中央委員の深川武、さらには融和運動の陣営にある山本正男らと連絡をとり、日本精神に立脚した国民運動を起こすべきであるとして、全国水平社を解散させるため激しく動きまわった。

しかし六月に入って、この北原の派手な動きを知って激怒した松本が北原を厳しく叱責したため、北原は全国水平社から離脱せざるを得なくなり、松田らも従来のような主張を強く推しとおすことが困難な状況になった。それでも六月一五日に全国水平社拡大中央委員会が総本部で開かれたが大きな混乱もなく、綱領は「吾等は国体の本義に徹し国家の隆盛に貢献し国民融和の完成を期す」に改正され、天皇制に立脚した国家的立場を鮮明にすることになった。

また「実践要綱」では「主要活動を実行組合へ」が強調され、具体的には「部落固有の美風を一層のばし、互に協力して自奮自励、経済、文化、社会生活の充実伸長と福祉増進、生活の振興と安定を図り、或は社会生活上一切の障碍を芟除《さんじょ》し、以て国策に順応し国防並に銃後活動の徹底を期すなど、国民精神総動員の趣旨に添わんとする」と説明された。これは日中全面戦争の長期化に伴って国策に順応しながら部落の生活に関する課題にとりくんでいこうとするものであり、松田や北原らのみならず、新生運動グループの主張を基本的に退けたものであった。

†東亜協同体建設と国民運動

全国水平社拡大中央委員会を終えたあとの七月七日、松本から厳しく叱責された北原は、もはや全国水平社には期待せず、これから愛国運動を模索するとの手紙を、西光の同志である阪本清一郎に送った。しかし、このころ西光らと連絡をとっていた常任中央委員の泉野利喜蔵は自らを信頼する松本に会って、西光らを全国水平社に引き入れたうえで新生運動グループとの統一を図り、さらに全国水平社を解消して新たな国民運動を展開する必要性があることを打診し、松本からは良い感触を得た。そして泉野は新生運動グループ、田原春次、深川、山本らと全国水平社の解消について話し合い、松本に対して西光、阪本、米田らと会って話し合うことを強く勧めた。

このような動きに勢いを得た新生運動グループは、『新生運動』第五号（一九三八年八月一五日）で「解放令」発布記念日の八月二八日に全国水平社の臨時大会が開かれると想定して、全国水平社の解散とともに新生運動グループも解散の用意があり、さらに中央融和事業協会の河上正雄（一八九七〜一九六五）とも連絡をとりながら、融和団体も解散して国民運動として再出発すべきであると主張するにいたった。つまり新生運動グループは自らのみならず全国水平社と中央融和事業協会が解消し、天皇制に立脚して部落差別解消のための統一した国民運動へ突き進むべきであるとの希望的な意見を述べたのである。

しかし八月二八日に福岡市の松本宅で開かれた全国水平社の懇談会で、松本の信任が厚い中央委員の田中松月《しょうげつ》（一九〇〇〜一九九三）から、北原と山本らによる全国水平社解散の策謀が失敗したことを暴露され、あくまでも全国水平社は部落解放に邁進することが確認された。また九月九日に松本の主催で開かれた福岡の新聞記者との融和懇談会で、松本自身が最近の全国水平社解散説はまったくのデマであり、全国水平社はむしろ挙国一致体制確立のため、国民融和の完成、部落問題解決の先頭に立って革新日本建設運動を展開するとの挨拶文を配布するほどであった。

それでも新生運動グループは、『新生運動』第六号（一九三八年九月一五日）の「解放令の意義と部落団体の解散について」という論説で、全国水平社解散の意義を述べて楽観的な見通しを示した。この背景には、一九三八年の八月から一〇月にかけて起こった近衛文麿を担ごうとする挙国一致的な新党構想があった。すなわち西光は近衛の側近で自らと親しい有馬頼寧を介して、全国水平社と中央融和事業協会だけでなく新生運動グループをも解散させたうえで、新党に合流させようとしていたのである。

ところが全国水平社は、九月一五日に総本部で開かれた中央常任委員会において中央融和事業協会との連携を決定したものの、新生運動グループの呼びかけにまったく応えようとはしなかった。そして一一月二三日、ようやく全国水平社第一五回大会が大阪市浪速区の栄第一小学校で開かれ、決定されていた綱領に基づいて、「銃後部落厚生運動に関する件」「軍事関係の差別根絶に関する件」「差別糺弾方法に関する件」などが可決された。これらの議案の目標は、一一月三日に近衛内閣が発表した「東亜新秩序建設」の政府声明に沿った「東亜協同体建設」のためと位置づけられ、戦争協力を強化しつつ新生運動グループと泉野の意に反して全国水平社を存続させようとするものであった。

この状況にあたって西光は、『新生運動』第八号(一九三八年一二月一五日)に載せた「惟神道《かんながらのみち》への回帰に非ず全水の「社大党的」転向」という論説で、全国水平社が第一五回大会をもって解消しなかったことに対して怒りと失望を露わにし、「かくしてまさしく、水平社とは皇国日本に対する反逆の名であり、そこには厘毫《りんごう》も国体的意義は含まれていない」とまで断言して、全国水平社に関係することなく自らは新たな別の道を模索する決意を固めた。そして所期の目標を失うだけでなく、内部に分岐さえも生じていた新生運動グループは、自ずと消滅するしかなかった。

†部落厚生皇民運動の分派行動

一九三八年一一月二三日の第一五回大会を乗り切った全国水平社は、日中全面戦争の進展に対応しながら、従来どおりの基本的課題である差別糺弾闘争と生活擁護闘争を進めていった。しかし一九三九年に入って、朝田善之助は公然と全国水平社に反旗を翻《ひるがえ》し、全国水平社の発展的解消を主張するようになった。また野崎清二も朝田と同様に、全国水平社と各融和団体が解散し、部落協同体を確立させて身分的差別を解消するとの展望を述べるにいたった。

そして九月から旧共産主義派の朝田や北原、松田、野崎、上田らは頻繁に会合を開き、一九四〇年四月三日に至って、大阪市で部落厚生皇民運動全国協議会準備会を開いた。ここに全国水平社の分派として部落厚生皇民運動が開始されたが、その目的は帝国日本の戦争政策と政治革新に即応しつつ部落の経済厚生によって天皇制国家の基礎組織を確立させることであり、そのために全国水平社を解消させて革新的な一大国民運動を展開させようとすることになった。

しかし全国水平社総本部を拠点とする松本、泉野、井元、田中らは四月八日に協議し、部落厚生皇民運動は左翼運動前歴者による共産主義運動にもとづく偽装運動であるから破綻することは必然であり、全国水平社に大きな打撃はないとの楽観的な見通しを示した。とくに井元は、部落厚生皇民運動は相当な勢力があるように見受けられるが、多くの部落民はついていかないと断定し、松本にいたっては彼らの力で全国水平社を潰せるものなら潰してもらいたいと敵意を露わにするほどであった。

一九四〇年二月二日、立憲民政党の斎藤隆夫(一八七〇〜一九四九)による著名な「反軍演説」が大きな問題となったが、安部磯雄、片山哲、西尾末広、松本ら一〇人は帝国議会に出席しなかった。そこで安部や松本らは新党結成を準備し、五月初めに勤労国民党として具体化したが結社禁止となり、松本の政治的立場は揺らいでいくことになった。折しも五月から、近衛を担いで挙国一致的な新党を結成しようとする新体制運動が盛り上がることになった。この近衛新体制運動を全国水平社は好意的に評価し、情報の収集と具体策の立案に取り組みはじめた。

とくに井元は近衛新党に便乗ではなく、一大国民運動的な新党支持運動を展開すべきだと考え、松本も東京で積極的に情報の収集に努めた。

また松本は朝日新聞社の笠信太郎《りゅうしんたろう》（一九〇〇～一九六七）と近衛のための国策研究機関として、一九三三年一二月に設立された昭和研究会の後藤隆之助（一八八八～一九八四）を通じて、全国水平社が新党に参加する用意があることを伝え、自身も後藤の紹介で近衛に会った。つまり全国水平社は自らの解散を視野に入れながら、大政翼賛会の近衛、有馬らに何らの回路をもたない部落厚生皇民運動に先んじて近衛新体制運動に参加し、部落問題において主導権を握ろうとしたのであった。

このように全国水平社は近衛新体制運動への参加を模索しつつ、部落厚生皇民運動に対抗していくことになった。そして八月四日に大阪市で全国水平社緊急拡大中央委員会が開かれ、中央委員であった朝田、野崎、松田に対する除名処分を決定した。しかし部落厚生皇民運動は八月六日に京都市で協議し、八月四日の除名処分の決定を黙殺しつつ、今後は全国水平社との摩擦を避け、文書によって全国水平社の自滅を誘導する方針に切り替えることになった。

一九四〇年八月二八日に東京で全国水平社第一六回大会が開かれ、全国水平社は近衛新体制運動の動きを見据えながら、「部落問題（国民融和）完全解決体制樹立に関する件」を中心として、中央融和事業協会との連携による大和国民運動の樹立に邁進する方針を定めた。同じ日に部落厚生皇民運動全国協議会第一回全国会議が大阪市で開かれたが、参加者は一〇人を超えることなく勢力はきわめて弱く、部落厚生皇民運動が影響力をもつ地域では、相次いで水平社が解散されることになった。

ここで方向性を見失った部落厚生皇民運動は、ついに一二月九日に京都市で部落厚生皇民運動全国協議会解体会議を開き、自らの歴史に終止符を打たざるを得なくなった。部落厚生皇民運動が終息してから、主だった活動家は全国水平社とは関係を断ったが、例えば北原泰作は一九四一年一月に結成された大日本青少年団に入って融和教育の推進に力を注いだように、それぞれが各分野で新たな活路を切り拓いていくことになった。

3 アジア・太平洋戦争と全国水平社消滅

†大和報国運動の破綻

近衛新体制運動への参加が全国水平社の命運を決すると考えた松本治一郎は、一九四〇年七月から腹心の井元麟之、田中松月、深川武らに対して、中央融和事業協会との連携を急がせた。中央融和事業協会では常務理事の小山三郎（一八八五〜?）、嘱託の中村至道と伊藤末尾《すえお》が賛成、参事の下村春之助が反対、中央融和事業協会を管轄する厚生省社会局生活課長の武島一義（一八九九〜一九七五）は中間的な立場であった。

会合では全国水平社と中央融和事業協会が解散して新機構を結成し、松本を副会長もしくは常務理事とする「新機構要綱試案」を作成し、政府のもとに中央機関として大和国民運動を設置することで妥結しかけた。しかし下村が強硬に反対し、武島も同調した。松本は八月一日に中央融和事業協会の平沼騏一郎にも会って合同の必要性を説いたものの、平沼から積極的な発言を引き出すことができなかった。

そこで八月七日に井元、深川武、朝倉重吉、田村定一らは内務省と警視庁を訪問して大和国民運動を説明し、八日には中央融和事業協会の小山、伊藤、中村とともに社会局長の新居善太郎（一八九六〜一九八四）を訪ね、両団体から幹事を選んで大和国民運動協議会という暫定的連絡機関を立ち上げることで一致した。しかし、これは小山の独断によるものであったので、解任された小山に代わって菊山嘉男（一八八九〜一九七七）が新たに常務理事に就任することになった。

これは合同に積極的な小山、伊藤、中村と、合同に反対する平沼、下村らの中央融和事業協会内における対立の結果であった。そして、すでに述べたように、全国水平社は第一六回大会での「部落問題（融和問題）完全解決体制に関する件」に基いて、全国水平社として近衛新体制運動に連動した大和国民運動の推進を急ぐことになった。

九月八日に東京で大和報国運動準備第一回懇談会が開かれ、この時点で名称は大和国民運動から大和報国運動に変更された。ここには全国水平社の松本や井元、田中、深川、中央融和事業協会から菊山、伊藤、中村、井上哲男（一九〇一〜一九七五）、植木俊助（一八九二〜一九四二）、融和運動の流れをくむ大和会の山本正男と柳田毅三が参加したが、菊山は中央融和事業協会の解散に反対して、次回からの不参加をほのめかすほどであった。そして最終的には九月二五日の第三回懇談会で、中央融和事業協会は大和報国運動から離脱することを宣言した。この離脱の背景には、会長である平沼騏一郎の強い反対の意思が存在していた。ちなみに、この時期の中央融和事業協会は、侵略戦争に部落民衆を動員する資源調整事業を展開したが、実質的には部落民衆を「満州」移民として送り出すことに終始したものであった。

一〇月一二日に近衛新体制運動の帰結として戦時体制を強化するため、すべての政治と結社を統轄しようとする一国一党の組織を目指して政治結社の大政翼賛会が結成されたが、これは今日的には日本におけるファシズム体制の確立と評価されている。この大政翼賛会に部落問題の解決を期待した松本をはじめとした大和報国運動は、大政翼賛会の誓《ちかい》と酷似した自らの誓を作成し、松本ら中心人物が一一月二日には部落問題に理解があると見なしていた大政翼賛会事務総長の有馬頼寧と部落問題を所轄する厚生大臣の金光庸夫《つねお》（一八七七〜一九五五）と会見して協力を求めたが、有馬と金光の大和報国運動に対する態度はきわめて冷淡なものであり、大政翼賛会と厚生省から協力の約束をとりつけることができなかった。

しかし一一月三日、東京で大和報国運動発足大会が開かれた。組織方針を示す「実践指標」では大政翼賛会と表裏一体であることが強調されたが、運動方向を示す実践要綱では従来の主張とともに、「亜細亜を屈辱的地位より解放し、東亜諸民族の協和を期す」という興亜運動的もしくはアジア主義的な内容が付け加えられた。とくに座長に就いた陸軍中将であった予備役の島本正一（一八七七〜一九六七）は、部落問題など眼中になく、興亜運動を強調するばかりであった。大和報国運動の実質的な代表には軍人の島本が就き、全国水平社の深川は常務理事になった。理事の構成から大和報国運動を見ると、基本的に松本、深川、井元らの全国水平社系、山本、柳田、中西郷市《ごういち》らの大和会系、島本、伊藤、中村らの興亜精神同盟系という、三つの勢力の寄り合い所帯に他ならなかった。

一九四一年に入って大和報国運動は各地で懇談会や協議会を開くなど、その活動は本格化していった。しかし大和報国運動内では、徐々に意見の相違が目立つようになった。そして最終的に松本は、中央融和事業協会との合体が挫折し、大和報国運動が大政翼賛会と表裏一体の関係さえ構築できず、何よりも興亜運動に熱心な軍人の島本に不信を抱いて極度に嫌っていたので、五月五日に大阪市で開かれた大和報国運動第一回全国推進員大会で、大和報国運動と訣別することを宣言することになった。

そして松本を中心とした全国水平社が去った大和報国運動は部落問題において基盤を失い、八月三日に名称を大和報国会に変更して興亜運動団体としての性格を明確にし、一九日には大政翼賛会の外郭団体として七月六日に結成された大日本興亜同盟に加盟して組織を存続するしかなかった。つまり全国水平社が新たな活路を求めて進めてきた大和報国運動は、完全に破綻することになったのである。

†同和奉公会への参入

中央融和事業協会と厚生省は、部落問題に取り組む姿勢を見せない大政翼賛会と全国水平社が大和報国運動と訣別した状況をふまえ、「融和事業新体制要綱」にもとづいて融和団体の一元的統合を急ぐことになった。そして六月一八日に前厚生大臣の吉田茂(一八八五〜一九五四)は、中央融和事業協会の常務理事である菊山嘉男、大和報国運動の代表である島本正一、全国水平社の中央委員長である松本治一郎、厚生省の生活局長である川村秀文(一八九八〜一九八一)らを集めて、新しい融和団体の一元的統合機関のための懇談会を開こうとした。

しかし大和報国運動は全国水平社と中央融和事業協会とは関係がなく、また自らは融和団体でもないとして欠席の意向を示した。また松本は、懇談会は厚生省が全国水平社を融和事業新体制に取り込むためのものであると感じ取ったため、意にも介さず参加を拒否した。結局のところ、厚生省による大和報国運動と全国水平社の中央融和事業協会への統合は、失敗に終わったのである。

これをふまえて中央融和事業協会は六月二五日に理事会を開き、同和奉公会に改組した。改組した同和奉公会は内部に矛盾をはらみつつも、部落問題の解決を高度国防国家と大東亜共栄圏の確立と直結させ、何よりも一元的な統合のために府県融和団体を府県本部として再編し、強い統制力を発揮することになった。これによって従来から使用されていた「融和」は、政府が主張した国民一体論をふまえながら部落民を戦争へと動員するための用語として、新たに「同和」に置き換えられることになった。なお「同和」は「大正」の後を引き継ぐ「昭和」とともに元号として浮上したこともあり、今日まで部落問題に関する行政用語として使用されていることも付け加えておこう。

この同和奉公会への改組は大政翼賛会の組織体制を模したものであったが、同和奉公会は大日本産業報国会や大日本青年団などの官製国民運動団体のように、大政翼賛会の外郭団体としての位置づけではなく、あくまでも厚生省が所管する財団法人の社会事業団体とされた。これは同和奉公会の会長である平沼が内務大臣であることから、大政翼賛会とは相対的に独立した影響力のある団体として存続を図ろうとしたものであったと考えられる。中央融和事業協会の同和奉公会への改組によって、各府県の融和団体も府県本部に改編され、全国水平社の関係者のみならず旧部落厚生皇民運動の関係者、それに新生運動を展開していた西光万吉に近い関係者も、府県本部の役員に就任するようになった。

そして府県本部からの推薦による中央協議員には、三重の上田音市、京都の朝田善之助、大阪の泉野利喜蔵、奈良の阪本清一郎、福岡の田中松月が就いた。一九四一年一一月一〇・一一日に開かれた同和奉公会第一回中央協議会では、上田らが「国民組織の再編成と部落形態解消に関する件」、朝田が「国防国家体制建設の基底としての地区厚生運動の全国的展開に関する件」、泉野が「国民一体による同和問題一挙解決に関する件」、阪本らが「運動一元化に関する件」、田中らが「学務当局を通して中等学校生徒の同和促進を図る良法如何」と「同和問題を翼賛会に取り入れしめ一層効果を挙げしむる良法如何」を提案した。

次に一九四二年一二月二・三日に開かれた同和奉公会第二回中央協議会では、上田の「国民組織の確立並産業再編成に当り同和問題解決を要望するの件」、泉野の「大東亜共栄圏確立による必勝信念堅持に関する件」、阪本の「企業整備に基く部落産業の方途に関する件」、田中の「関係官庁との連絡強化の件」、それに加えて田原春次の「海外発展国策に積極協力の件」などが提案されたように、部落問題の解決を同和奉公会の活動に求めるものであった。

松本は一九四一年九月一五日に同和奉公会福岡県本部の顧問になったものの、心中は穏やかではなかった。松本は全国水平社を考慮しない同和奉公会への改組には反対であるとの意向を示していたが、仕方なく顧問を受けるしかなかった。このような松本の姿勢から、内務省は全国水平社と松本の存在は危険であるとして、決して警戒を怠らなかった。ともあれ全国水平社の主要な活動家は、同和奉公会に参入することによって、部落問題に関する新たな活動舞台の一つを選びとるしか選択肢はなかったのである。

†全国水平社の法的消滅

日中全面戦争の長期化に伴って総理大臣の近衛文麿は、アメリカとの交渉によって泥沼化した局面を打開しようとしたが、政府と軍部の不統一や軍部内の陸軍と海軍との思惑の違い、何よりもアメリカの強い姿勢によって、好転の兆しは生まれなかった。そして優柔不断との評判が絶えなかった近衛文麿は、一九四一年一〇月一六日に内閣を投げ出し、一〇月一八日に陸軍大臣であった主戦論の東条英機(一八八四〜一九四八)が総理大臣となって政府を率いることになった。東条は内務大臣と陸軍大臣も兼ね、一二月八日に大東亜共栄圏の確立を目的にアメリカとイギリスに宣戦布告し、ここにアジア・太平洋戦争が始まることになった。

早くも一二月一九日の帝国議会で言論出版集会結社等臨時取締法を可決させ、二一日から施行したように、政府は戦争遂行のための治安維持を目的とする弾圧立法の整備を急いだ。これによって新たな政治結社や思想結社は認められなくなり、既存の結社も一九四二年一月二〇日までに許可申請書を提出することが義務づけられることになったため、内務省は全国水平社を解散させる強い姿勢で臨むことになった。そして全国水平社は、一月一九日に大阪市内の事務所に掲げられていた「全国水平社総本部」と書かれた看板を撤去し、不許可になることを見込んで許可申請書を提出しなかった全国水平社は、一月二〇日を迎えて法律のうえでは消滅することになった。

しかし内務省は、解散届と解散声明書を提出させるという強硬な姿勢を示した。これに対し松本は、解散届と解散声明書は松本が帝国議会に提出する予定の「大東亜民族協和の基本国策樹立に関する議案」の採択とにらみ合わせて善処し、三月一五日ごろに予定している全国水平社常任委員会で最終的な態度を決定し、解散声明書はまだしも解散届は必要ないという方針に転換した。つまり松本は、内務省の圧力に屈して全国水平社の解散を容易に認めるような態度を拒否したのである。このように松本が内務省などの強い圧力に抗することができたのは、衆議院議員であると同時に大政翼賛会福岡県支部顧問という一定の政治的立場を保持していたからであった。

そして松本は三月二四日の衆議院建議委員会に、解散届と解散声明書とに密接に関係すると自らが位置づけていた、「大東亜民族協和の基本国策樹立に関する建議案」を提出した。この建議案は政府や軍部が一体となって推進する大東亜共栄圏構想を前提として、日本の植民地および占領地であるアジア地域の諸民族の協和に関する基本国策を樹立するため、軍官民一体となった大審議会の設置を政府に求めるものであった。建議案は可決されたものの、政府は大審議会の設置に動くなどの積極的な姿勢を示すことはなかったので、当然のごとく松本は解散届と解散声明書を具体化させようとはしなかった。

これをうけて内務省は松本に解散届だけでも提出するよう指示したが、松本は議員活動が多忙であることを理由に引き延ばしを図った。そこで内務省は松本の政治的立場を考慮して全国水平社が解散届を提出しないことを黙認しつつも、警戒だけは続けていくことになった。ここに解散届と解散声明書をめぐる松本ら旧全国水平社と内務省との激しい攻防は、完全な終局を迎えることになった。

全国水平社は思想結社であることを否定して法律上の消滅を選び、また解散届の提出と解散声明書の発表を拒否しつづけたことからすると、その国家権力に対する抵抗の意味はきわめて大きく、とりわけ松本の果たした役割は非常に重要であった。しかしアジア・太平洋戦争のもとで、全国水平社としての独自的な組織活動は展開できず、活動家の多くは同和奉公会に参入することによって、戦時体制に協力しながら部落問題の解決を模索していくしかなかった。

†現代部落解放運動への継承

一九四五年八月一〇日に日本はアメリカ、イギリス、中国にポツダム宣言の受諾を申し入れ、八月一五日に昭和天皇によって「終戦の詔書」のラジオ放送があり、九月二日には日本はアメリカ、イギリス、中国、ソ連など九カ国と降伏文書に調印し、ここにアジア・太平洋戦争を含む第二次世界大戦は、日本の敗北によって終結した。そしてアメリカを中心とした連合国軍最高司令官総司令部（GHQ／SCAP）による占領によって、日本は非軍事化と民主化が進行し、一九四六年一一月に日本国憲法が公布されるなど民主的改革が矢継ぎ早に実施された。これらの急激な変化は、部落解放運動や同和行政など部落問題の全般にわたって、少なからず影響を与えることになった。

このような状況のもと、一九四五年一〇月から松本治一郎、井元麟之、北原泰作、朝田善之助、松田喜一、上田音市らが中心となって、部落解放運動の再建が模索された。これをふまえて一九四六年二月一〇日に、主催は「全国水平社」、発起人代表者は松本、発起人には北原だけでなく、融和運動の流れをくむ山本政夫（正男）、梅原真隆、武内了温も名前を連ね、二月一九日の全国部落代表者会議、二月二〇日の部落解放人民大会の案内状が、全国各地の関係者に送られた。

そして二月一九日に京都市の新聞会館で開かれた全国部落代表者会議において、部落解放全国委員会が結成された。主催を「全国水平社」としたのは、一九四二年一月二〇日に法的には消滅したが実質的には団体として存続していたと考え、その歴史と伝統を継承しようとする認識を示すものであった。しかし団体名が部落解放全国委員会とされたのは、水平運動の理論的かつ実践的な到達点とされた部落委員会活動を継承しようとしたからであった。

また新しい行動綱領、宣言、決議が可決され、全国委員長に松本、常任全国委員に朝田、上田、北原、松田、木村京太郎、田中松月、埼玉の野本武一（一九一二〜一九七四）とともに、融和運動系の井上哲男と中西郷市、書記局長に井元、顧問に武内と梅原が就いた。これは三月一四日に廃止される予定であった同和奉公会系の人びとを排除して、民主主義運動の盛り上がりにふさわしく、水平運動に好意を抱いていた一部の融和運動家との大同団結を象徴するものであった。

二月二〇日の部落解放人民大会には日本社会党と日本共産党の革新政党だけでなく、日本自由党と日本進歩党の保守政党も招かれて挨拶した。部落解放全国委員会は宣言で「軍国主義的・封建的反動勢力の徹底的打倒！」「一切の民主々義勢力の結集による民主戦線の即時結成！」「民主政権の樹立による部落民衆の完全なる解放！」を掲げたように、明らかに社会主義に親近感をもつ革新的な社会運動団体に他ならなかった。しかし宣言において、全国水平社が日中戦争からアジア・太平洋戦争にかけて戦争協力に転換したことにまったく触れられなかったことは、戦争責任を明確に認識していなかったことを如実に示すものであった。

部落解放全国委員会は部落解放運動を発展させるため、一九五五年八月に部落解放同盟と発展的に改称し、五五年体制のもとで革新勢力の大衆的社会運動団体として成長することになった。そして部落解放同盟は一九六〇年代から、差別糾弾闘争を軸として、部落の生活苦を解決する生活擁護闘争、同和対策を求める行政闘争、冤罪事件での無罪を求める狭山差別裁判闘争、勤労諸階層と被差別マイノリティとの反差別共同闘争、国際人権基準を日本において達成するため海外被差別マイノリティと連帯した反差別国際運動などを展開するようになった。

このような経過のなかで、同和対策をめぐって自由民主党と連携しようとするグループは、一九六〇年五月に全日本同和会を結成したが、全日本同和会に批判的なグループは一九八六年七月に全国自由同和会（二〇〇三年五月から自由同和会）を新たに結成した。また一九六〇年代後半から部落解放運動の方向をめぐって、協力関係にあった部落解放同盟と日本共産党が激しく対立するようになり、日本共産党と連携しようとするグループは、一九七〇年六月に部落解放同盟正常化全国連絡会議を結成し、一九七六年三月の全国部落解放運動連合会、二〇〇四年四月の全国地域人権運動総連合へと改組した。このような部落解放運動をめぐる対抗とともに、二〇〇五年頃になって部落解放同盟内での同和対策事業に関する不祥事が大きな注目を浴びたため、部落解放同盟は社会的信頼の回復に努めるようになった。

また現代の部落解放運動は、全国水平社の歴史と伝統を継承しているが、とくに全国水平社の戦争協力についての歴史的総括が重要であろう。一九七〇年代から近現代部落史研究が大きく発展し、とりわけ水平運動史研究においては社会主義だけでなく多様な思想が検討され、全国水平社の戦争協力と法的消滅に至る過程についても解明が進んだ。これをうけて部落解放同盟は、アジア・太平洋戦争終結五〇周年にあたる一九九五年八月、全国水平社の戦争協力を公式的に認め、これを批判的に継承するため、天皇制の強化と政治的利用に反対の姿勢を明確にするとともに、日本における人権の確立、そして平和と民主主義の実現と結びついた部落解放運動を展開するようになっている。

さらに二〇〇〇年前後から、グローバル化に伴って日本と世界に新自由主義と国家主義が席巻し、新しい貧困と困難によって社会的格差が激化し、排外主義的差別が横行するようになった。このような新しい危機的な状況を打開するため、部落解放同盟は従来の社会主義による展望から革新的市民主義による部落解放の展望へと転換し、社会運動的な部落解放運動を堅持しつつも、反貧困の福祉運動、地域社会でのまちづくり運動など、市民運動的な新しい人権運動にも力を注ぐようになり、現在に至っている。

しかしながら二〇一九年一二月に中国で初めて報告された新型コロナウィルスは、今や世界的に爆発的な拡大を見せ、現在に至っても終息の兆しを見通せることが困難であり、感染者や医療従事者などに対する差別を惹き起こすまでにもなっている。また地球温暖化、自然災害、環境破壊、戦争、核兵器、原子力発電などの脅威によって、地球的規模の人類的危機が現実化している。おりしも二〇一五年九月に国際連合で採択されたSDGs（持続可能な開発目標）が日本のみならず世界各国でも取り組まれ、地球的規模の人類的危機に立ち向かうことは、部落解放運動にとっても重要な課題となっている。

全国水平社創立から部落解放運動は一〇〇年を経過したが、いまだ部落に対する差別意識は完全に払拭されず、近年ではインターネットで部落の地名と人物の名前を暴くなどの悪質な差別事件さえ起こっている。しかし部落差別は人間の尊厳を否定する許されざる社会的罪悪であるとの認識が一般化するようになり、また部落問題は国際的な反差別人権運動と結びついたグローバルスタンダードとしての国際人権基準に照らした解決が展望されるようになった。

かつて一九六一年に高知市で始まった教科書無償闘争は、一九六四年からの義務教育での教科書無償を全国的に実現させた。また一九六九年からの部落問題を解決するための同和行政などに関する法制度の整備は、差別、貧困、社会的困難などを抱えるすべての人びとに対する行政水準を大きく高めることにもなり、これらをもたらした部落解放運動は必然的に日本社会の民主的改革につながることが明確となっている。

かくして部落解放を実現しようとする全国水平社創立以来の部落解放運動は、矛盾を内包しつつも普遍的価値となっている自由、平等、民主主義、人権、さらには環境、平和を基本としながら、日本社会と国際社会に大きく貢献する有力な社会運動かつ市民運動としての役割を果たすものであったと結論づけることができ、この役割が今後とも重要性を増していくことは間違いないであろう。

参考文献

史料集

青木恵一郎編『日本農民運動史料集成』第一巻、三一書房、一九七六年

天野卓郎編『前田三遊論集』世界文庫、一九六九年

「(仮称)水平社歴史館」建設推進委員会編『創立期水平社運動資料』全四巻、不二出版、一九九四年

浄土真宗本願寺派同朋運動変遷史編纂委員会編『同朋運動史資料』1〜4、浄土真宗本願寺派出版部、一九八三〜一九八九年

高市光男編『新聞集成　水平運動資料』稿1〜7、近代史文庫大阪研究会、一九七二〜一九七三年

谷川健一編集委員代表『日本庶民生活史料集成』第二五巻、三一書房、一九八〇年

田宮武編『新聞記事からみた水平社運動』関西大学出版部、一九九一年

林久良編『明治・大正期(一八八九年〜一九二六年)における部落問題と宗教に関する新聞記事切り抜き集成』林久良、一九八二年

原田伴彦・渡部徹・秋定嘉和監修『近代部落史資料集成』全一〇巻、三一書房、一九八四〜一九八七年

廣畑研二編『戦前期警察関係資料集』第一巻〈水平運動〉、不二出版、二〇〇六年

部落解放・人権研究所　衡平社史料研究会編『朝鮮衡平運動史料集』〈金仲燮《キムジュンソプ》・水野直樹監修〉、解放出版社、二〇一六年

――朝鮮衡平運動史研究会編『朝鮮衡平運動史料集・続』〈金仲燮・水野直樹監修〉、解放出版社、二〇二一年
部落問題研究所編『水平運動史の研究』第二～四巻〈資料篇　上・中・下〉、部落問題研究所、一九七一年～一九七二年
馬原鉄男解説『水平運動論叢』世界文庫、一九七一年
渡部徹・秋定嘉和編『部落問題・水平運動資料集成』全五巻、三一書房、一九七三～一九七八年
渡部徹監修・藤野豊解説『復刻版　初期水平運動資料集』全五巻、不二出版、一九八九年

全体・複数章

秋定嘉和『近代日本の水平運動と融和運動』解放出版社、二〇〇六年
――・朝治武編著『近代日本と水平社』解放出版社、二〇〇二年
朝治武『水平社の原像―部落・差別・解放・運動・組織・人間―』解放出版社、二〇〇一年
――『アジア・太平洋戦争と全国水平社』解放出版社、二〇〇八年
――『差別と反逆―平野小剣の生涯』筑摩書房、二〇一三年
――『水平社論争の群像』解放出版社、二〇一八年
朝田善之助『新版　差別と闘いつづけて』朝日新聞社、一九七九年
井上清『部落の歴史と解放理論』田畑書店、一九六九年
大阪人権歴史資料館編『全国水平社―人の世に熱あれ！　人間に光あれ！―』大阪人権歴史資料館、一九九二年
「(仮称）水平社歴史館」建設推進委員会編『図説　水平社運動』解放出版社、一九九六年

掛谷宰平『日本帝国主義と社会運動―日本ファシズム形成の前提―』文理閣、二〇〇五年
北原泰作『賤民の後裔―わが屈辱と抵抗の半生―』筑摩書房、一九七四年
木村京太郎『水平社運動の思い出―悔いなき青春―』上、部落問題研究所、一九七〇年
――『水平社運動の思い出―苦悩の半生―』下、部落問題研究所、一九七二年
黒川みどり『被差別部落認識の歴史―異化と同化の間―』〈岩波現代文庫〉、岩波書店、二〇二一年
――編著『部落史研究からの発信』第二巻〈近代編〉、解放出版社、二〇〇九年
――・藤野豊編『近現代部落史―再編される差別の構造―』有志舎、二〇〇九年
――・藤野豊『差別の日本近現代史―包摂と排除のはざまで―』〈岩波現代全書〉、岩波書店、二〇一五年
小林茂・秋定嘉和編『部落史研究ハンドブック』雄山閣出版、一九八九年
鈴木良『近代部落問題研究序説』兵庫部落問題研究所、一九八五年
――『水平社創立の研究』部落問題研究所、二〇〇五年
手島一雄「史料紹介　全国水平社創立に関する三好伊平次（内務省社会局嘱託）「復命書」」（『水平社博物館研究紀要』第一三号、二〇一一年三月）
成沢栄寿『日本歴史と部落問題』部落問題研究所、一九八一年
福田雅子『証言・全国水平社』日本放送出版協会、一九八〇年
藤野豊『水平運動の社会思想史的研究』雄山閣出版、一九八九年
部落解放研究所編『部落解放史―熱と光を―』中巻、解放出版社、一九八九年
部落解放同盟中央本部編『松本治一郎伝』解放出版社、一九八七年
――編『写真記録　全国水平社』解放出版社、二〇〇二年

部落問題研究所編『部落の歴史と解放運動』近・現代篇、部落問題研究所、一九八六年
馬原鉄男『水平運動の歴史』部落問題研究所、一九七三年
三重県部落史研究会『解放運動とともに―上田音市のあゆみ―』三重県良書出版会、一九八二年
師岡佑行『西光万吉』〈人と思想110〉、清水書院、一九九二年
渡部徹『解放運動の理論と歴史』〈叢書 部落解放3〉、明治図書出版、一九七四年
――「部落解放運動」(『岩波講座 日本歴史』第一八巻〈近代5〉、岩波書店、一九七五年)
渡辺俊雄『現代史のなかの部落問題』解放出版社、一九八八年

はじめに

朝治武「目標を示した全国水平社創立綱領」(守安敏司・藤田正・朝治武『水平社宣言・解放歌』解放出版社、二〇〇五年)
――「運動方針としての全国水平社創立大会決議」(守安敏司・藤田正・朝治武『水平社宣言・解放歌』解放出版社、二〇〇五年)
金原左門『昭和への胎動』〈昭和の歴史 第一巻〉、小学館、一九八三年
武田晴人『帝国主義と民本主義』〈日本の歴史⑲〉、集英社、一九九二年
中村政則『労働者と農民―近代日本をささえた人々―』〈小学館ライブラリー110〉、小学館、一九九八年
鹿野政直『近代日本思想案内』〈岩波文庫別冊14〉、岩波書店、一九九九年
成田龍一『大正デモクラシー』〈岩波新書 シリーズ日本近現代史④〉、岩波書店、二〇〇七年

序章
朝治武「喜田貞吉の部落問題認識」（『民族と歴史』解説・総目次・索引』不二出版、一九九七年）
――「維新期における部落の意識と行動」（新井勝紘編『近代移行期の民衆像』〈民衆運動史4 近世から近代へ〉、青木書店、二〇〇〇年）
――「岸田岡太郎―初めて部落を名乗った弁護士」（水平社博物館編『全国水平社を支えた人びと』解放出版社、二〇〇二年）
――「南王子水平社創立の歴史的意味―いかに部落青年は差別と向き合ったか―」（和泉市立人権文化センター編『南王子村の水平運動』和泉市立人権文化センター、二〇〇三年）
――「『破戒』に現れた「我は穢多なり」という思想の歴史的意味」（大阪人権博物館編『島崎藤村『破戒』一〇〇年』大阪人権博物館、二〇〇六年）
――「京都・田中の改善運動と上田静一」（大阪市立大学人権問題研究センター編『資料集 上田静一と被差別部落―明治・大正期を中心に―』〈人権問題研究別冊〉、大阪市立大学人権問題研究会、二〇〇九年）
――「全国水平社創立の地下水」（畑中敏之・朝治武・内田龍史編著『差別とアイデンティティ』阿吽社、二〇一三年）
――「全国水平社創立前の「差別糺弾闘争」―京都・東七条の経験から―」（京都部落問題研究資料センター編『二〇二〇年度部落史連続講座 講演録』京都部落問題研究資料センター、二〇二一年）
安保則夫『近代日本の社会的差別形成史の研究―増補『ミナト神戸―コレラ・ペスト・スラム―』明石書店、二〇〇七年

井岡康時「大正期の町村合併と部落問題」（『史料センター紀要』第七号〈奈良県同和問題関係史料センター〉、二〇〇〇年三月）
――「大正デモクラシーと部落問題」（黒川みどり編著『部落史研究からの発信』第二巻〈近代編〉、解放出版社、二〇〇九年）
石居人也「社会問題の「発見」」（『岩波講座　日本歴史』第一六巻〈近現代2〉、岩波書店、二〇一四年）
上杉聰『明治維新と賤民廃止令』解放出版社、一九九〇年
奥本武裕「部落差別撤廃運動の黎明―帝国咸一会・大日本咸一会とその周辺―」（世界人権問題研究センター編『問いとしての部落問題研究―近現代日本の忌避・排除・包摂―』〈人権問題研究叢書16〉、世界人権問題研究センター、二〇一八年）
鹿野政直『近代日本の民間学』〈岩波新書〉、岩波書店、一九八三年
北崎豊二『近代大阪と部落問題』解放出版社、一九九七年
――「政治家・森秀次について―一八九一年の差別事件を中心に―」（『大阪の部落史通信』第三一号〈大阪の部落史委員会〉、二〇〇三年一月）
工藤英一「賀川豊彦と部落問題―水平社との接近と離反―」（部落解放研究所編『水平社運動史論』解放出版社、一九八六年）
黒川みどり『創られた「人種」―部落差別と人種主義―』有志舎、二〇一六年
小島達雄「被差別部落への歴史的呼称をめぐって―「特種部落」および「特殊部落」の呼称の形成過程とその時期―」（領家穣編『日本近代化と部落問題』明石書店、一九九六年）
小林丈広『近代日本と公衆衛生―都市社会史の試み―』雄山閣出版、二〇〇一年

白石正明「上田静一小論―親友夜学校と北海道移住―」（解放教育史研究会編『被差別部落と教員』明石書店、一九八六年）
――「中江兆民と『東雲』時代」（『部落解放研究』第一二号〈部落解放研究所〉、一九七八年二月）
鈴木正幸『近代天皇制の支配秩序』校倉書房、一九八六年
鈴木良「天皇制と部落差別」（『部落』第二二六号〈部落問題研究所〉、一九六八年二月）
関口寛「二〇世紀初頭におけるアカデミズムと部落問題認識―鳥居龍蔵の日本人種論と被差別部落民調査から―」（『社会科学』第四一巻第一号〈同志社大学人文科学研究所〉、二〇一一年五月）
――「アメリカに渡った被差別部落民―太平洋を巡る「人種化」と「つながり」の歴史経験―」（田辺明生・竹沢泰子・成田龍一編『環太平洋地域の移動と人種―統治から管理へ、遭遇から連帯へ―』京都大学学術出版会、二〇二〇年）
高木博志『近代天皇制と古都』岩波書店、二〇〇六年
中央融和事業協会編『融和問題論叢』中央融和事業協会、一九二九年
辻本正教『洞村の強制移転―天皇制と部落差別―』解放出版社、一九九〇年
手島一雄「『明治之光』の群像―大和同志会と三好伊平次―」（岩間一雄編『三好伊平次の思想史的研究』吉備人出版、二〇〇九年）
八箇亮仁『病む社会・国家と被差別部落』解放出版社、二〇一二年
ひろたまさき『差別の視線―近代日本の意識構造―』吉川弘文館、一九九八年
藤野豊「被差別部落」（『岩波講座 日本通史』第一八巻〈近代3〉、岩波書店、一九九四年）
――「部落問題と優性思想」（『部落解放研究』第一二四号、一九九四年一〇月）
――・徳永高志・黒川みどり『米騒動と被差別部落』雄山閣出版、一九八八年

福家崇洋「「革命化」の代償―堺利彦」(『部落解放』第七四六号〈解放出版社〉、二〇一七年九月)
松田京子『帝国の視線―博覧会と異文化表象―』吉川弘文館、二〇〇三年
宮武利正『「破戒」百年物語』解放出版社、二〇〇七年

第1章

浅尾篤哉編『三浦参玄洞論説集』解放出版社、二〇〇六年
朝治武「中西千代子と水平運動―伝説の婦人水平運動家を追う―」(『季刊・リバティ』第五号〈大阪人権歴史資料館〉、一九九四年三月)
――「全国水平社創立への分水嶺―大日本同胞差別撤廃大会の意味―」(『部落解放』第四九九号、二〇〇二年三月)
――「全国水平社創立をもたらした思想とは」(朝治武・黒川みどり・吉村智博・渡辺俊雄『もっと知りたい部落の歴史―近現代二〇講―』解放出版社、二〇〇九年)
――「水平社宣言の歴史的意義」(朝治武・守安敏司編『水平社宣言の熱と光』解放出版社、二〇一二年)
井岡康時「可能性の運動体―燕会から水平社へ―」(『水平社博物館研究紀要』第四号、二〇〇二年三月)
上井俊記「谷口秀太郎―伊賀少年水平社の草創」(水平社博物館編『全国水平社を支えた人びと』解放出版社、二〇〇二年)
大賀喜子「阪本数枝にみる水平社とジェンダー」(『人権問題研究』第九号〈大阪市立大学人権問題研究センター〉、二〇〇九年三月)

鹿野政直「全国水平社創立の思想史的意味」(『部落解放』第三五一号、一九九三年一月)
黒川伊織「佐野学における唯物史観の受容と部落問題の発見」(『部落解放研究』第一九一号、二〇一一年三月)
黒川みどり「被差別部落と性差別」(秋定嘉和・朝治武編著『近代日本と水平社』解放出版社、二〇〇二年)
佐々木健太郎「婦人水平社と阪本数枝―日記から見える阪本数枝の水平社運動―」(『水平社博物館研究紀要』第一八号、二〇一六年三月)
杉山元治郎伝刊行会編『土地と自由のために―杉山元治郎伝』杉山元治郎伝刊行会、一九六五年
鈴木裕子『水平線をめざす女たち―婦人水平運動史―』ドメス出版、一九八七年
関口寛「水平社創立と民衆―奈良県の事例から―」(秋定嘉和・朝治武編著『近代日本と水平社』解放出版社、二〇〇二年)
――「レベラーズと水平社」(『京都部落問題研究資料センター通信』第一六号、二〇〇九年七月)
谷口幸男・池田孝雄「和歌山県水平運動史」(部落問題研究所編『水平運動史の研究』第六巻〈研究篇 下〉、部落問題研究所、一九七三年)
田原春次『田原春次自伝』田中英明、一九七三年
福家崇洋『戦間期日本の社会思想―「超国家」へのフロンティア―』人文書院、二〇一〇年
前川修「増田久江―差別撤廃を訴えるおさげ髪の名弁士」(水平社博物館編『全国水平社を支えた人びと』解放出版社、二〇〇二年)
松尾尊兊『大正デモクラシー』〈日本歴史叢書〉、岩波書店、一九七四年
松岡保「『よき日の為めに』(水平社創立趣意書)におけるロマン・ロランとゴリキー」(『関西大学

部落問題研究室紀要』第一〇号、一九八四年一二月）
――「『よき日の為めに』（水平社創立趣意書）におけるゴリキー（補遺）」（『関西大学部落問題研究室紀要』第一七号、一九八八年九月）
宮崎芳彦「遠くからの叫び声―永遠の少年山田孝野次郎、少年少女水平社のこと―」（『白百合児童文化』第二号〈白百合女子大学児童文化学会〉、一九九〇年一一月）
宮前千雅子「水平社の「姉妹」たちの誕生―『婦人公論』での論争を中心に―」（『関西大学人権問題研究室紀要』第八一号、二〇二一年三月）
守安敏司「今田丑松と水平社創立者たち―大日本国粋会と奈良県水平社―」（『水平社博物館研究紀要』第二号、二〇〇〇年三月）

第2章

朝治武「戦前日本の言論・出版統制と水平社運動」（大阪人権歴史資料館編『発禁書と言論・出版の自由』大阪人権歴史資料館、一九八九年）
――「史料紹介『水平運動の情勢』―創立期全国水平社をめぐる地方行政史料―」（『部落解放研究』第一〇二号、一九九五年二月）
――「喜田貞吉の水平運動認識」（『雑学』第一四号〈下之庄歴史研究会〉、一九九六年一一月）
――「初期全国水平社における普通選挙をめぐる分岐」（『大阪人権博物館紀要』第八号、二〇〇四年一二月）
――「解説　山本政夫の生涯と思想」（大阪人権博物館編『山本政夫著作集』解放出版社、二〇〇八年）

――「内部自覚運動における山本正男の位置」（大阪人権博物館編『近現代の部落問題と山本政夫』解放出版社、二〇〇九年）
――「部落民衆は、普通選挙によって、どのように政治進出を図ったか」（朝治武・黒川みどり・吉村智博・渡辺俊雄『もっと知りたい部落の歴史―近現代二〇講―』解放出版社、二〇〇九年）
新井磯次『北中皮革争議史―思いだすことども―』〈叢書　部落解放6〉、明治図書出版、一九七八年
大串夏身「全水大阪と労働運動―関西労働組合総連合の歴史から―」（『部落解放研究』第二八号、一九八二年一月）
――「一九三〇年代の全国水平社と労働組合運動」（部落解放研究所編『水平社運動史論』解放出版社、一九八六年）
白木正俊「菱野貞次と京都市政―一九二九～一九三三―（上・下）」（『研究紀要』第一二・一四号〈世界人権問題研究センター〉、二〇〇七年三月・二〇〇九年三月）
手島一雄「全国融和事業大会「速記録」の史料的意義」（研究代表者　鈴木良〈社団法人部落問題研究所研究員〉『部落問題・水平運動・融和運動史料に関する実証的研究』〈科学研究費補助金（基盤研究（B）（2））研究成果報告書〉、二〇〇五年三月）
――「中央融和事業協会の創設」（『しこく部落史』第八号〈四国部落史研究協議会〉、二〇〇六年三月）
藤野豊『同和政策の歴史』解放出版社、一九八四年
吉田文茂「労働農民党の政策課題としての部落問題」（『部落解放研究』第二〇四号、二〇一六年三月）

第3章

朝治武「資料紹介『大福水平社日誌』」(『部落解放研究』第八四号、一九九二年二月)
──「戦時下水平社の差別糾弾闘争」(『部落解放』第三九三号、一九九五年八月)
──「徹底的糾弾の再検討」(朝治武・灘本昌久・畑中敏之編『脱常識の部落問題』かもがわ出版、一九九八年)
──「初めての謝罪状」(部落解放・人権研究所編『続・部落史の再発見』解放出版社、一九九九年)
──「「里見水平社解散」の真相」(『大阪人権博物館紀要』第五号、二〇〇一年一二月)
──「高松結婚差別裁判の真相」(香川人権研究所編『高松結婚差別裁判の真相』香川人権研究所、二〇〇四年)
──「謝罪という差別事件の解決──一九二一年・京都駅差別事件の検討──」(『雑学』第二九号、二〇〇四年五月)
──「水平社が照らす部落差別の実相」(新人物往来社編『歴史の中のサンカ・被差別民』新人物往来社、二〇一一年)
──「豊橋連隊差別糾弾闘争の歴史的意義」(『愛知部落解放・人権研究』第一四巻〈愛知部落解放・人権研究所〉、二〇一八年三月)
──「何故に差別裁判かの解明こそが最大の課題─高松結婚差別裁判関係史料の紹介にあたって─」(『水平社博物館研究紀要』第二〇号、二〇一八年三月)
井岡康時「二〇世紀前半期の部落差別撤廃運動と行政における部落呼称と社会意識」(『部落史研

究』第六号〈全国部落史研究会〉、二〇二一年三月）
井田安雄「群馬における水平運動」（部落問題研究所編『水平運動史の研究』第五巻〈研究篇 上〉、部落問題研究所、一九七二年）
今岡順二「北原直訴事件―決行場面を中心に―」（『水平社博物館研究紀要』第一五号、二〇一三年三月）
駒井忠之「大正高等小学校差別糺弾闘争にみる木村京太郎のアイデンティティ」（畑中敏之・朝治武・内田龍史編著『差別とアイデンティティ』阿吽社、二〇一三年）
関口寛「初期水平運動における「政治文化」―奈良県・大正小学校差別糾弾闘争を手がかりに―」（『部落史研究』第三号〈全国部落史研究会〉、一九九九年七月）
田所輝明編『社会運動辞典』白揚社、一九二八年
広川禎秀「水平社の反軍闘争の歴史的意義―一九二六年の福連闘争について―」（『部落問題研究』第六〇輯〈部落問題研究所〉、一九七六年六月）
山下隆章「高松結婚差別裁判と香川県水平社」（『水平社博物館研究紀要』第六号、二〇〇四年三月）
山村昌子「水平社・国粋会争闘事件の検討―裁判記録を中心として―」（『部落解放研究』第二七号、一九八一年九月）

第4章

朝治武「幻の「錦旗革命」―関東大震災と水平運動―」（『季刊・リバティ』第四号、一九九三年一二月）

――「なぜ北原泰作は天皇に直訴したか」(『雑学』第三二号、二〇〇六年五月)
――「水平社は、他の被抑圧・被差別民衆とどのように関係したか」(朝治武・黒川みどり・吉村智博・渡辺俊雄『もっと知りたい部落の歴史―近現代二〇講―』解放出版社、二〇〇九年)
――「全国水平社創立の世界史的意義」(『歴史評論』第八〇一号〈歴史科学協議会〉、二〇一七年一月)
池川英勝「朝鮮衡平運動の展開過程とその歴史的性格」(西順蔵・小島晋治編『増補　アジアの差別問題』〈世界差別問題叢書6〉、明石書店、一九九三年)
大阪人権博物館編『山本政夫著作集』解放出版社、二〇〇八年
――編『近現代の部落問題と山本政夫』解放出版社、二〇〇九年
貝沢藤蔵『アイヌの叫び』「アイヌの叫び」刊行会、一九三一年
川瀬俊治「北星会の朝鮮衡平運動への連帯とその限界―機関誌『斥候隊』を中心として―」(『部落史研究』第三号、二〇一八年三月)
金仲燮『衡平運動―朝鮮の被差別民・白丁(ペクチョン)その歴史とたたかい―』〈高正子《コオチヨンジヤ》訳〉、解放出版社、二〇〇三年
――「衡平運動の歴史の新しい理解のために」(高正子訳、部落解放・人権研究所　衡平社史料研究会編『朝鮮衡平運動史料集』〈金仲燮・水野直樹監修〉、解放出版社、二〇一六年)
金静美《キムチヨンミ》「朝鮮独立運動と衡水連帯の試み」(金永大《キムヨンデ》『朝鮮の被差別民衆―「白丁」と衡平運動―』〈翻訳編集委員会編訳〉、解放出版社、一九八八年)
駒井忠之「海外で報じられた部落問題と水平社運動」(『水平社博物館研究紀要』第一〇号、二〇〇八年三月)

竹ケ原幸郎「「解平社」の創立と近文アイヌ給与地問題」(竹ケ原幸郎『近代北海道史をとらえ直す—教育史・アイヌ史からの視座—』〈竹ケ原幸郎研究集成 第二巻〉、社会評論社、二〇一〇年)
鶴嶋雪嶺「ハワイ日本人移民の部落差別と水平運動」(『部落解放』第二六九号、一九八七年一二月)
冨山一郎『近代日本社会と「沖縄人」—「日本人」になるということ—』日本経済評論社、一九九〇年
仲間恵子「一九二〇年代の在阪沖縄青年の運動」(『水平社博物館研究紀要』第五号、二〇〇三年三月)
浪川健治『アイヌ民族の軌跡』〈日本史リブレット〉、山川出版社、二〇〇四年
八箇亮仁「日朝被差別民の提携模索とその意義と限界—「階級闘争論」の陥穽—」(『部落解放研究』第二一二号、二〇二〇年三月)
林宥一「民族解放と差別撤廃の動き」(金原左門編『大正デモクラシー』〈近代日本の軌跡4〉吉川弘文館、一九九四年)
廣畑研二「カナダから水平社に届いた連帯メッセージ—部落民移民史研究のために—」(『解放研究』第二一号〈東日本部落解放研究所〉、二〇〇八年三月)
藤野豊『日本ファシズムと医療—ハンセン病をめぐる実証的研究—』岩波書店、一九九三年
水野直樹「近代朝鮮戸籍における「賤称」記載と衡平社の活動」(『部落解放研究』第二〇八号、二〇一八年三月)
——「戦時期・解放後朝鮮における皮革統制と衡平運動関係者の活動」(『部落解放研究』第二一四号、二〇二一年三月)

――・文京洙『在日朝鮮人―歴史と現在―』〈岩波新書〉、岩波書店、二〇一五年
守安敏司「水平社宣言―受け継いだこころ・伝えた魂」（朝治武・守安敏司編『水平社宣言の熱と光』解放出版社、二〇一二年）

第5章

朝治武「創立期全国水平社と南梅吉（上・中・下）」（『京都部落史研究所報』第一〇〜一二号、一九九九年七月・一九九九年一〇月・二〇〇〇年一月）
――「日本水平社の主張と運動」（秋定嘉和・朝治武編著『近代日本と水平社』解放出版社、二〇〇二年）
――「水平運動における北原泰作の思想的転換」（『雑学』第三七号、二〇一一年五月）
沖浦和光『部落史の先駆者 高橋貞樹―青春の光芒―』筑摩書房、二〇一五年
加藤哲郎「第一次共産党のモスクワ報告（上・下）」（『大原社会問題研究所雑誌』第四八九・四九二号〈法政大学大原社会問題研究所〉、一九九九年八・一一月）
神田文人「昭和恐慌期の社会運動」（東京大学社会科学研究所「ファシズムと民主主義」研究会編『昭和恐慌』〈ファシズム期の国家と社会1〉、東京大学出版会、一九七八年）
桐村彰郎「社会主義者の部落認識と初期水平運動―一九二〇年代を中心に―」（部落解放研究所編『水平社運動史論』解放出版社、一九八六年）
小正路淑泰「自治正義団史論―ある自主的融和団体の軌跡―」（『部落解放史・ふくおか』第六六号〈福岡部落史研究会〉、一九九二年六月）
関口寛「初期水平運動とボルシェヴィズム―全国水平社青年同盟の結成―」（黒川みどり・藤野豊

編『近現代部落史―再編される差別の構造―』有志舎、二〇〇九年）
廣畑研二『水平の行者　栗須七郎』新幹社、二〇〇六年
三原容子「水平社運動における「アナ派」について」（『研究紀要』第二号〈世界人権問題研究センター〉、一九九七年三月）
宮崎晃『差別とアナキズム―水平社運動とアナ・ボル抗争史―』黒色戦線社、一九七五年
吉田文茂『透徹した人道主義者　岡崎精郎』和田書房、二〇〇八年
――「自主的融和団体・高知県自治団の軌跡」（『部落解放研究』第一九七号、二〇一三年三月）
和気隆「水平社解消論」（『部落解放研究』第一六号、一九七八年一二月）

第6章

赤澤史朗「太平洋戦争下の社会」（藤原彰・今井清一編『十五年戦争史』3〈太平洋戦争〉、青木書店、一九八九年）
朝治武「来民における満州移民の展開―融和政策と関連して―」（大阪人権歴史資料館編『満州移民と被差別部落―融和政策の犠牲となった来民開拓団―』大阪人権歴史資料館、一九八九年）
――「戦時下水平社の戦争協力」（部落解放研究所編『部落史の再発見』解放出版社、一九九六年）
――「史料紹介　日中戦争期の差別事件史料」（『部落解放研究』第一一七号、一九九七年八月）
――「「差別ヲ無クシテ戦争ニ勝テ」という水平運動があった」（『身同』第一六号〈真宗大谷派同和推進本部〉、一九九七年九月）
――「史料紹介　日中戦争期の差別事件史料（続）」（『部落解放研究』第一三五号、二〇〇〇年八月）

――「戦時下の水平運動と戦争協力」（朝治武・黒川みどり・関口寛・藤野豊『「水平社伝説」からの解放』かもがわ出版、二〇〇二年）
――「「同和」という名称の歴史的意味」（『身同』第二四・二五合併号、二〇〇四年一二月）
――「戦争責任と部落解放運動史研究」（『部落解放』第五五三号、二〇〇五年八月）
――「赤穂松茸山入会権闘争の歴史的意味―部落委員会活動との関係を通して―」（『研究紀要』第一二号〈ひょうご部落解放・人権研究所〉、二〇〇六年三月）
――「論点整理　アジア・太平洋戦争期の水平運動と融和運動」（『雑学』第三三号、二〇〇七年五月）
――「アジア・太平洋戦争期の部落問題」（黒川みどり編著『部落史研究からの発信』第二巻〈近代編〉、解放出版社、二〇〇九年）
――「夢のシンポジウム・部落委員会活動の再検討」（『佐賀部落解放研究所紀要』第二七号、二〇一〇年三月）
――「転向過程における北原泰作の思想と行動」（『部落問題研究』第一九二輯、二〇一〇年四月）
雨宮昭一『戦時戦後体制論』岩波書店、一九九七年
犬丸義一『日本人民戦線運動史』青木書店、一九七八年
岩村登志夫「反戦反ファッショ闘争と水平社」（『部落問題研究』第三九輯、一九七三年一〇月）
大谷正「融和運動と満州移民」（『専修史学』第一六号〈専修大学歴史学会〉、一九八四年一二月）
尾川昌法「天皇制ファシズムと水平運動―準戦時経済体制期の部落解放闘争―」（部落問題研究所編『水平運動史の研究』第六巻〈研究篇 下〉、部落問題研究所、一九七三年）
金靜美『水平運動史研究―民族差別批判―』現代企画室、一九九四年

鈴木栄樹「新体制運動と全国水平社―「新居善太郎文書」より―」(『部落問題研究』第一〇八輯、一九九〇年一一月)
関口寛「日中戦争下の融和運動と大和報国運動―戦時社会変革構想と山本正男―」(大阪人権博物館編『近現代の部落問題と山本政夫』解放出版社、二〇〇九年)
友永健三・渡辺俊雄編著『部落史研究からの発信』第三巻〈現代編〉、解放出版社、二〇〇九年
廣岡浄進「アジア太平洋戦争下の被差別部落における皇民化運動―同和奉公会についての点描―」(黒川みどり編著『〈眼差される者〉の近代―部落民・都市下層・ハンセン病・エスニシティ―』解放出版社、二〇〇七年)
部落解放研究所編『部落解放史―熱と光を―』下巻、解放出版社、一九八九年
道場親信「戦後日本の社会運動」(『岩波講座 日本歴史』第一九巻〈近現代5〉、岩波書店、二〇一五年)
村越良子・吉田文茂『教科書をタダにした闘い―高知県長浜の教科書無償運動―』解放出版社、二〇一七年
師岡佑行『戦後部落解放論争史』全五巻、柘植書房新社、一九八〇～一九八五年
渡部徹「全国水平社解消論と部落委員会」(部落解放研究所編『水平社運動史論』解放出版社、一九八六年)

あとがき

全国水平社創立七〇周年を記念して、大阪人権歴史資料館（現在の大阪人権博物館）の特別展「全国水平社—人の世に熱あれ、人間に光あれ—」が、一九九二年二月から開催された。この特別展を学芸員としての私が担当することになり、前年からの準備の過程で水平運動史に関する多くの史料を調査して読み込み、併せて史料集、復刻版、先行研究を検討することによって、全国水平社を軸とした水平運動史研究に参入する決意を固めることになった。それから現在までの三〇年間、私は水平運動史に関する数多くの論文を発表し、四冊の単著も出版することになった。

かくも長きにわたって私が水平運動史に関心を抱き続けてきたのは何故であろうかと、今さらながら私自身に問わざるを得ない心境にある。私は高校一年生の時に自らが部落に生まれ育ったことを知り、高校二年生の時に部落解放運動と関係するようになってからは、部落問題が自らの人生を歩んでいくうえで、最も重要なテーマとなった。そして水平運動史研究に参入してからは、本来的に物事を歴史的に捉えようとする傾向が強かったことも手伝って、水平運動史を通して部落解放運動と部落問題を理解しようと努めることになった。

また現在につながる部落解放運動が水平運動の歴史と伝統を継承しているとすれば、肯定的であろうが否定的であろうが、水平運動史を正確に理解することが必要最低限の前提であると認識するようになった。さらに水平運動が部落問題と向き合う部落民によって担われていたことからすると、水平運動の歴史は部落民の歴史と重なり合うことが明瞭になり、しかも私自身が部落問題に向き合っている歴史的存在としての部落民であることを、水平運動史のなかに読み込むことができるのではないかと考えるようになった。

しかし水平運動史に強い関心を抱き続けたのは、明らかに全国水平社そのもの自体に大きな魅力を感じていたからであった。全国水平社は二〇年間の歴史において一貫して部落問題に向き合っていたが、その思想、運動、組織においては苦悩の連続であったので、それらを整合的に理解することに興味がそそられた。しかも部落問題が日本社会に根ざした社会問題であることから、全国水平社は否応なく日本の動向と向き合わざるを得ず、自ずと世界の動向に眼を向けることになったことも、強く意識するようになった。

そして何よりも魅力的であったのは、水平運動史をめぐる多様な人物であった。水平運動を主として担ったのは個性的な活動家であるが、結集した多くの部落民の意識と行動とも関係して、おしなべて部落問題に向き合う部落民としての主体形成の多様性が興味深く感じられるようになった。また水平運動は社会に対して大きな影響と衝撃を与えていたので、社会的立場を異にする多様な非部落民の、水平運動と部落問題に対する向き合いも重要なテーマとして浮上することにもなった。

かくして私の水平運動史研究は、私に始まって私に終わるという、私でなければ容易に達成することができない、私的な問題意識に貫かれた独自性がきわめて強いものであったように思われる。それでも私の水平運動史研究が歴史研究であるかぎり、史料の徹底した調査と深い読み込みを軸として、関係する理論と研究史の正確な理解をふまえた視点、方法、射程などについても、可能なかぎりの水準を満たして一般性を備えた内容であることを最大限に意識してきたつもりである。

それにつけても私の三〇年間に及ぶ水平運動史研究については、大阪人権博物館をはじめ、嘉麻市碓井平和祈念館、京都大学経済学研究科・経済学部図書室、京都大学人文科学研究所、京都部落問題関係資料センター、国立国会図書館、桜井市立大福吉備資料館、信州農村開発史研究所、水平社博物館、世界人権問題研究センター、東京大学明治新聞雑誌文庫、同志社大学人文科学研究所、長野市立中央隣保館、福岡県人権研究所、部落解放同盟中央本部、部落解放・人権研究所、部落問題研究所、法政大学大原社会問題研究所、柳原銀行記念資料館など、水平運動史に関係する貴重な史料や文献などを所蔵する機関・施設・団体と関係者に支えていただいた。また共有財産として貴重な史料集と復刻版は常日頃から参照し、参考文献として挙げることができなかったものも含めて先行研究も実に膨大であるが、これらを真摯に学ぶことで私の水平運動史研究が形成された意味は、誠に大きいことも十分に自覚している。

とりわけ水平運動史研究の一応の総括として私なりに渾身の力を注ぎ込んだ本書に関しては、編集の立場から多くのアドバイスをいただいた青木真次さんをはじめ、協力を惜しまれなかった大阪人権博物館、解放出版社、水平社博物館、福岡県人権研究所、赤井隆史さん、井岡康時さん、組坂繁之さん、手島一雄さん、八箇亮仁さん、平野貴子さん、松原圭さん、水野直樹さん、宮武利正さん、吉岡正博さんに深甚の感謝を申し上げたい。

なお最後に、全国水平社創立一〇〇周年を意識した本書が多くの読者に読まれ、全国水平社だけでなく部落問題の理解に役立てば、これに勝る喜びはないことを申し添えておきたい。

二〇二一年一二月一〇日

朝治　武

ちくま新書
1631

全国水平社《ぜんこくすいへいしゃ》 1922-1942
——差別《さべつ》と解放《かいほう》の苦悩《くのう》

二〇二二年二月一〇日 第一刷発行

著者 朝治 武（あさじ・たけし）
発行者 喜入冬子
発行所 株式会社 筑摩書房
東京都台東区蔵前二-五-三 郵便番号一一一-八七五五
電話番号〇三-五六八七-二六〇一（代表）
装幀者 間村俊一
印刷・製本 株式会社 精興社

ISBN978-4-480-07453-9 C0221

ちくま新書

1440
二重国籍と日本
国籍問題研究会編
旧態依然かつ不透明な国籍法の運用で、国籍を剥奪されたり、無国籍者に陥る悲劇やナショナリズムに絡めたバッシングが発生している。どこに問題があるか。

1503
元徴用工　和解への道
——戦時被害と個人請求権
内田雅敏
日韓関係に影を落とす元徴用工問題。解決済とする日本政府も補償を求める彼らの個人請求権は認めている。戦後75年間放置されている戦時被害を直視し和解を探る。

659
現代の貧困
——ワーキングプア／ホームレス／生活保護
岩田正美
貧困は人々の人格も、家族も、希望も、やすやすと打ち砕く。この国で今、そうした貧困に苦しむのは「不利な人々」ばかりだ。なぜ？　処方箋は？　をトータルに描く。

883
ルポ　若者ホームレス
飯島裕子
ビッグイシュー基金
近年、貧困が若者を襲い、20～30代のホームレスが激増している。彼らはなぜ路上暮らしへ追い込まれたのか。貧困が再生産される社会構造をあぶりだすルポ。

955
ルポ　賃金差別
竹信三恵子
パート、嘱託、派遣、契約、正規……。同じ仕事内容でも、賃金に差が生じるのはなぜか？　非正規雇用という現代の「身分制」をえぐる、衝撃のノンフィクション！

1053
自閉症スペクトラムとは何か
——ひとの「関わり」の謎に挑む
千住淳
他者や社会との「関わり」に困難さを抱える自閉症。その原因は何か。その障壁とはどのようなものか。診断・遺伝・発達などの視点から、脳科学者が明晰に説く。

1078
日本劣化論
笠井潔
白井聡
幼稚化した保守、アメリカと天皇、反知性主義の台頭、左右の迷走、日中衝突の末路……。戦後日本は一体どこまで堕ちていくのか？　安易な議論に与せず徹底討論。

ちくま新書

1091 もじれる社会——戦後日本型循環モデルを超えて 本田由紀
もじれる＝もつれ＋こじれ。行き詰まり、閉々とした状況にある日本社会の見取図を描き直し、教育・仕事・家族の各領域が抱える問題を分析、解決策を考える。

1120 ルポ 居所不明児童——消えた子どもたち 石川結貴
貧困、虐待、家庭崩壊などが原因で、少なくはない子どもたちの所在が不明になっている。この国で社会問題化しつつある「消えた子ども」を追う驚愕のレポート。

1125 ルポ 母子家庭 小林美希
夫からの度重なるDV、進展しない離婚調停、親子のギリギリの生活……。社会の矛盾が母と子を追い込んでいく。彼女たちの厳しい現実と生きる希望に迫る。

1159 がちナショナリズム——「愛国者」たちの不安の正体 香山リカ
2002年、著者は『ぷちナショナリズム症候群』で「愛国ごっこ」に警鐘を鳴らした。あれから13年、安倍内閣、ネトウヨ、安保法改正——日本に何が起きている？

1164 マタハラ問題 小酒部さやか
妊娠・出産を理由に嫌がらせを受ける「マタハラ」が、いま大きな問題となっている。マタハラとは何か。その実態はどういうものか。当事者の声から本質を抉る。

1408 自公政権とは何か——「連立」にみる強さの正体 中北浩爾
単独政権が可能な自民党はなぜ連立を解消しないのか？ 平和・福祉重視の公明党はなぜ自民党と連立するのか？ 「連立」から日本政治を読み解く、初の本格的分析！

1233 ルポ 児童相談所——一時保護所から考える子ども支援 慎泰俊
自ら住み込み、100人以上の関係者に取材し「一時保護所」の現状を浮かび上がらせ、課題解決策を探る。若き社会起業家による、社会的養護の未来への提言。

ちくま新書

1288
これからの日本、これからの教育
前川喜平
寺脇研

二人の元文部官僚が「加計学園」問題を再検証し、生涯学習やゆとり教育、高校無償化、夜間中学など一連の改革をめぐってとことん語り合う、希望の書！

1253
ドキュメント 日本会議
藤生明

国内最大の右派・保守運動と言われる「日本会議」。改憲勢力の枢要な位置を占め、国政にも関与してきた。謎めいたこの組織を徹底取材、その実像に鋭く迫る！

1361
徹底検証 神社本庁
――その起源から内紛、保守運動まで
藤生明

八万もの神社を傘下に置き、日本会議とともに保守運動を牽引してきた巨大宗教法人・神社本庁。徹底取材により、内紛から政治運動までその全貌を明らかにする！

1362
沖縄報道
――日本のジャーナリズムの現在
山田健太

オスプレイは「不時着（読売・産経）」したのか「墜落（沖縄紙）」したのか――。沖縄をめぐる報道から、偏向、分断、ヘイトが生まれる構造を解き明かす。

1371
アンダークラス
――新たな下層階級の出現
橋本健二

就業人口の15％が平均年収186万円。この階級の人々はどのように生きているのか？　若年・中年、女性、高齢者とケースにあわせ、その実態を明らかにする。

1401
大阪
――都市の記憶を掘り起こす
加藤政洋

梅田地下街の迷宮、ミナミの賑わい、2025年万博の舞台「夢洲」……気鋭の地理学者が街々を歩き、織田作之助らの作品を読み、思考し、この大都市の物語を語る。

1422
教育格差
――階層・地域・学歴
松岡亮二

親の学歴や居住地域など「生まれ」によって、子どもの学歴・未来は大きく変わる。本書は、就学前から高校まで教育格差を緻密に検証し、採るべき対策を提案する。

ちくま新書

1472
山口組の平成史
山之内幸夫
最大組織・山口組。その金・人・活動の実態は平成の31年間でどう変わったのか。元顧問弁護士がバブル期の経済ヤクザから、分裂の現在までを解き明かす。

1489
障害者差別を問いなおす
荒井裕樹
「差別はいけない」。でも、なぜ「いけない」のかを言葉にする時、そこには独特の難しさがある。その理由を探るため差別されてきた人々の声を拾い上げる一冊。

1490
保育園に通えない子どもたち
――「無園児」という闇
可知悠子
保育園にも幼稚園にも通えない「無園児」の家庭に潜む闇を、丹念な研究と取材で明らかにした問題作。NPO法人フローレンス代表、駒崎弘樹氏との対談も収録。

1496
ルポ 技能実習生
澤田晃宏
どのように日本へやってきたか。なぜ失踪者が出るのか。働く彼らの夢や目標と帰国後の生活とは。国際的な人材獲得合戦を取材して、見えてきた労働市場の真実。

1521
ルポ 入管
――絶望の外国人収容施設
平野雄吾
「お前らを日本から追い出すために入管（ここ）があるんだ」。密室で繰り広げられる暴行、監禁、医療放置――。巨大化する国家組織の知られざる実態。

1528
レイシズムとは何か
梁英聖
「日本に人種差別はあるのか」。実は、この疑問自体が差別を生み出しているのだ。「人種」を表面化させず、差別を扇動し、社会を腐敗させるその構造に迫る。

1613
夫婦別姓
――家族と多様性の各国事情
栗田路子／冨久岡ナヲ／プラド夏樹／田口理穂／片瀬ケイ／斎藤淳子／伊東順子
「選べない」唯一の国、日本。別姓が可能または原則の各国はどう定めている？　家族の絆は？　「選べる」の実現に向けて、立法・司法・経済各界との討議も収録。